神秘的陸沉古文明遺跡，被誤導的台灣族群身世……
放下一切你所知道的舊思維，讓埔農帶你一探「原台灣人」真正的歷史與文化！

台灣古今真相

埔農 著

序

　　埔農本非文字工作者。二十幾年來，多次去函台灣聞達人士（尤其台灣文史學者），誠懇地舉證說明他們的各種誤認，禮貌地給予重新檢視其台灣文史知識的機會，但無人肯理會。在重症「斯德哥爾摩症候群」（台灣受虐症候群）的固化下，多數是用假漢人、假華人的虛妄高級姿態，以「埔農你算什麼東西」直接排斥。埔農無奈，只得一再投書所謂的中立媒體，也因為埔農之舉證和台灣聞達人士的認知大異而不被接受。眼見台灣靈魂的沉淪已近滅頂，埔農深感痛心又無奈，覺得，想要讓全體台灣人醒覺，就只能從「向普羅大眾展示台灣歷史事實的證據」做起。

　　有朋友看了埔農的文稿說，即使心急，若語氣委婉，可能會有多一點效果也說不定。可是，這二十多年來，埔農持續禮貌、懇切的請求台灣聞達人士及台灣歷史學者聽一聽埔農的說明、看一看埔農所蒐集的台灣歷史文獻舉證，他們有誰確實願意聽了？又有誰願意看了？埔農實在不知如何是好，只好向普羅大眾實話實說了！今日台灣，真相和自我尊嚴常因眼前名利而被棄置，許多直言，是不得不而非說不可。說真話又能是好話，當然最好。但若無法兼顧，則做人應盡量講好話，做事就必須說真話了。埔農既本非文字工作

者，文詞有限，若得知有更好的說法，必定改進。只是，因
為大眾的錯誤認知，不論是來自學校教育或社會教化，絕大
部分都是受到聞達人士和學者的影響，所謂風吹草偃，聞達
人士和學者怎可不慎？怎可不用心？既已聞達，相對的責任
自然應該較大。

　　由於台灣聞達人士，歷經70年中國壓霸集團的洗腦教
化，是中國式洗腦教育長大的「優秀」學生。是全心全意認
真學習才能脫穎而出，已根深柢固，以致「斯德哥爾摩症候
群」終生纏身。台灣聞達人士已假漢人、假華人當上癮，以
「虛妄高級」自負，當然是較難自我覺醒，這是事實。埔農
深知，台灣普羅大眾的迷糊、迷失，多數是受到深陷『台灣
受虐症候群（重症斯德哥爾摩症候群）』的台灣聞達人士
（尤其台灣歷史學者）所影響，並非自願，是被誤導、是被
拖累。一般台灣人靈性智慧尚存，應該會比較容易清醒。如
果多數一般台灣人已明白台灣史實真相而清醒，這些已假漢
人、假華人當上癮的台灣聞達人士，即使內心仍在掙扎，仍
不得不面對事實真相。基於這認知，埔農不得已才勉力出
書，試圖向普羅大眾展示歷史證據的真相。《台灣受虐症候
群的煉製》、《台灣受虐症候群的延燒》及《失落的智慧樂
土》三書是責任心驅使才覺得必須出版的，原以為至此已盡
了身為台灣人應有的責任。

　　但是，大部分的台灣聞達人士，都對埔農嗤之以鼻。還
心存理性的台灣史學者則說「埔農的說法仍有爭議性」。可

是，這些全是可靠的原歷史證據啊，他們都應該是早已知曉的，那裡是埔農個人的說法？這時候還在假裝失憶；還在說「仍有爭議」，簡直是睜眼說瞎話。好吧！若是真的認為「埔農列舉的史實證據仍有爭議性」，那就出來和埔農逐條對質啊！由於他們原本都對埔農擺出不屑的態度，所以，埔農就想盡辦法，拜託幾位不會鄙視埔農的前輩，懇請代為請求一些還有理性的台灣聞達人士（尤其台灣史學者）出來和埔農舉證對質。起初，看在前輩的面上，是有幾位學者回應，但後來他們卻也似乎惱羞成怒，以「不屑理會」搪塞、迴避。《原台灣人身份認知辨悟》是回答一般台灣聞達人士對埔農提出的質疑；《台灣人被洗腦後的迷惑與解惑》是回答教授級台灣聞達歷史學者對埔農提出的責問，二書可說是責任延伸的義務。

《靈性》本來是自己要留傳子孫的筆記，有看過的朋友勸說，雖然台灣人的靈性因遭受中國壓霸集團蹂躪而漸次流失，但多數人智慧的本質都還在，也許還有一些人樂意接受分享，所以才請前衛出版社林文欽社長幫忙出版。

埔農原本不會使用社群網路。2015年底，有朋友看過以上數本埔農著作，好意幫埔農設定facebook帳號，以方便和更多朋友溝通。由於埔農拙於漢字輸入，並未立即使用。2016年初，朋友Pan來函勸說：「畢竟臉書是個間接改變台灣媒體獨佔資訊的新鮮媒體，很多媒體掩蓋的真相的確是因

為臉書才把真相傳播給所有人。」鼓勵埔農學習使用，埔農才勉力而為。

埔農使用臉書後，確實有不少心靈清明的朋友來提供寶貴意見和資訊，埔農除了受到鼓勵，也獲益良多。但由於原台灣人以及六、七十年前逃難來台的華人移民子孫，都是歷經六、七十年中國壓霸集團的洗腦教化，台灣人所被灌輸的知識，全是來自充斥「蔣幫中國集團為洗腦台灣人之偽造文書」以及「早期因漢化深而轉性，寧願認盜作祖當走狗、勾結霸權、乞求其殘羹的所謂台灣士紳所虛構之小說」的所謂「標準歷史教科書」，已習於以中國為中心的虛妄，有些朋友看了埔農列舉的史實證據，還是會一時難以接受，仍心存疑惑。埔農一貫保持的心態是，關於所列舉的史實和證據，任何有不同認知的朋友，都請隨時提出質疑或反駁。因為唯有如此，埔農才得以知曉朋友尚存迷惑之處，埔農也才能補上更詳細的史實證據，以便朋友們能徹底明瞭台灣史實的真相。有台灣聞達人士（尤其台灣文史學者）或所謂的中國人要來謾罵，也十分歡迎，只請求留給埔農進一步舉證回答的時間和空間！任何人的質疑、責問，埔農都一一詳細再舉證說明，直到朋友們已不再有疑惑。

感謝友人Crichton Lee的分享，看了華人袁紅冰先生自主替台灣總統代撰的《台灣國家安全白皮書》內容，不禁仰天長嘆！雖然全文內容並沒有擺脫所謂的華人思維，但畢竟袁紅冰本人是華人，而台灣國內又到處充斥著假漢人、假華

人，能寫出這樣真誠又懇切的建言，已屬難能可貴。埔農感嘆，沒想到一位華人竟然能替台灣人寫出這樣字字入骨、句句箴言的白皮書！然而，在多數台灣史實證據已被攤開的今日，不少原台灣人台灣聞達人士（尤其所謂的台灣文史學者）卻仍寧願選擇羨慕虛妄高級的中國式壓霸思維，對眼前的史實證據視若無睹，還鄙夷原台灣（Paccan）的智慧文明和文化，持續認盜作祖，偽裝假漢人、假華人，仍在配合中國壓霸集團繼續洗腦台灣住民，埔農真是傷心又無奈。由於台灣聞達人士在學校教育和社會教化都掌握了十足影響力，連累多數原台灣人也還在跟著誤以為自己是漢人移民的後裔、誤以為自己是華人。這景況，在外國人看來，事實上就是我們台灣人自己要把國家送給中國。

加上不久前埔農心想，既然多數台灣文史學者已假漢人、假華人當上癮了，才會不肯承認自己是台灣原住民的史實證據，那埔農就整理出一段無關認盜作祖的精神障礙之史實證據：「明辨北汕尾、鹿耳門的所在處以及荷蘭人與鄭成功集團登陸台灣的地點」。這段史實無關意識形態，台灣文史學者純粹是被少數虛構的小說所迷惑，並被來台專門竄改台灣史實的壓霸中國人黃典權所誤導，因而未能仔細認知，才一錯再錯。埔農請求台灣文史學者至少能先改正這段明顯被誤導的單純歷史。結果，連這些無關意識型態之事實證據攤在眼前的情況下，台灣人文史學者仍然能視若無睹，裝聾作啞。在面對這麼多台灣史實證據時，這些台灣聞達人士自

己心虛，不敢出來和埔農相互舉證對質，卻自恃是既得名利的在位勢力者，大言不慚的以「不屑理會」迴避這些證據。作孽啊！實在不知這些台灣聞達人士（尤其台灣人的所謂台灣文史專家）晨間梳洗時有何臉皮面對鏡子。這已不僅僅是斯德哥爾摩症候群的心理障礙或是遭受中國壓霸集團詐騙的問題了，而是貪慕虛榮的自以為高級之為虎作倀、自願參與竄改台灣史實、奴化台灣人之行徑，進而陷眾多原台灣人於萬劫不復的罪大惡極啊！

台灣人即使在表面民主選舉中取得持續的執政權，以現在多數台灣聞達人士已假漢人、假華人當上癮的情況看來，政黨輪替的政權接管，只是表面形式上的民主，不可能發展成穩定的實質民主形式，更不可能建構一個正常的台灣國家，也缺少全體台灣人深層的整體意志和國家感情。台灣人若仍持續糾葛於所謂「中華民國在台灣」的殘餘中國形式裡（死而不僵的中華民國），則台灣人永遠須面對另一個實質中國（中華人民共和國）的在旁虎視眈眈，要展開新的國家建構必然極為困難，而且充滿危險。這景況，實在令人難過、傷心且驚惶！

埔農明白自己身為一個台灣人應有的責任，然心力微薄，雖然勉力出版《台灣受虐症候群上、下冊》、《失落的智慧樂土》、《原台灣人身份認知辨悟》、《台灣人被洗腦後的迷惑與解惑》，期望多數台灣人能及時覺醒、尋回台灣人的靈魂尊嚴，進而回復台灣（Paccan）的完整自主國，但

似乎仍成效不張。近來健康每況愈下，埔農雖不在乎於何時回歸塵土，但對於原台灣人的遭受洗腦、蹂躪而心靈逐步走向沉淪，一直無法釋懷。埔農想到，現今台灣人都是同樣在六、七十年中國壓霸集團的洗腦教化中成長，想必不少人會心存相同的疑問，所以埔農決定克服不濟的身體，打起精神，勉力將朋友在臉書上的質疑、責問，以及各項傳話、來函或當面對埔農的駁斥，連同埔農一再耐心舉證說明的內容，整理成書出版，以期讓還心存疑惑的其他更多朋友能早日覺醒，也要明白原台灣（Paccan）的智慧文明和文化，恢復台灣人原有的理性和靈魂尊嚴，不要枉費台灣（Paccan）人早有的天賦，才能對得起天地！

　　為了表示對朋友提出疑問的尊重，來函及留言或斥責，都是原文照登。埔農於臉書上答覆時，由於是一時的舉例說明，有些舉證說明未臻詳盡，埔農在本書中盡量再加以充分補足。

　　為表示負責，任何讀者若能率先舉出實證，證明本書內容，有那一項埔農的說明中，所舉出之證據是錯誤的，或書中有那一部分是偽造的，敬請向前衛出版社提出，筆者保證奉上書款的百倍金額答謝，並在前衛出版社網站道歉。

目次

Contents

第一章
台灣獻給世界的禮物
（引用Jared M. Diamond的評語）

　　思考與認知應有的正確心態是：1.不論是誰說的言語，都應認知是「有此一說」，須自己檢視其證據和邏輯，再確認「可信與否」。2.看事情不僅看前面，更須看清事情背面，還要顧及左右。3.越有名氣、有勢力、有地位之人的言語絕非越可信，這些人的言論，時常因其慣於自私與貪婪，又易自以為高人一等，而更常不可信！這是70年來中國式的壓霸洗腦教訓故意要我們不明白的。

　　法國生理學家Claude Bernard就有句名言：「既有的知識，是學習正確知識和思考的最大障礙」。人若不能瞭解到自己的既有知識可能並不完整，甚至可能是錯誤的，則思考就會一直被這先入為主的既有認知所限制，因而無法走出錯誤知識的窠臼，所以「既有的知識，常是學習正確知識和思考的最大障礙」。這就是蔣幫中國壓霸集團肆虐台灣時所使

用的狠毒招式（中國厚黑學：臉皮厚如城牆；心黑如木炭，還黑得發亮）。這種奸詐、狡猾的手段實在有夠陰狠，他們全面查禁台灣文明、文化，再偽造台灣歷史（由『斯德哥爾摩候群』心理疾患纏身的台灣聞達人士協助），用來洗腦台灣人，塑成台灣人先入為主的錯誤認知，使台灣人要重新正確思考、確實求證已難上加難。所以埔農明白，首先必須要完全攤開台灣（Paccan）史實的證據，努力讓多數台灣普羅大眾澈底明瞭台灣歷史事實的真相，全體台灣人才能夠澈底覺醒，台灣（Paccan）的將來也才會有希望！

台灣本名「Paccan」，是世上最早擁有進步文明，而且從未出現過任何大小霸權的國家。早在數千年前，甚至萬年以前，Paccan即有精進的造船技術和航海知識，建造雙船體大型遠洋船艦Bangka（Marn-Gka；Banca，艋舺）航行世界各地。Paccan族人心胸開闊，不吝向世界各地傳授自己的智慧文明和文化，對外教授天文、曆法、數學、地理、航海、水利建設、捕魚、造紙、引火藥柴、燒陶瓷、冶煉金屬等知識。

台灣族人的生活以村鎮為主體。各社群往來頻繁，互通有無，但都是獨立體，不相隸屬，亦不聯盟，Paccan是類似邦聯，是合作、互助而非強調聯盟或主權的國度。因為台灣族人崇尚與自然和諧的生活，人人自由選擇傳承，分工、分享；生活耗材，全來自大地能循環再生的資源。台灣族人摒棄貪婪，人和人之間沒有身份、地位之分，相互敬重每個人

所選擇或所能適應的生活方式，且早懂得自我控制在地人口的數量，所以至少五千年來沒有征戰，也未見併吞他人生活區的霸權。各社群往來頻繁，語言、文字也可溝通（雖然口音上各族群有些差異），各族群文化雷同又各自帶有一些獨特的色彩。

　　台灣祖先有很高的智慧，知道要追求眞正永續幸福的人性生活，人必須和諧分享、維護生態平衡、重人倫、敬天地；懂得摒棄非必要之物質和榮耀的欲望，更要保護自然環境，以自然環境的不被破壞、不被污染爲優先（《*The Formosan Encounter*》Vol.I, p.131）。雖有高度文明，但明白，物質、名利的追求，不僅誘發人類永無止境的貪婪和競爭，更帶來難以挽救的環境破壞和污染；貪婪與競爭由虛榮、慾望與相互比較所誘發，是人類罪惡的根源；環境的破壞和污染則剝奪了後代子孫的生活條件；而科技的過度發展，會衍生更多物資需求，對於眞正人性生活的境界並無助益，只是製造更多精神壓力，台灣祖先這才放棄那些已發展的不必要科技。至少在五千多年前至380年前的五千年時間內，台灣族人的生活一直維持著與自然和諧之眞實樂土的人性生活，愼戒「今日所謂進步」的無節制開發。台灣族人更早在五千以前即瞭解到，由於人類聰明的優勢，比其他生物更懂得自我保護，習慣以人爲力量抵抗自然淘汰，相對於環境和其他生物，人口會不合理的增加；人口的不合理增加，就會對環境和其他生物有不合理的需求；對環境和其他生物

的不合理需求，就會造成整個自然環境和生態無法挽回的破壞；整個自然環境和生態無法挽回的毀壞，會帶來整體地球生命的浩劫。所以，台灣祖先在五千多年前即懂得使用避孕藥，維護包括人口數在內，整體生態的真正平衡。

更重要的是，台灣族人懂得尊敬每一個人的整體人性價值，不以任何單一成就而格外恭維某人，所以沒人有自認為或被認為是高人一等的機會，因而不存在所謂的名位或霸權這回事。台灣族人完全沒有身份高低之分，語言中也沒有所謂主人、僕人的詞彙。每個人都互相非常謙虛、禮貌與敬重。不會因一個人缺乏學術、威望、地位或財富，就對他不夠尊重；也不會因一個人擁有較高學術、威望、地位或財富，就對他特別卑躬屈膝。台灣人只有對年長者會特別尊敬。見到年長者，年輕人會立即讓位、讓路。群體聚會，有高齡長輩在場，年輕晚輩不會隨便發言。聚餐宴飲時，食物和飲料總是首先奉獻給年長者，其他人則一視同仁（《*The Formosan Encounter*》Vol.I, p.123）。

某人也許有特殊的資質，或因個人的不斷努力，而能率先激發出對人類或環境的貢獻，但這也是其之所以為人的一部分面向而已。他所做的貢獻是值得讚賞，但人們是應該讚揚其「事」，而非過度敬佩其「人」。因為凡人必有弱點，每人的長處、短處各有不同而已，謙恭互助才是靈性之人應有的價值觀。而且，若是社會過度敬佩某人，會因景仰其人而盲目被其引導，則當其人犯錯時會造成災難。尤其在現今

社會中倍受推崇的人，常是名、利、權、勢的掠奪者，這些人在名成利就又掌握主導權後，易名利薰心而膨脹自己，自以為高人一等，甚至於胡作非為。眾人受其誘導而追隨，形成派閥或霸權，輕者奴使他人，重者更經常引發不可收拾的大悲劇。所以，台灣（Paccan）族人自古即明白，靈性智慧的社會應尊重每一個人的整體人性價值，不會因為一個人特別的功利表現而對他過度敬仰，也不會因為一個人的看似平庸而對他不夠尊重；有某方面特殊表現的人，自己也都謙恭自持。

台灣（Paccan）這國度，人人平等，從未有所謂首長、酋長、首領、國王等職位或人物。需要仲裁事務，是由定期改選的各級議會決斷。任一議員在議場發言時，其他議員必定安靜地恭敬聆聽。族群聚落的傳統以及議會的決定，多數人均會遵行。雖然會有少數特立獨行之人不守規矩、不合作，但仍擁有自行離去的自由，並不會受到歧視性攻擊（《The Formosan Encounter》Vol.I, p.120；121）。這是全世界最早、最文明、最誠實的民主國度。

台灣（Paccan）族人的生活是分工、合作、分享。每個人都會從事農、漁、畜、獵，也可自由選擇兼做專門的學術、技藝、醫藥或執導禮儀。工作、學習沒有壓力，專精者負擔精密部分和統籌工作；其他人從事一般事務。無貴賤之分，互通有無，不使用金錢、沒有商業行為。例如：我農田要播種或收成，親友全來幫忙；親友有事，我也必定前去相

助（這項傳統直到1970年，還留存在全台灣各鄉村）。

Jia He留言：「Paccan是否就是阿美族語的Pangcah
（阿美族的自稱使用Pangcah［邦卡］一詞，意思為
「人」或「同族」）的由來呢？」

埔農回答：

是很有可能，因為這是音譯。而且，清廷據台下了嚴酷
刑罰的封山令，耍狠將避入台灣山地的各社孤立在各個局限
區內，歷經200多年的完全隔離（事實隔離有350年以上。台
灣（Paccan）的山地族人，是逃避荷、鄭、清壓霸，分別遷
入深山，再遭清廷封山令的強制隔離，日據時期日本當局又
受先入為主的觀念而造成分治），各部落孤立在狹小區域
內，只要有人不小心發出異樣語音，缺乏導正，口語就會隨
時間越來差異越大。所以依阿美族的意思看來，Pangcah應
該就是原台灣（Paccan）這國度名稱，歷經語音演繹後所留
下的口語。

另有位教授舉出一位李教授（以發表台灣文史論述
著名）不久前在媒體上發表的內容，題目是「南島民族
文化是台灣文化的重要內涵」，懷疑原台灣（Paccan）
會有多高明的智慧文明和文化。

埔農回答：

南島民族文化是原台灣文化的重要內涵？不！這是以假漢人的中國式虛妄思維在看待原台灣文明與文化。事實上，南島民族文化是台灣文化散佈出去後的殘餘跡證而已，並非原台灣文明與文化的重要內涵。台灣文明與文化的主要內涵，埔農在《失落的智慧樂土》一書裡有詳細解說，不再重述，請自行仔細查閱。

由於原台灣（Paccan）族人本就崇尚簡樸、與大自然和諧的生活，Paccan的先進知識和技術是國度內先人智慧的共同累積，文明智慧的傳承和進步（以不競爭和不傷害環境為原則）已不是為了生活需要，主要是一種追求智慧與知識的傳統。當台灣（Paccan）族人隨著對外傳播文明而移居海外時，若在當地延續智慧文明的誘因或條件不足時，自然會隨時間而逐漸流失，尤其是以小聚落生活時會更明顯。所以，在南洋及太平洋諸島，現在僅能看到原台灣（Paccan）文化的殘跡，在多數台灣史實證據已被攤開的今日，不少原台灣人台灣聞達人士（尤其所謂的台灣歷史學者）卻仍寧願選擇羨慕虛妄的中國式壓霸思維、鄙視自己的出身，對眼前的史實證據視若無睹，甚至扭曲原台灣（Paccan）的智慧文明和文化而擺出鄙夷的態度，還持續認盜作祖，偽裝假漢人、假華人，仍在配合中國壓霸集團繼續洗腦全體台灣住民。真是作孽啊！

任何理性清明的朋友對埔農所舉證「台灣之智慧文明與

文化真相」有任何疑惑，懇請逐一質疑，埔農很樂意隨時補上更詳細的史實證據來說明。

　　有許先生說：「《台灣受虐症候群的煉製》、《台灣受虐症候群的延燒》、《失落的智慧樂土》、《原台灣人身份認知辨悟》、《台灣人被洗腦後的迷惑與解惑》等書我都有讀過。雖如你所言，原台灣文明與文化於荷、鄭、清據台時期遭到破壞，尤其在鄭、清據台時期被全面摧毀，也列舉了『台灣諸山名勝皆蝌蚪碑文』對照『中國遠古傳說由蝌蚪文寫成之尚書的原本』、『台灣織貝製造、台灣特產柑仔（橘子）和柚仔』對照『中國禹貢篇：厥貢島夷卉服，厥篚織貝，厥包橘柚，錫貢沿於江海，達於淮泗』等記載，以及『中國四川三星堆出土古文物（3200-3300年前）寶貝正是台灣的龜甲螺（子安貝）』、『台灣出土的陶瓷和金銀銅鐵冶煉、鍛造、鑄模遺跡與成品』、『台灣對外傳授米食栽種』等考古證據，加上『台灣割稻刀』、『台灣數字對照台灣算盤，再與中國算盤、日本算盤比較』，確實讓我大開眼界。更何況中國人從來就不知Paccan這地方，遠古時候所謂的漢人是稱到中國傳播文明的台灣（Paccan）人為「島夷」（因為Paccan人一向都謙虛地僅自稱來自海中之島），是直到明末的1610年以後，才有中國福建龍溪的張燮，從西班牙人、葡萄牙人、荷蘭

人口中得知東方海上有Paccan一地，就在他於1617年所寫《東西洋考》一書中的附錄中順便提到Paccan（《東西洋考》本文並未提到台灣，卻對遙遠的西南洋敘述甚詳），張燮以音譯寫為北港。後來所謂的中國人竟然能硬說台灣是古稱琉球，又說是古稱東寧，真是中國厚黑學的極致。但也令人困惑，為什麼多數台灣人會不瞭解這些事實呢？」

埔農回答：

由於原台灣人或六、七十年前逃難來台的移民子孫，都是歷經六、七十年中國壓霸集團的洗腦教化，台灣人所被灌輸的知識，全是來自充斥「蔣幫中國集團為洗腦台灣人所偽造之文書」，以及「早期因漢化深而轉性，寧願認盜作祖當走狗、勾結霸權、乞求其殘羹的所謂台灣士紳所虛構的小說」之所謂「標準歷史教科書」，自然很少有機會認識真正的原台灣（Paccan）智慧文明和文化，即使接觸後也很難相信。

而且，台灣高階知識份子自幼就浸淫於中國壓霸集團的洗腦教化下，對台灣的基礎認知多是來自中國的洗腦教育，及長雖能警覺中國人的自大、貪婪、陰狠、壓霸且慣於偽造文書而知道要拒絕、要反抗，但心態上仍然受到「台灣人身分被洗腦後的迷思」所禁錮。由於他們在學校教育和社會教化掌握了十足影響力，風吹草偃，使得一般台灣民眾更受到

深化迷惑，多數原平地台灣人誤以爲自己是漢人移民後裔、誤以爲自己是所謂的華人。這是因爲大眾的錯誤認知，無論是來自學校教育或社會教化，絕大部分都是受聞達人士所影響。在多數台灣史實證據已被攤開的今日，不少原台灣人台灣聞達人士（尤其所謂的台灣歷史學者）卻仍寧願選擇羨慕虛妄的中國式壓霸思維、鄙視自己的出身，對眼前的史實證據視若無睹，還鄙夷原台灣（Paccan）的智慧文明和文化，持續認盜作祖，僞裝假漢人或假華人，仍在配合中國壓霸集團，繼續洗腦台灣住民。影響之下，多數台灣人看了埔農所列舉的史實證據，潛意識裡自然仍心存疑惑，一時難以接受，故而不自主的加以忽略。

另一方面，原台灣（Paccan）這國度，人人知福、惜福，懂得謙虛、互助、平等、分享，沒人有自認爲或被認爲是高人一等的機會，更是與自然環境和諧生活，因而不存在所謂的名位或霸權這回事。所以，在台灣（Paccan）不存在標榜霸業的大型歷史建物。台灣地質又偏向酸性，氣候潮濕，在原台灣文明與文化遭到破壞、摧毀後，私下藏匿的文物容易腐壞。加上台灣聞達人士羨慕虛妄的中國式壓霸思維，每當台灣文物出土，有發現瓷器、青銅器、鐵器、鑄模等古時先進文明證據時，就推說是來自所謂的中國。甚至於，在發覺年代太早，所謂的中國不可能有這樣產品而無法自圓其說時，在虛妄的中國式壓霸思維下，就蓄意加以掩蓋或破壞。

　　例如：2007年，台南下營發現「西寮遺址」。考古挖掘時，看到遺址下面還有更驚人的層層新舊遺址。考古隊正興奮地要往下發掘時，2008年因政權再次更替，就以東西快速道路「必須」經過為理由，被迫終止，遺址毀棄。2009年貢寮遺址出土世界上最早的工業園區，是人類文明史何等重大的發現啊！蔣幫在台灣遺留的中國壓霸集團及呆奴化的台灣假中國人，又以新劃核四周邊設施和聯外道路為藉口（此周邊設施本來不是在原規劃之內，聯外道路也並不是非經此地不可），再加以大肆破壞，否則必有更重大的發現，並將這台灣重要遺產保存。真是可惜，又是另一樁台灣人的悲哀。世上有那個正常的國家和民族，會放棄、甚至毀壞自己珍貴的歷史呢？只有被澈底呆奴化而無法自覺的台灣了！

　　　許先生還是心有存疑道：「方便、輕巧的割稻刀原是台灣文明的產物，在《失落的智慧樂土》是舉出了十足證據。但是，『算盤和台灣數字原本是台灣發明的』在《原台灣人身份認知辨悟》雖然有詳細的解說，我還是覺得那些都是旁證和推論，缺乏能擺在眼前的直接證據！」

　　埔農回答：
　　那些雖說都是旁證和推論，但無可反駁。要眼前的直接證據其實簡單，只要把台灣數字和台灣算盤擺在一起對照，

就可以看出台灣數字是對照台灣算盤設定的。中國算盤的上兩珠下五珠和日本算盤的上一珠下五珠，根本脫離了台灣算盤做為精深數學演算工具的法則，證明都是學台灣算盤學成半吊子的結果。

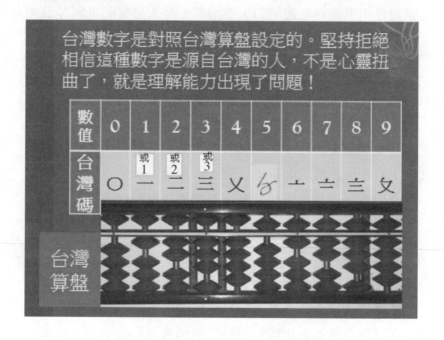

台灣數字是對照台灣算盤設定的。堅持拒絕相信這種數字是源自台灣的人，不是心靈扭曲了，就是理解能力出現了問題！

數值	0	1	2	3	4	5	6	7	8	9
台灣碼	〇	一（或1）	二（或2）	三（或3）	乂	㇂	亠	亠	三	夊

台灣算盤

0是算盤清空狀態（上珠上推，下四珠全下移），一或1是下一珠往上推；二或2是下二珠；三或3是下三珠；乂是下四珠全上推（不留餘珠的意思）；㇂是上珠往下移，下面四珠回復下移的0位置；亠是上一珠下一珠聚在一起；亠是上一珠下二珠；三是上一珠下三珠；夊是上一珠下四珠（全上推）。台灣數字完全是台灣算盤的意象。事實上，台

灣數字還很可能是阿拉伯數字的前身！

　　有李先生說：「別說笑了，阿拉伯數字已有上千年
的歷史，如何能連上台灣？」

　　埔農回答：

　　現在的通用阿拉伯數字是西方語言或歐洲形式的阿拉伯
數字。其實，現在的所謂阿拉伯數字原是由古代印度經阿拉
伯傳入西方的，途中各不同語言、文化的國家，都引用了此
系統，但也都依各不同國情經過多次細微調整。而早在數
千年前，甚至萬年以前，台灣（Paccan）族人即有精進的造
船技術和航海知識，建造雙船體大型遠洋船艦航行世界各
地，傳送進步文明和文化，是早在數千年以前就已傳播至印
度。而且，早期各版本的數字系統，都有台灣數字的影子存
在。所以，雖然現在已難找出直接證據，並不能說「絕不可
能」。

　　李先生反駁道：「早在數千年前，甚至萬年以前，
台灣（Paccan）即有精進的造船技術和航海知識，建造
雙船體大型遠洋船艦航行世界各地？太誇張了，不要夜
郎自大，別打腫臉充胖子了！」

　　埔農回答：

　　多數台灣人歷經六、七十年中國壓霸集團的洗腦教化，心裡充斥著虛妄的中國式思維，又很少有機會認識真正的原台灣（Paccan）智慧文明和文化，自然很難相信早在數千年前，甚至萬年以前，台灣（Paccan）即有精進的造船技術和航海知識，建造有雙船體大型遠洋船艦航行世界各地。請看以下事實。

　　1899年，德國傳教士、語言學者 Wilhelm Schmidt；1975年，語言學者施得樂（Richard Jr. Shutler，加拿大 Simon Fraser University）、馬爾克（Jeff Marck，澳洲大學）；1985年，布樂斯特博士（Robert Blust，夏威夷大學）；1991年，貝爾伍德教授（Peter Bellwood，澳洲大學考古學院院長）；1995年，史搭羅斯塔博士（Stanley Starosta，夏威夷大學）；1998年，張伯斯教授（Geoffrey K. Chambers，紐西蘭生物學家）；2002年9月，韓集堡博士（Erika Hagelberg，挪威奧斯陸大學體質人類學學者）；沙噶特（Laurent Sagart，法國國家科學研究中心語言學者）；2004年，台灣馬偕醫院林媽利教授；2009年，紐西蘭奧克蘭大學葛雷教授（Russell Gray）；2016年，澳洲大學史普里格斯（Matthew Spriggs）教授都發表過，從語言、人類體質、DNA遺傳基因分析以及考古發現，都證明整體東亞、南亞和太平洋之諸島，全是遠古以台灣為起點，傳播文明、文化時遷移過去的。Jared M. Diamond 更於2000年，在英國Nature自然科學雜誌二月份的一期中，以「台灣獻給世界的

禮物（Taiwan's gift to the world）」爲題發表一篇重要的論文。如果沒有精進的造船技術和航海知識，數千年前Paccan（原台灣）族人如何遠渡重洋去傳播文明？

李先生再質疑：「我看是遇颱風時僥倖漂流過去的！」

埔農回答：

唉！難道遠古時代全世界遇颱風時，僥倖漂流的就只有Paccan（原台灣）人？而且遠在東太平洋的所謂復活節島，離台灣有上萬公里遠，如何能僥倖活著漂流過去？而颱風還能故意選擇把Paccan人送到每一個國度和每一個島嶼？更何況，太平洋的颱風都是朝西、朝北方向前進，如何把Paccan人吹到各地？也難怪您會有這種中國人才會有的虛妄思維，因爲70年來台灣人所被灌輸的知識全是「蔣幫中國集團爲洗腦台灣人所僞造之文書」和「認盜作祖的假漢人、假華人『士紳』所虛構的小說」，已習於以中國爲中心的虛妄，一時會難以接受。沒關係的，埔農就舉一個原台灣（Paccan）族人建造雙船體大型船艦，遠洋航海的證據。

其實，漢人滿官侵台時就見識到兩種台灣特有的船隻，還曾留下記述。《噶瑪蘭廳志（誌）》，卷八，蘭陽雜詠八首，泖鼻（入蘭洋略）寫到：「鰲島斜拖象鼻長，天公設險界重洋，噓帆兼候風南北，鉤舵時防石顯藏，木船按邊行

當穩，單船浮海勢難狂。梭巡樓艦終須慎，艋舺營師水一方。」這「木船按邊」就是指原台灣Avang小船，有一邊裝置舷外支架。「行當穩，單船浮海勢難狂」是描述小船本體雖是獨木舟，但裝置有特殊的舷外支架，在海上風浪中，仍可平穩地安全航行。而這「樓艦」、「艋舺」就是指雙船體大船的原台灣Ban-gka，還叮嚀須小心應對！

　　李先生立即反駁：「艋舺是獨木舟小船，這是大家都知道的事，你別信口雌黃了！」

　　埔農回答：

　　唉！台灣（Paccan）稱一邊裝設舷外支架的小船為Avang（意思是近海渡航）；雙船體大型遠洋船艦是Ban-gka或Marn-Gka；Banca。台灣（Paccan）傳播智慧文明、文化到菲律賓後，他們在當地沒必要也造不出雙船體大船，製作的中型船隻，左右兩邊都加裝舷外支架，仍統稱Marn-Gka或Ban-gka、Banca，現在還看得到、聽得到。

　　是因為唐山人心裡難耐對台灣的嫉妒，混雜本身原有之狂妄、自大又心虛的情結，轉成妒恨，竟然也能奸狡、厚黑地把Ban-gka（艋舺）說成是獨木舟小船。漢語原本無「艋舺」這詞彙，當初唐山人是見識到這種台灣特殊的雙船體大船，深感驚奇，才會依原台灣語音Ban-gka，創造艋舺（福佬語音）這詞彙出來。若Ban-gka真是一般小船，以當時唐

山人的壓霸；狂妄，怎麼可能會這麼費心，還特別創造艋舺
二字來稱呼？更何況，唐山人滿官既稱『艋舺』為樓艦，又
怎麼會是獨木舟小船呢！可想而知。而且，台北艋舺一地原
是造船廠轉為地名，獨木舟小船需要這麼大的造船廠嗎？台
北艋舺是古代台灣三大造船廠之一，南部的艋舺造船廠在
Dorcko（哆廓，即台南下營），另一在東部的艋舺造船廠，
埔農尚未查出確切的地點。

　　事實上直到1895年，日本佔據台灣，所有滿清官兵以及
因特殊任務短期來台的唐山人逃回唐山，或被遣送回清國，
全部漢人船艦隨之撤離。當時還有不少的台灣族人，就如後
來的姜林獅先生，僅憑私下相傳的記憶和少數暗中保存的原
台灣文書，還能製造出中型的雙船體Ban-gka。日本人佐倉
孫三就在1913年出版的《臺風雜記》中記載：「臺人所用船
體，大者如我千石船，形似大魚，軸為頭、艫（轤）為尾，
巨口大眼，其狀甚奇。帆大抵用簾席，截風濤，往來滄溟，
如走坦途。」這「軸為頭」是指支撐雙船體的船頭支架，看
起來像巨大的車軸裝置；「艫為尾」是說以支架連結的雙船
體尾部，看起來像龐大的轤轆；「巨口」就是指從前面看
雙船體Ban-gka的船頭，二船體中間有如張開的大口；「大
眼」是說雙船體兩邊船頭頂端，看起來像一對大眼睛。還說
「其狀甚奇」、「往來滄溟，如走坦途」，完全是雙船體
Ban-gka的寫照。

　　以上的記載人，都是具壓霸心態的侵略者，若非親眼目

睹而震撼，不得不佩服，是不可能會記錄下來的。

　　還有，英國商人William Lockerby於1808年在斐濟（Fiji）也曾見到Ban-gka這種雙船體大型船艦，他親眼目睹有200人在船上（The journal of William Lockerby: Sandalwood trader in the Fijian Islands during the years 1808-1809）。哈佛大學及夏威夷大學考古人類學教授Douglas L. Oliver更指出，這種雙船體大型遠洋船艦，最大的搭載有500至600人。而斐濟（Fiji）住民，已經被證明是原台灣（Paccan）族人於3500年前移民過去的。明白至此，您還有疑問嗎？

　　友人Yeh Johnson先生留言：「最好有照片或圖畫供參考！」

　　埔農回答：
　　原停泊在台灣的樓艦艋舺，於鄭、清侵台時已遭澈底摧毀，下營禾寮港（Oijlaukan，Dorcko）就是一個例子。鄭成功集團入侵台灣初時，曾因妒恨，大肆破壞禾寮港內的雙船體結構大型遠洋船艦Ban-gka（艋舺）及造船廠，把破殘骸棄置港內，塞滿整個禾寮港，下營人還一度無奈自嘲，諷稱禾寮港（後來清國唐山人官員寫成蚵寮港）為「破船港」！所以，現在只能找出留傳海外的船隻照片給大家看了。
　　但願多數台灣人可以及時清醒過來，希望有心的台灣結

構工程專家，能至少建造一艘完整復古的雙船體結構大型遠
洋船艦Ban-gka（艋舺），以展示原台灣（Paccan）的智慧
文明，並教育後代子孫。

夏威夷 avang

夏威夷、斐濟的中型雙船體Ban-gka。

菲律賓的中小型船隻，在當地也稱Ban-gka。

　　李先生再質疑：「即使早在數千年前原台灣（Paccan）即有建造雙船體的大型船艦，也不可能有遠洋航行的技術和知識！」

　　埔農回答：
　　Paccan人遠洋航行的技術和知識，《失落的智慧樂土》裡有詳細敘述，就請自行仔細瞭解吧。

　　李先生還是不肯信服，再質疑：「那些歷史記載，我在《失落的智慧樂土》已看過。但是，目前公認的人類遠洋航行歷史也不過五、六百年，要我相信台灣（Paccan）人數千年前即有遠洋航行的技術和知識，除非你能舉出有可以擺在眼前的直接證據，否則無法讓人願意信服！無的放矢是不可行的！」

　　埔農回答：

　　難道李先生寧可信任中國人厚黑的壓霸洗腦謊言，卻不肯相信事實證據？要台灣（Paccan）人數千年前即有「遠洋航行的技術和知識」之現代直接證據也有。

　　2003年11月，美國麻省理工學院（Massachusetts Institute of Technology）的Douglas L. T. Rohde 就以現在世上的人類基因（DNA）做研究，利用電腦計算，分析現代人的基因關連性，得出之結果是「原台灣人是現今生活在地球各地之所有現代人的共同祖先」。以「On the Common Ancestors of All Living Humans」 為題在自然科學期刊上發表。雖然有考古人類學者，先前依所發現之已消失類人猿化石的分佈，據以推測，以為現代人（認為可能是由類人猿進化而來）最早應可能是來自非洲，經過多次遷徙後分別來到亞洲和歐洲，但Douglas L. T. Rohde研究團隊是以現今生活在地球上之現代人的基因關連性做分析，證明「地球上之現代人的共同祖先全都來自台灣，並非源自非洲猿人。現今生

活在地球之現代人類，是由台灣逐步遷徙、擴展出去的」。
這是現代科學證據，您總應該可以接受了吧。

　　李先生竟然說：「『原台灣人是現今生活在地球各
地之所有現代人的共同祖先』？不要笑死人了！這更離
譜，打腫臉充胖子也不是這種打法。我看，只有白痴才
會相信，我不信服這種DNA證據！」

　埔農回答：

　　仕歷經70年來中國式的壓霸洗腦教化後，埔農知道，
多數台灣人誤以為原台灣人文明落後，必然一時很難相信
「原台灣人會是現今生活在地球各地之所有現代人的共同祖
先」。但是，請仔細想想，DNA的鑑定用於血緣、體質、
遺傳疾病的分析和診斷已數十年，難道都是做假的？如果您
到現在還真的寧願聽信中國壓霸集團空口累積的謊言，而不
肯相信史實證據，甚至連幾十年來世界各地重複驗證無誤的
科學實證都不願相信，那埔農實在不知還能說什麼才好！

　　許先生問：「這完全顛覆台灣人對於台灣歷史的認
知和印象，是震撼性的科學發現，且是由學術地位備受
推崇的美國麻省理工學院所做的研究，報告出來也已經
過了13年，又是在以審核嚴謹著稱的『自然』科學期刊
上發表，照理應該是早已在台灣掀起沸沸揚揚的轉載和

討論。如果真有其事，為何好像只有你知道，而大多數台灣人到現在還是不知不覺呢？」

埔農回答：

這種人類史的科學新發現，在台灣不可能只有埔農知道。是由於台灣人歷經七十年中國壓霸集團的洗腦教化，台灣人所被灌輸的知識，全是來自充斥「蔣幫中國集團為洗腦台灣人所偽造之文書」以及「早期因漢化深而轉性，寧願認盜作祖當走狗、勾結霸權、乞求其殘羹的所謂台灣士紳所虛構的小說」之所謂「標準歷史教科書」，多數人已滿懷以中國為中心的虛妄思維。多數台灣聞達人士（尤其文史學者）又「假漢人」、「假華人」當上癮了，習於中國式厚黑學的心態，長期不自主的忽視、甚至鄙夷台灣史實真相的證據，一時若要再承認原台灣人的智慧文明以及原台灣人對世界人類之貢獻，會難以忍受心靈上的扭曲。多數聞達人士因而不是裝作視若無睹，就是故意加以掩蓋，甚至嗤之以鼻。因為，若能誠實面對事實證據，那就不會沉迷不醒了！而普羅大眾的認知，無論是來自學校教育或社會教化，絕大部分都是受聞達人士所影響，所以大多數台灣人才會到現在還是對「原台灣人的智慧文明以及原台灣人對世界人類之貢獻」不知不覺。

有劉教授留言：「我已看了Rohde的研究報告，並

未見什麼『原台灣人是地球上之所有現代人的共同祖
先』之敘述。」

埔農回答：

很顯然，劉教授並沒有把這篇證明「原台灣人是地球上
之所有現代人的共同祖先」之研究報告整篇看完，是僅看了
摘要而已。

Rohde的論文摘要是闡述：他從研究結果發現，若把母
系Mitochondrial DNA（粒線體基因）與父系Y Chromosome
DNA（Y染色體基因）分別探討，現代人母系Mitochondrial
DNA（粒線體基因）的源頭是可追溯至10萬至20萬年前，
父系Y Chromosome DNA（Y染色體基因）可追溯至3萬5千
至8萬9千年前。但是，就現代人所共同擁有的母系血緣和父
系血緣合併分析，則顯示地球上之現代人，應該都是來自共
同的祖先，而且這共同祖先其實生活在非常近代。在加入現
代人歷史活動的大數據，利用電腦分析後發現，今日世界各
地每個人的共同祖先，都是出現在2千年至5千年前。而較此
更早數千年以前的其他古代歐、亞、非人，因為體質或心智
上的劣勢，族群縮小，最後都在地球上消失，並無留下其個
別後代生存到今天。

Rohde研究團隊做此科學調查的出發點，是因為看到現
今生活在地球上的現代人只有種族（Race）之分；除了有膚
色、髮色以及面部細微輪廓等稍有不同外，並無其他明顯差

異。現代人不像一般生物，同一種（Species）內有各種差
異極大的不同類型。而現代人在今日地球上，也看不到一般
生物常見之同屬（Genus）的其他不同種（例如：已消失於
地球上的所謂尼安德塔人〈Homo neanderthalensis〉，是與
現代人不同的人種〈不同的Species〉）。Rohde的研究團隊
於是想到，生活在現代地球上的人類，應該是來自有共同祖
先的後代，也因而興起追查這現代人共同祖先的念頭。所
以，Rohde的論文摘要，是在說明他們的研究結果，證實了
原先的推論是正確的。

　　劉教授說：「如果台灣真的那麼重要，Douglas L.
T. Rohde應該會在摘要裡就寫出來。」

　　埔農回答：
　　照理講，如劉教授所言，Rohde的團隊既然在研究結果
出來之後，有了「地球上之現代人的共同祖先是來自台灣」
這麼重大的發現，應該是會於其摘要中就表明出來。然而，
Rohde之所以沒有在摘要裡即強調這麼重要的發現，埔農是
可以理解的。
　　首先，Rohde的團隊在從事這項研究之前，並不瞭解台
灣，甚至可能連台灣在那裡都不知道，得出「地球上之現代
人的共同祖先是來自台灣」的結論，是出乎他們意料之外。
更何況，原台灣人自己都不承認自己的祖先、看不起自己的

祖先，甚至於鄙視、污衊台灣自己的原本文明，更不尊重原
台灣人自己的靈魂，現代的國際學者有誰會打從心底敬重台
灣！一開頭當然不可能會想到要提及台灣。Rohde團隊也是
在整個研究分析的結果出來後，才驚覺「地球上現代人的共
同祖先是來自台灣」。這時候，Rohde本著學識的良知，也
就不得不承認了！

　　Rohde以下圖顯示現代人各國遠古祖先出現的年代。

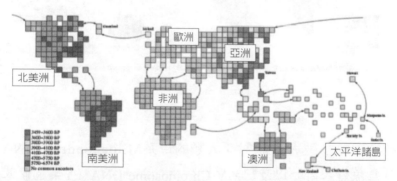

Figure 11: The date at which the most recent common ancestor of everyone alive today appears in each country in a selected C2 trial.

Rohde以下圖顯示現代人共同祖先（在台灣）的後代，由台灣再逐步遷徙、擴展出去而出現在各國的年代。

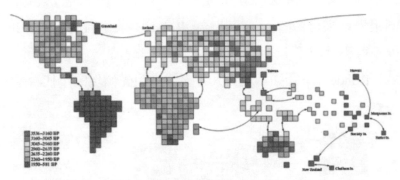

Figure 12: The date at which the first descendant of the MRCA appears in each country in a selected C2 trial.

由於多數人可能對「人類的母系Mitochondrial DNA（粒線體基因）以及父系Y Chromosome DNA（Y染色體基因）在遺傳上的運作；一個人口群內後代基因重組與基因突變率，以及各個年代會跨越地理形勢、語言、種族、文化區隔而通婚的可能比率等，各別在數學運算和統計分析上的意義」不是很清楚，多數人或許會因而無法耐心地把Rohde的整篇論文仔細進行瞭解。埔農現在就把幾段Rohde的研究結論抄錄給大家過目，至少可以瞭解Rohde的研究結果。

Studying the MRCAs (our most recent common ancestor)

of several Mod）el C simulations, reveals that the most recent CAs lived either in southeast or northeast Asia, nearly always in a port country. The most common sites are Taiwan and Malaysia in the southeast and in the Chukotka and Kamchatka regions of northeast Russia, close to the Bering Strait. Living near a port is an obvious advantage because it allows one's descendants to rapidly reach a second continent. The reason that the MRCAs arise in either southeast or northeast Asia and not, for example, the Middle East, is their proximity to Oceania and North America, respectively. Because Oceania was settled quite late and relatively slowly, and because Australia has infrequent contact with the rest of the world, it is advantageous, from the perspective of trying to become a CA, to live in this gateway to the Pacific. Likewise, it is also an advantage to live near the gateway to the Americas because the tip of South America is also difficult to reach. As a result, quite recent CAs emerge throughout far eastern Asia, including Japan and coastal China.

The Polynesian colonization of the Pacific islands is believed to have had its source in the expansion of the Tap'en-k'eng culture from Taiwan into the Philippines and later into Indonesia. This was followed, around 1600 BC, by the fairly rapid spread of the Lapita culture to Micronesia and Melasia and then eastward throughout Polynesia (Diamond, 1997;

Cavalli-Sforza, Menozzi, & Piazza, 1994). This is simulated in the model by the opening of a direct port between Taiwan and the Philippines in 3000 BC, with an initial burst of 1000 migrants, settling to an exchange of 10 s/g. In 1600 BC, three more ports open, from the Philippines to the Mariana islands and Micronesia, and from New Guinea to the Solomons.

Figure 11 shows the year in which the first CA arises in each country in one trial of simulation C2. In this trial, the MRCA was a man living in Taiwan, born in 3536 BP and who died in 3459 BP. Other CAs arose in Kamchatka and southern China within a few decades, working backwards in time, and then at various other locations in eastern Asia, both north and south. Within 600 years of the MRCA, CAs can be found throughout most of Eurasia, much of Indonesia, and some of north Africa. It takes another 2500 years for the CAs to appear in the more remote parts of North and South America. Note that no CAs lived in Greenland or Oceania because those areas were not yet inhabited.

It is interesting to track the descendants of a single one of these MRCAs throughout the course of a simulation to discover when they first arrived in each part of the world. The results, mapped in Figure 12, are in appearance very similar to those for the first occurrence of an MRCA in each country, but in this case we are working in the opposite direction in time. This particular MRCA was born in Taiwan in 1536 BC. She had a remarkable advantage in that one of her great grandchildren migrated up the coast to Chukotka. Other early descendants migrated throughout southeast Asia, with some heading to central Russia. Her lineage first reached Indonesia in 1206 BC, North America in 1091 BC, Africa in 838 BC, Australia in 652 BC, South America in 95 BC, and Greenland in 381 AD. Some of the last places reached were southern Argentina in 855 AD, and New Zealand in 1116 AD and the Chathams in 1419 AD, in the first wave of their colonizations.

　　當全世界的人類學者和考古學者都驚覺，而重視台灣這塊土地原住民族對世界的貢獻時，平地原台灣住民的聞達人士卻不肯面對史實證據，一意孤行的寧願繼續認盜作祖，偽裝假漢人、假華人，羨慕虛妄的中國式壓霸思維、鄙視自己的身份和出身而不悔。真讓心靈清明的台灣人情何以堪！

　　《自然》科學期刊創刊於1869年（台灣還在清據時期），至今仍是非常重要的世界性科學期刊。而且，該研究結論發表至今已超過13年，並無任何體質人類學者或DNA遺傳基因學者曾提出不同的看法。台灣人若仍是嗤之以鼻，埔農也只能仰天長嘆了！

李先生說：「我是略懂科學的人，但我一時還是無
法相信。」

埔農回答：

由於今日檯面上之教科書全無台灣的原本文明以及台灣
遠洋航行各地傳播文明和智慧達四、五千年的資料，70年來
台灣人又逃避不了中國式厚黑學的灌輸，記憶中充斥的多是
漢人之虛妄、自大與傲慢，多數人對於原台灣（Paccan）族
人的對外輸出文明都抱持懷疑態度，這是無奈的事實。但
是，請仔細想想，世界上很多民族（尤其所謂的中國漢人）
的所謂歷史研究結論，都是強硬的穿鑿附會，自我膨脹的往
臉上貼金。而在台灣則完全相反，發掘台灣真相、重視台
灣、推崇台灣的國際學者，全是與台灣沒有任何關係的外國
人；原台灣人卻是自己看不起自己的祖先，甚至於污衊先
人。在歷經70年來中國的壓霸洗腦教化後，多數原台灣人認
盜作祖，以假漢人、假華人心態，羨慕虛妄的中國式壓霸思
維。在這樣的情形下，才會有反而是台灣人自己不自主的忽
視、甚至鄙夷台灣史實文明之證據的現象。

發表「台灣獻給世界的禮物」、「亞特蘭提斯
（Atlantis）遠古文明部分陸沉後遺留的所謂安提里亞就是
現今的台灣島」、「原台灣人是地球上之所有現代人的共同
祖先」等研究證據的，都是有嚴謹學術風格的外國學者，其
個人都與台灣一點關係也沒有。而且，由於台灣人自己長期

忽視、甚至鄙夷台灣史實的證據，有些外國學者原本甚至未察覺到有台灣的存在。這些國際學者，於發掘出歷史真相後，完全是本著學術良知，一直在推崇台灣的原本文明和文化，敬重原台灣人對世界的貢獻。難道，到現在大家還真的寧願聽信空口累積的中國式虛妄謊言，而不肯相信史實證據和客觀的科學實證？這真是匪夷所思！這種「斯德哥爾摩症候群」的受虐後心理病態，其嚴重程度，更是令人傻眼！

　　李先生又說：「不管怎麼樣，想要讓我信服，必須能舉出現有的文明、文化中，還能見識到台灣先進文明的證據！」

　　埔農回答：
　　好吧！如果李先生對台灣「鹽寮4450年前精煉鋼鐵、金、銀、銅的古代工業區遺址（世界上其他所知的最早煉鐵技術也不過2800年）」、「白桑安遺址所謂史前的琉璃珠、瑪瑙珠、銅鈴、金質項鍊飾品」、「台東縣太麻里舊香蘭遺址2000年以上的玻璃、青銅、鐵等鑄造加工品模具」等考古證據不清楚或不相信，那麼，除了前所舉證之「中國算盤的上兩珠下五珠和日本算盤的上一珠下五珠，根本脫離了台灣算盤做為精深數學演算工具的法則，證明都是學台灣算盤學成半吊子的結果」外，現在就以還看得到的「曆法」、「地理、風水」這兩個淺顯例子，再說明中國人習得原台灣人的

知識，不求甚解，卻妄加誤用的情形，同時再證明所謂漢人的荒誕絕倫。

「曆法」和「地理、風水」的生活必備常識，由台灣傳到中國後，卻被逐漸加入各種怪力亂神。更因為中國人習得有用的「曆法」和「地理」、「風水」知識，知其然而不知其所以然，時間久了，不但加入各種怪力亂神，還把「曆法」和「地理」、「風水」都給混淆了，竟然把陰曆誤認是農曆，還錯把勘查住宅用地和建築是否合適的「看地理」誤認是設置「墳墓」的「看風水」，真是亂七八糟！

台灣曆法以太陽、地球、月亮運行的相互關係做基準，台灣年曆包含陰曆和陽曆兩套（中國曆書就是源自台灣陰曆和部分台灣陽曆）。以地球自轉一圈為一日，年份以地球繞行太陽一圈為1年。台灣陰曆以月亮繞行地球1圈為1個月，1年定為12個月，但地球繞行太陽一圈需時超過12個月，為配合地球繞行太陽一圈的1年，隔幾年就須外加閏月。台灣陽曆則是精準的固定1年分24個節。

台灣陽曆1年分24個節的由來，是因為太陽光線以正射的90度直角進入台灣和離開台灣所經過的時間，地球在繞行太陽軌道上所前進的距離都是移動了15度。所以台灣陽曆就以地球繞行太陽移動了15度的日數（15日左右，平均約為15.21875日）定為1節，剛好把一年分成24個節。現代西方陽曆粗略，除了同樣以地球繞行太陽一圈為1年外，是用無厘頭的方式把一年分成12個月。

　　農作必須順應每年氣候循環做耕種和收割，才會得到最佳成效。因為農作是依據氣候變化來耕種、來收成，而氣候是隨地球繞太陽而循環運行的，所以農作都是依據台灣陽曆的24個節氣運作。這是每位台灣人原本都知道的常識，怎會把陰曆說成農曆這麼離譜呢？中國人不知所習曆法之原由，在接觸西方的粗略陽曆後，竟然把陰曆稱是農曆。而且，所有因被洗腦而思覺偏執的台灣假漢人，也跟著不知不覺！

　　因而台灣陽曆才是農曆。航海、漁撈則是要配合陰曆的固定潮汐變化。陰曆僅是一般人用來方便判斷日期（看月亮圓缺就知大概），而航海和漁撈作業才是要配合陰曆的固定潮汐變化。

　　再看「地理、風水」。住宅是要探究地理，墓地才是要注意風水。相信現年60歲以上的原台灣人應該都知道，只有深陷假漢人迷思的台灣人才會在不知不覺中故意失憶。

　　各項建築之地理、風水要素，是原台灣族人的普通常識。社區和住宅講究的是地理，住家不置山谷口、不正對路衝，以避免颱風來襲時，風雨迎面集中灌沖的嚴重破壞力（以現代而言，則是更容易遭受車禍的衝撞）；背後不可緊靠順向坡的山嶺，以避免大片土石滑動的災害；地下是否有淺層地下水？基地是否穩固而牢靠？靠近之溪流是否為潛在的排洪道？附近地質或地下水及溪流的上游是否存在礦脈而可能汙染？地底是否有沼氣或毒物？這些都是選址時，事先必須探勘，以便排除的忌諱，以避免危害。附近土地肥沃，

有利農作；坐北朝南，則冬暖夏涼；坐高面低，可避水患又能瞭望，都是必要的正面思考。所以，自遠古，台灣族人的活動地區，尤其社區和住宅，必定會先仔細勘察地理。

另因為多數台灣族人傳統上，都僅築一小墳掩埋祖先骨灰，若風勢強勁或偶而有洪水流過，可能會被沙土埋沒，甚至被沖毀。所以，台灣族人擇定先人墓地時，都很注意該地刮風和水流的情況。現在樸實的台灣族人，都還是在大寒日「坌風水」（整修先人墳墓），並常簡稱祖先的墳墓為「風水」。60歲以上的原台灣人，若頭腦還清楚，這是都應該知道的！由於現在台灣的正式檯面上，全無台灣原本文明，以及台灣族人曾遠洋航行世界各地；傳播文明和智慧達四、五千年的資料，70年來台灣人又逃避不了中國式厚黑學的灌輸，記憶中充斥的多是自大與傲慢之中國式假漢人思維，因而多數人對於台灣的原本文明抱持懷疑態度。台灣聞達人士更甚至對台灣的原本文明與文化嗤之以鼻，原台灣人台灣聞達人士（尤其所謂的台灣歷史學者）已成為台灣人想要覺醒、台灣人想要恢復靈魂尊嚴、台灣想要回復完整自主國度的最大阻礙。

事實上，現代的所謂中國人，由於自大、傲慢又虛妄的習性，不但對於其所引用的外來知識不求甚解、妄加濫用，對於所謂中國自己的傳統史實認知，也隨處妄加引用。諸多以虛構小說形式偽造的所謂中國膨風歷史就不談了，單看現在他們所謂的「中國」或「中華」二辭，就彰顯出他們的盲

目自大。現代的所謂中國人以「中國」和「中華」二辭標榜是「世界中心的華麗之國」，其實不管是「中國」或「中華」，它們原都僅是指其稱王時的京師（京城）而已。「中國」一辭最早出現在西周武王克商之後，《詩經之大雅·民勞》始記「惠此中國，以綏四方」；《詩經毛傳》（研讀詩經的註釋）謂「中國，京師也」；《史記·五帝本紀》有「夫而後之中國，踐天子位焉」；《史記集解》有「劉熙曰：『帝王所都為中，故曰中國』」。而「中華」一辭最早出現於古代典籍中的是桓溫在〈請還都洛陽疏〉中說：「自強胡陵暴，中華盪覆，狼狽失據……」，是以「中華」二字來指稱洛陽。「中國」和「中華」都是所謂的漢族早期用來指稱其所建霸權之中樞而已，現代的支那人卻用來涵蓋其圖謀霸權的區域，真是見鬼了，更是狂妄、虛偽至極！

所謂中國的所謂漢人，因為從來就慣於中國式厚黑學的壓霸和虛妄思維，以至於現在之所謂中國，真是一個奇特的國家。所謂中國的聞達人士，貪婪、壓霸至極，卻真能屈能伸，屈時可認賊作父，伸時則將賊父編纂為兄弟以遮羞。昔日的「蒙」、「滿」侵略者，可改稱「元」、「清」，硬擠進其歷史族譜，真是一部道地的中國厚黑學。

許先生說：「風水是指墳墓，大寒日要『坌風水』，住宅和社區要探究地理，這些我都知道。但是，台灣族人傳統上都火葬，僅築一小墳掩埋祖先骨灰？似

乎只是你有這種說法。而且，考古也有發現一些千年的台灣族人遺骨，甚至還有石棺。這些都讓人浪難相信『台灣族人傳統上都火葬』。」

埔農回答：

台灣族人傳統上尊重每一個人，有少數特立獨行之人背離傳統、不守規矩或不合作，仍擁有自行離去的自由，所以總會有一些少數特異的行為和做法存在。台灣地域不大，又至少20萬年前即有住民，若台灣族人傳統上是土葬，應該會有大型墓葬群到處被發現，也不會只有極少的遺骨化石被考古發掘。而石棺不朽不壞，發現的就只是那幾個，可見是當時某地之某些人的獨特做法而已。另外，台灣族人傳統上是火葬，不僅是存在姜林獅先生那代代相傳不斷的敘述裡，荷蘭人在初踏入台灣這塊土地時即有記載（Dagregister Batavia. VOC 1083, fol. 398-399. Extract 16 February 1624. DRB, pp. 22-25.），無可懷疑的。

有柯先生另外質疑說：「就算台灣（Paccan）真的曾擁有世界最先進的文明，地球上之所有現代人的共同祖先全來自台灣，但要說『台灣（Paccan）從未有所謂首長、酋長、首領、國王等職位或人物，是全世界最早、最文明、最誠實的民主國家』就太匪夷所思了。台灣各族都有族長，台中地區的大肚王國更是懂台灣史的

人全都知道的事。想胡說八道，也要有點歷史常識！」

埔農回答：

「台灣（Paccan）這國度，人人平等，從未有所謂首長、酋長、首領、國王等人物或職位。需要仲裁事務，是由定期改選的各級議會決斷。任一議員在議場發言時，其他議員必定安靜地恭敬聆聽。社區、聚落的傳統以及議會的決定，多數人均會遵行。雖然會有少數特立獨行之人不規矩、不合作，但仍擁有自行離去的自由，並不會受到歧視性攻擊。」這不僅是姜林獅先生那代代相傳的台灣史如此記述，早期入台的荷蘭傳教士Georgius Candidius，因深感佩服而留下的文獻中，也有詳細記錄。Georgius Candidius留下的文獻，順益台灣原住民博物館出版的荷、英文對照書《*The Formosan Encounter*》收錄在Vol.I, p.120；121。是荷蘭人入侵後，為了擴張霸權，方便溝通和交涉，才在台灣族人的社區聚落中強置頭領，始破壞了台灣族人五千年以上之柔性團結的傳統。而荷蘭人所選定的頭領，早先是曾收留唐山人的台灣族人（由荷蘭人的唐山走狗介紹），後來是率先屈服於武力脅迫者。除了予以利誘，為鞏固其權威，荷蘭人都給予武力做後盾。遇有不完全順從的受命頭領，就予以殺害懲戒，以儆效尤。這些在《*The Formosan Encounter*》Vol. I, p.87；120；137；Vol. II, p.15；124；163；368以及《熱蘭遮城日誌》（I）p.362；（II）p.34都有記載。是您所謂「懂

台灣史的人」不肯仔細去瞭解，或者故意視若無睹罷了！

　　柯先生再質疑說：「這部分就算服你好了。但你又說『台灣各族群往來頻繁，語言、文字也可溝通』，文字方面你先前提過，暫且不談，至少台灣山地各族群語言都還在，各族群語言都不同，你怎麼可以信口開河！」

　　埔農回答：

　　唉！就是因為台灣山地各族群語言都還在，台灣平地各族群語言也還有一部分人懂得，只要用心訪查，就應該會發現，各族群語言都有同源的相近語音。當然，看來您還是會堅持說「各族的文化和語言都有很大的差異」。那埔農就再詳細說明。

　　古時交通不發達，台灣各村鎮雖往來頻繁，但需要常態性往來的，多數是局限於一部分人員而已，一般人是長期在自己部落內安居樂業。Paccan國度是類似邦聯的分工、合作，不是強調團結或霸權統治。各部落相互合作、互補，但自主而不相隸屬，當然都會個自發展一些獨特的色彩，但差異不會太大。

　　是因為清國據台，視台灣為敵境，不願因為進入高山而付出涉險的代價，遂首先下了嚴酷的封山令，要狠將避入台灣山地之各部落孤立在高山的各個局限區內，每一個部落都

被隔離在狹小範圍內，令其自生自滅。在嚴酷封山令之下，台灣山地各部落就像被困在孤島監獄，無法與其他地方交流維持文明所需的物質和原料。文明遂停滯，更繼而消退。因為生活條件差，族群又無法與外界通婚而基因逐漸純化，族群也逐漸縮小。文書的教育傳承，在簡單的生活方式和狹小的生活圈，逐漸顯得不是那麼必要，也就不被那麼重視，因而隨時間過去就斷層了。連語言也因族群縮小，加上超過350年的實質隔離，各部落語音的差異越來越大。

　　語言和文化的傳承，需要一定規模的族群才能不斷延續，因為只有夠大的族群規模，當族群內出現異常的語音和行為時，才會有多數的飽學者能有效加以導正。若族群太小又孤立，則語言和文化都會因為缺乏適時的導正而迅速變異或倒退，這是理性清明的人都應該瞭解的。

　　世界各國的語言學者研究原台灣語言時，均訪查台灣各族的現有語音，分析語言、語音演進的模式，再和其他國家、地方的語言比較，才都發表相同的研究結果。從語言、語音演進模式證實，南島語族是在1000年前至3500年前，由台灣向菲律賓、夏威夷、中西太平洋諸島、復活節島、馬達加斯加島、澳洲、紐西蘭等地擴散出去的，台灣是這些所謂南島語族的原鄉。而現今這些地方住民的語音也都已有或多或少的差異，理性清明的語言學者還是得承認，是同樣來自台灣。所以，「台灣各族群往來頻繁，語言、文字也可溝通」有確切的歷史證據在，現有的差異是歷史傷痕造成，這

絕非是信口開河！

　　柯先生又質疑說：「以上證明的只是語言方面，但你卻也肯定的說『原台灣（Paccan）族人文字也可溝通』，原台灣（Paccan）族人的文字在那裡？台灣有不少歷史學者及考古學者，你把他們全都當白癡啊！」

　　埔農回答：
　　不是埔農把台灣歷史學者和考古學者全都當白癡，是他們自己以假漢人、假華人的虛妄思維，故意裝作視而不見！前面埔農已解釋過，多數台灣聞達人士（尤其台灣歷史學者）深陷「台灣受虐症候群（重症斯德哥爾摩症候群）」的心靈障礙，即使在多數台灣史實證據已被攤開的今日，內心仍充滿虛妄的中國式思維，對眼前的史實證據視若無睹，甚至扭曲原台灣（Paccan）的智慧文明和文化，繼而擺出鄙夷的態度。由於他們在學校教育和社會教化掌握了十足影響力，連累多數原台灣人也還在跟著誤以為自己是唐山人（或漢人）移民的後裔、誤以為自己是華人。影響之下，多數台灣人看了史實證據，潛意識裡自然仍心存疑惑，一時難以相信，也跟著不自主的加以忽略或排斥。
　　〈臺灣遊記書後〉記載「諸山名勝，皆『蝌蚪碑文』」、基隆社寮島（現在所謂的和平島）出土之古文石碑（今被收藏於日本京都帝室博物館）、日月潭台灣古文石版

等，再對照所謂中國的禹王石碑文以及中國遠古尚書原本是由蝌蚪文寫成的，這些埔農在《台灣受虐症候群的煉製》第一章有詳細說明。更何況，原台灣（Paccan）族人若沒有文字，何以能發展出現在逐一被證實的遠古文明？

　　朋友許先生說：「碑，是從秦始皇之後才有的文物。商朝到秦始皇之間，沒有任何立碑的記載與文物存在。禹王碑應該是後代人假造的東西。」

　　埔農回答：

　　「禹王碑應該是所謂中國後代人假造的東西」？是有可能，但可能性甚低，因為我們必須問，是誰假造的？他費這麼大的工夫假造之目的為何？他又為何懂蝌蚪文？「中國商朝到秦始皇之間，沒有任何立碑的記載」是沒錯，但並不能因此就認定中國夏朝不會因受外來的一時影響而曾立碑。而此中國禹王石碑，一看即知，鑿刻者並無刻碑文的經驗。因為雕刻前未做文字預備位置的劃分，所以字的間距不等。為帝王服務尚且如此，可見刻立碑文是中國在夏禹以前從沒做過的事。只是見到新奇事跡，用來留傳。而且，這所謂的中國禹王碑文，看起來是橫式書寫。所謂中國自己發展的文字，從來都是由右向左的直行式書寫，即使牌匾，也只是一行一字式的表達而已。所以，這禹王碑文應該不是所謂的後代中國人所製作。

　　把所謂的中國禹王石碑文和日月潭的台灣古文石版拓文拿來比較，是不是很相似？應該是同一種文字。當然，由於現在找不到日月潭台灣古文石版的原收藏者霍培華先生，應該也會有人質疑說日月潭台灣古文石版是假造的。不過，晉書衛恆傳記述：「漢帝時、魯恭王壞孔子宅，得尚書，時人不知復有古文，謂之蝌蚪文」，再對照《雅堂文集》之〈臺灣遊記書後〉記載：「諸山名勝，皆『蝌蚪碑文』，莫可辨識。」再看1999年四川三星堆出土古文物（3200-3300年前）的「寶貝」，正是台灣的龜甲螺（子安貝），以及書經（又稱尚書、上書，記載4000年前夏禹時代的神話傳說）禹貢篇的「厥貢島夷卉服，厥篚織貝，厥包橘柚，錫貢沿於江海，達於淮泗」。島夷指海島國家的外國人，卉服就是錦服，篚是竹簍，織貝是鑲著光澤貝殼薄片的華服和布料（就是台灣鹽寮古「織貝製造工場」所見，世界僅有），是台灣族人正式場合及慶典時所穿的華麗服飾，至今仍可從一些舊照片中見到。其意思是：送來海島國家的外國錦服，織貝華服、布料一簍簍，橘柚一包包，運送者由海口沿長江而來，到達淮水、泗水」。橘子（柑仔）、柚子又是台灣特產，除了台灣，實在難以想像這些所謂中國的古代記述和遺跡，應該要連上哪個國度！

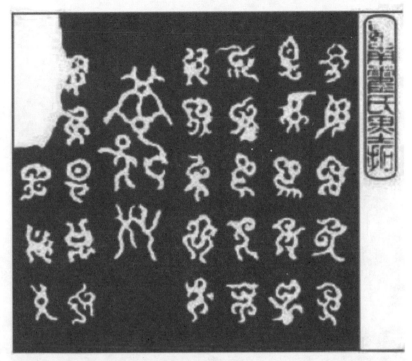

日月潭台灣古文石版拓文（是橫式書寫？還是直式書寫？）

禹王碑拓文（看起來應是橫式書寫）

禹王碑

更何況，所謂中國的文字，最原始的是商朝甲骨文。然而，由中國遠古傳說寫成的「新尚書」中，並未提到「文字的大革命」，這是歷史上罕見的大事，若有，不可能漏掉，而且還不知另有謔稱蝌蚪文的古文原「尚書」。而且，自從中國自己發展象形文字後，蝌蚪文便完全消失，可見懂得繼續使用的人，在當時所謂的中國，不是一個都沒有，就是極少。何況就人類各種語文演化事實來看，只能循序漸進。除非是遭受外來的殘暴洗劫（例如台灣［Paccan］），突然之完全逆轉是不可能的。反而中國尚書禹貢篇有記載，當時是在輸入台灣的文明產物。所以，夏禹時期的「非原始象形文字」絕對是外來文，此外來文又已很進步，在在都顯示，台灣於三、四千年前就已在向中國輸出文明。

朋友許先生再說：「這兩個符號系統的圖形與繪製概念，相差很大，看不出有何傳承上的關聯。禹王碑，被翻譯成漢字，內文已經是四字組合的文學作品，這種文學格式大約出現在西周中期吧。去找銅器文字與文章內容演變的相關書籍就可以發現。禹王碑的文字系統與甲骨文，銅器金文演變無關，也有可能是戰國時期，南方楚文化新興民族受儒家思想傳播的次文化，找當地工藝家自行繪製的圖文，不是西周文化的延伸。殷商以前，甲骨文還沒創造發明，傳世文獻傳說都是神話故事，不可信，要就相信出土文物上的考古研究報告。

其他的，當作茶餘飯後的幻想小說聊聊就好。中國二字產生在西周武王克商之後，所以沒有中國夏朝這種說法，這是大中國思想的謬誤。」

　　埔農解釋：

　　「中國二字產生在西周武王克商之後，所以沒有中國夏朝這種說法，這是大中國思想的謬誤」、「去找銅器文字與文章內容演變的相關書籍就可以發現。禹王碑的文字系統與甲骨文，銅器金文演變無關」、「殷商以前，甲骨文還沒創造發明，傳世文獻傳說都是神話故事，不可信，要就相信出土文物上的考古研究報告。其他的，當作茶餘飯後的幻想小說聊聊就好」，說得好，非常正確！

　　現在所謂的「中國」原稱唐山，「中國」是清國之後才產生出來的，埔農言「中國夏朝」是說「現在所謂中國的所謂夏朝」，謝謝許兄的明析辨正。

　　不過，「禹王碑的文字被翻譯成漢字，內文已經是四字組合的文學作品」？既是「禹王碑的文字系統與甲骨文、銅器金文的演變無關」，埔農不禁要問，現代的所謂中國，誰有真正的能力去翻譯這所謂的禹王碑文？他用以翻譯的根據又從何而來？而且，此所謂「翻譯成漢字者」，有看出這所謂的禹王碑文是橫式書寫嗎？所以，也還是「當作幻想小說」看才恰當。

　　至於「這兩個文字系統的圖形與繪製概念，相差很大，

看不出有何傳承上的關聯」，埔農的看法是，如果是不同時
期的產物，又是異族抄繪，那應該是很近似了。不過，若要
質疑「禹王碑與日月潭台灣古文石版的文字應該出自同源」
這解讀，也不是不可以，因為就如同「台灣數字很可能是阿
拉伯數字的前身」一樣，目前還缺乏直接證據。但是，埔農
舉出這個例子，只是在「眾多不可辯駁的明證」之外的旁證
而已，並非重要的證據，更不是主要證據。

　　柯先生再質疑說：「你以上的所謂原台灣
（Paccan）文字，不是在台灣已看不到實體證據，就是
模糊不清，還是不能令我信服！」

　埔農回答：
　　柯先生要清晰的實體證據，那就請看東北角草嶺古道虎
字碑旁的石版文，台灣歷史學者還不是視若無睹！

有台灣文史學者吳先生更質疑說：「不少學者都說，草嶺古道虎字碑旁的石版文應該也是偽造的，不必就此信以為真！」

埔農回答：

唉！您們又要說草嶺古道虎字碑旁的石版文也是偽造的，埔農還是那句話：「我們必須問，是誰假造的？他為何要費這麼大的工夫假造這個？他圖的又是什麼？」不過，既然您們堅持這種僵化性的中國式心態，那埔農就再舉證，以便讓您們心服口服。

宜蘭外海有著距今約1萬至1萬5千年以前的大片陸沉之台灣古文明遺跡，散佈著大片巨石金字塔型建築和巨石雕像。海底石牆上有一系列的遠古台灣文字雕刻，非常清晰，現在還在那裡。您們若還是不肯相信，可自己潛水去看。可別又硬要說是偽造的，因為這宜蘭和與那國島之間的海底巨石建築，是1986年一位與那國島居民做潛水活動時無意中發現，而石牆上之一系列文字雕刻則是日本學者前往詳細探究時才看到的。而且，這片大型巨石金字塔建築和巨石雕像已沉沒海底1萬年以上，您們該不會又要堅持說是偽造的吧！

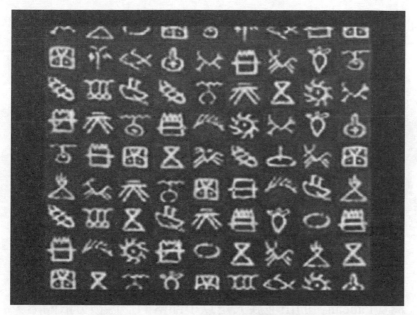

雕刻在宜蘭外海和與那國島間的巨石建築上的「文字」

　　吳先生反駁說：「這大片陸沉之古文明遺址我是有
聽說過，但那是在日本的與那國島旁，而日本與那國島
離台灣將近50海里，你硬要扯上台灣，這是剽竊他國文
明與文化的冒充，是無所不用其極的打腫臉充胖子，別
不要臉了！」

　埔農回答：
　唉！您們是歷史學者，怎麼會不知道與那國島本是屬
原台灣的一部分？現今的台灣和與那國島之間原本是一大

片陸地，是1萬多年前的一次大規模火山爆發和地震而沉入海底。而且，與那國島自古以來的住民，根本就一直是原台灣族人，現在的與那國島居民仍是說著原台灣（Paccan）族語，語言和被隔離350年的台灣島內倖存山區族人仍可相通。雖然現在是被日本強佔，但與那國島的台灣族人一直在想辦法要脫離日本的控制，您們怎麼可以說是「硬要扯上台灣」、「剽竊他國文明與文化」？又怎麼會稱是日本的與那國島呢？

台灣（Paccan）的山地族人，是逃避荷、鄭、清的壓霸，才分別遷入深山而被迫隔離；與那國島的台灣（Paccan）族人，則是遭遇自然災變造成的地理式隔離。台灣（Paccan）的山地族人是以小部落的形態被分散隔離，300多年的時間裡，各部落的習俗和語言就已演變出明顯差異。而與那國島的台灣（Paccan）族人，雖然和台灣隔離上萬年，由於仍維持有一定規模的人口數，並保有足夠的自由生活空間，也沒有外來異族的壓迫和歧視，所以生活習俗和語言並未有太大改變。也因而，與那國島台灣（Paccan）族人的語言，至今仍能和已出現部分差異的台灣（Paccan）山地族人順利溝通。可惜的是，在遭受日本統治一百多年後，與那國島的台灣（Paccan）族人，生活形態已受到影響，仍未能繼續維持其傳統生活的完整原貌，原Paccan傳統文化也已大半流失。

其實，這些陸沉之古文明遺址，是1萬5000年前的遺

跡，這些巨石建築上的文字，已是遠古的台灣（Paccan）原始文字了。

事實上，二次大戰結束後，日本已聲明放棄不法取得之所有領土。「日本放棄對台灣、澎湖等島嶼的一切權利、名義與要求」，依國際法慣例，日本聲明放棄的當然包括蘭嶼、火燒島、龜山島、釣魚台島、與那國島。當初蔣幫中國壓霸集團根據麥克阿瑟元帥一號令來台做暫時性軍事佔領（由美軍軍官組成的顧問團監督）。原令為「中國（滿州除外）、台灣及北緯十六度以北之法屬印度支那（北越）境內（包括Itu Aba Island，即後來的所謂太平島）的日軍高階司令官及所有陸、海、空軍及輔助部隊應向蔣介石元帥的軍隊投降」，如此而已。按照該命令，日軍遣送完畢，次年二月就該撤軍回中國。蔣幫黨軍依令如期退出北越，卻由於戰後美國一心一意為了對抗共產主義，蔣幫黨軍又是高舉「反共抗俄」的招牌，為了維繫西太平洋圍堵共產主義之所謂第一島鍊的完整，美國就暫時忽視滯延在台灣的蔣幫黨軍以及後來流亡台灣的所謂中華民國中央政府。當時蔣幫中國壓霸集團是從中國敗逃，因嫌管理釣魚台島和與那國島麻煩，又會分散其中國國民黨黨軍的兵力，蔣介石主動放棄他認為是負擔的釣魚台島和與那國島，釣魚台島和與那國島才由美軍自行管轄。蔣介石卻寧可派兵駐守遠在1200海里外的所謂太平島，因為所謂的太平島位居南海海空交通必經之重要地位，蔣幫壓霸集團就利用駐軍太平島一事，個自劃了個不敢見人

的所謂南海U形線主權，用在台灣的所謂標準教科書，以滿足他們那自大的幻想。這些事實給台灣留下了禍根，也引來今日釣魚台島和與那國島的爭端。

更令人遺憾的是，在台灣聞達人士一直沉迷於虛妄的中國式思維情況下，當與那國島之台灣族人主張要脫離日本控制的時候，因爲台灣聞達人士和政客自己拒絕於原台灣族人的身份，偽裝是假漢人、假華人甚至假中國人，又堅持中國式的虛妄思維，與那國島之台灣族人從來就得不到現今台灣應有的任何聲援，甚至連任何關心也沒有。又是另一件台灣人的悲哀！

（至此，吳先生才未再來質疑）

這些殘存的台灣古文明證據，除了一位原非歷史學者的何顯榮先生（土木工程學者）外，似乎都未引起台灣歷史學者、教授、聞達人士的關注。反而是一位華人學者魏聚賢，於1970年代對這些台灣古文明遺跡顯示極高的興趣和重視，並留下記錄。台灣聞達人士（尤其台灣歷史學者）卻在蔣幫中國壓霸集團的洗腦教化下，以僵直的中國式虛妄思維，鄙夷台灣自己的文明和文化遺跡之證據，眞是作孽啊！

基隆社寮島（現又稱和平島）的古文石碑及其他珍貴文物共數十件，今仍被收藏於日本京都帝室博物館。僅有極少數的石碑及文物被當地住民不經意的留下來。若在正常國家，這些珍貴的古文物早應由國家設法尋找出來，並向日本

索回被其收藏的台灣古文物，由國家主導收藏和研究，台灣卻到今天還是沒有一個聞達人士願意聞問，眞令人不勝噓唏。但願原台灣人能快快覺醒，讓台灣的古文明、古文化早日找回來。

其實，早有對古歷史考據有興趣的國內外學者，依古今發現的證據推測，台灣（Paccan）應該就是希臘古學者柏拉圖（Plato，希臘語Πλάτων）所描述的亞特蘭提斯（希臘語Ἀτλαντὶς νῆσος，英語Atlantis，意爲「Island of Atlas」），是人類古代先進文明的所在地，現在的台灣島是部分陸沉後所留下來的。

20世紀初，即有美國學者詹姆斯柴吉吾德（James Churchward）在所著*The Lost Continent of Mu*（消失的姆大陸，1931年）中提出，有史（西方歷史）以前的太平洋，包括現在的台灣等，有整片相連的大陸，在這一大塊土地上，曾有過高度發展的「Mu文明」，有超過一萬年以上的歷史。

1982年，謝新曦先生依據台灣古籍《澎湖縣志（誌）》中的描述：「古時從虎井嶼高處俯視可以看到海底有一片綿延的城牆」，找到了所謂的虎井嶼古沉城。其中由一塊塊巨大玄武岩整齊密接構成的正十字形人工建築，是完全配合地球磁極，不偏不倚的爲南北和東西走向。雖然有部分被侵蝕而呈現凹凸不平，但搭建的石塊，其接縫極爲平整。東西向總長160公尺、南北向總長180公尺，上端寬度1.5公尺，底

部2.5公尺，在北端另有結構還保持很完整、直徑約20公尺的圓盤狀大型建築。

　　一般考古學者都說這玄武岩建築是城牆，但埔農認為是道路結構的一部分。有4個理由：1. 台灣村鎮不建城牆，也不築外圍防衛工事（《*The Formosan Encounter*》Vol. I, p.20），因為台灣各族群均崇尚互助、和諧，各聚落原本無敵人，何須建築城牆？ 2. 何況若是城牆，則應是建於外圍，十字形結構沒有防衛功能。3. 堅固平整的玄武岩結構應是道路的中間部分。原台灣人對年長者會特別尊敬，路上見到年長者，年輕人會立即讓路，往路旁避開（《*The Formosan Encounter*》Vol. I, p.123），而且，堅固平整的玄武岩堅實結構，需要時還可供運輸車順利通行。4. 姜林獅那代代師承相傳的記述以及荷蘭人初入台灣（Paccan）時的記載，都明白指出，原台灣（Paccan）村鎮都經仔細的規劃，村鎮由單一或數個正十字形道路組成（《失落的智慧樂土》，p.102），沉沒於虎井嶼旁海底的村落遺址正是如此，除了大型岩石結構，其餘的已腐蝕、沖刷殆盡。

虎井嶼海底遺跡

　　宜蘭和與那國島之間的海底，有著距今約1萬5000年的大片陸沉古文明遺址，散佈著大型巨石金字塔建築和巨石雕像。現今的台灣和與那國島之間原本是一大片陸地，是約1萬多年前的一次大規模火山爆發和地震而沉入海底。而與那國島自古以來的住民根本就一直是原台灣族人，與那國島的住民仍是一直說著原台灣（Paccan）族語。

　　1995年南佛羅里達大學羅伯特・菲森教授（Robert Fuson）著作的《傳奇大洋島（*Legendary Islands Of The Ocean Sea*）》曾對歷經大規模火山爆發和地震後留存的安提里亞島（Antilia）進行考證，認定亞特蘭提斯（Atlantis）

部分陸沉後遺留的安提里亞就是現今的台灣島。

　　由於台灣和與那國島之間的金字塔建築和石像比埃及金字塔早了至少5000年，也比復活節島的巨石雕像以及世界各地被發現的類似金字塔型建築早得多，且世界各地的巨石建築都有相近似的結構，所以可推測，世界各地的古早巨石文化，應是來自發生大片陸沉後Paccan族人的傳播。而因爲有古代Paccan進步文明（所謂之亞特蘭提斯）的存在，並在世界各地指導文明智慧，就可以解釋「令現代考古學者和科學家迷惑的各種遠古建築和科技產物」，例如「金字塔等舊時代的巨石建築」、「各種神秘的遠古壁畫、雕刻與地表人工製作」、「在石頭刻畫1000年以上生活狀況的秘魯伊卡（Ica）石刻」、「古希臘的Antikythera Mechanism裝置」、「2500年前的巴格達電池」、「有5000年歷史的內角爲正108度、正12面體之蘇格蘭圓形石球」、1萬2千年前的哥貝克力巨石群（Göbekli Tepe）等。

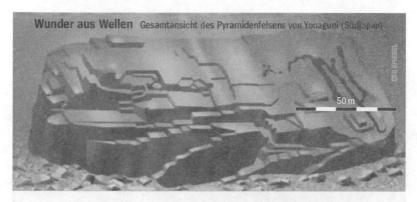

宜蘭外海和與那國島間的海底遺跡

宜蘭外海和與那國島間的海底遺跡

宜蘭外海和與那國島間的海底巨石像，高達數公尺的人頭雕像。

　　此雕像的大小和形態都與東太平洋復活節島上的摩埃石像（Moai）相同。復活節島上一字排列的七尊面海摩埃石像，正是朝向台灣，有遙望故鄉之意。語言人類學、體質人類學學者或是研究現代人體質DNA遺傳基因的學者，都已證實，整體太平洋諸海島的居民（包括現在所謂的復活節島），都是台灣（Paccan）族人向世界各地傳播文明、文化時遷移過去的。由於當時太平洋諸島並無其他人類居住，所以太平洋諸島的住民，都保有原台灣（Paccan）族人的語言基礎和單純之台灣族人體質DNA。台灣（Paccan）族人遷移到復活節島的年代較晚，約在600年前至2000年前。移居到復活節島的台灣（Paccan）族人，雖然人口不多，在簡單的生活方式和狹小的生活圈裡，文書教育傳承逐漸顯得不是那麼必要，也就不被那麼重視，就隨時間過去而退化。但直到19世紀時還保有很多木刻文書，是歐洲傳教士來到所謂的復活節島後，視該島的所謂Rongorongo（倫哥倫哥文字）是異端邪說，大部分刻有文字的木刻版都被燒毀，目前只剩下少數木刻版被保存。這些文書，仍可看出是和1萬年前至1萬5千年前的海底台灣原始文字同源，也可看出是和「基隆社寮島石碑古文」、「日月潭台灣古石版文」、「東北角草嶺古道虎字碑旁的石版文」出自同源，更與印度古文極為相近。

復活節島的文字木刻版，是橫式書寫

復活節島橫式書寫的木刻版文字

宜蘭外海和與那國島間的海底巨石建築

宜蘭外海和與那國島間,在陸地大崩塌而沉入
海底後,仍然保持比較完整的巨石金字塔。

　　台灣自己國內的考古發現，則有獻身追查台灣原文化的學者盛清沂先生，於1962年在台北縣貢寮鄉發現四處3500年前至4500年前的先民遺址：福隆遺址、舊社遺址、仁里遺址、鹽寮遺址。鹽寮遺址出土數量龐大的木炭、煤炭、煤丁、焦炭（無煙煤）、白輕石、銀渣、銅渣、鐵渣、煉鐵高爐等，證實是4450年前精煉鋼鐵、金、銀、銅的古代工業區遺址（世界上其他所知的最早煉鐵技術也不過2800年），另有織貝製造工場遺址。2003年9月間台灣因杜鵑颱風大浪沖刷海岸而自然出土的台東縣太麻里舊香蘭遺址，發現有2000年以上的玻璃、青銅、鐵等加工品，包括琉璃珠、青銅器刀柄與青銅鈴，以及製造青銅器、鐵器等金屬器的陶製和砂岩製「鑄造模具」（鑄模）。加上早在1991 年，考古人員就已在舊香蘭遺址不遠處的白桑安遺址，發現所謂史前人的遺骸與琉璃珠、瑪瑙珠、銅鈴等，以及台灣鐵器時代的文物一萬餘件，其中有一件是金質項鍊飾品。

　　由於早在所謂的史前時代，台灣先民即有可以冶煉金、銀、銅、鐵與熔解玻璃的精密技術，以及使用模具鑄造的工廠，可以證明舊香蘭在所謂的史前時代即有相當發達之精密金屬工業，早就有大量生產工藝文明技術的工廠。亞特蘭提斯學之父德奈利（Ignatius Donnelly）發現，歐洲冶煉、製造青銅器和鐵器的技術，是由亞特蘭提斯傳過去的，而地球上並無其他地區有這麼早的精密金屬工業，更可以合理推定，台灣（Paccan）應該就是古希臘學者柏拉圖所描述之亞

特蘭提斯先進文明的所在地。

　　（有關亞特蘭提斯先進文明的記述，是約在2400年前，柏拉圖於《對話錄》裡把希臘智者梭倫（希臘語Σόλων，英語Solon）的口述記錄下來的。而梭倫所言又據說是從埃及的老祭司聽來，其中的部分記述，是有可能會因個人既存的主觀意識而出現些許誤解。所以，柏拉圖描述亞特蘭提斯的詳情和方位時，曾有一些不很精確的解讀，但整體而言，已是非常符合考證的實情了。）

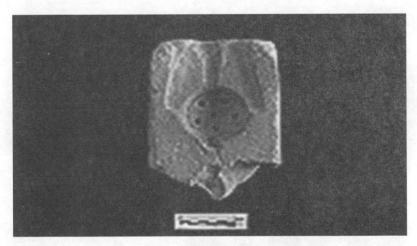

台東舊香蘭遺址出土鑄造青銅刀柄的模具

舊香蘭遺址有兩千年以上鑄造鐵器的鑄模

舊香蘭遺址有兩千年以上的
鑄銅青銅刀柄

舊香蘭遺址出土的青銅器

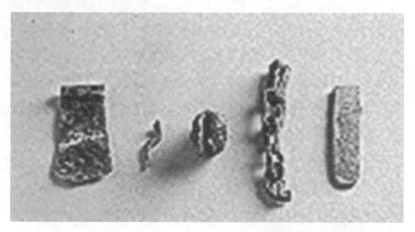

舊香蘭遺址出土的青銅器藝品

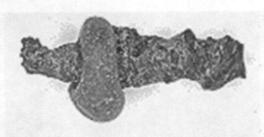

舊香蘭遺址出土的這玻璃珠尚捲在鑄鐵棒上，是精密製作的證據。

　　就如埔農在《失落的智慧樂土》所提過，不知是台灣
（Paccan）祖先原本就有超高智慧，一開始即知道要追求真
正永續幸福的人性生活，人人必須和諧分享、維護生態平
衡、重人倫、敬天地；懂得摒棄非必要之物質和榮耀的欲
望；更要保護自然環境，以自然環境的不被破壞、不被污染
為優先？或是因為五千多年以前（甚至萬年以前）台灣即有
過更高度科技的文明，之後才發覺科技的開發，不僅誘發人
類永無止境的貪婪與競爭，更帶來難以挽救的環境破壞和污
染；貪婪與競爭由虛榮、慾望和相互比較所誘發，是人類罪
惡的根源；環境的破壞和污染則剝奪了後代子孫的生活條
件；而科技的過度發展，會衍生更多物資需求，對於真正人
性生活的境界並無助益，只是製造更多精神壓力，台灣祖先
這才放棄那些已發展的不必要科技，並輕視功利文明？或
者是，原台灣（Paccan）在萬年前發生火山爆發和大地震，
造成原台灣（Paccan）東部的大片激進派文明沉沒海底，倖
存的保守派原台灣（Paccan）智慧人士，才堅決應從此實行

「與萬物和諧的永續靈性智慧生活」？

　　人類文化的起始，是以語言啓發共同的文明。想到要建立知覺記錄時，必是先使用簡單的直覺式象形文字記述，之後再進化成繁複的文書。缺乏記述習慣的族群，或其記述文化無法適應新知識的學習，則在接受外來指導時，學習讀與寫最簡易又快速的方法，便是外來指導者使用在地語言的字母拼音法來教學。所以，現代歐洲的文字應該是3000年前左右，由外來指導者建立起來的；現代的歐洲文明也是經由外來指導者啓蒙（希臘先哲柏拉圖的記述裡已説明了這情況）。再從原台灣（Paccan）族人早在10000年以前即已發展出由左向右的橫式書寫文書；地球上又僅原台灣（Paccan）有5000年以上的遠洋航行船隻、知識和技術；以及原台灣（Paccan）族人在世界各地留下的文化遺跡看來，都可推斷，這先進文明指導者應是來自原台灣（Paccan）。後來，原先進文明指導者（Paccan族人），因啓發自覺而自我限制所謂的科技文明。之後，現代的歐洲文明重新以另一種姿態，再於地球上崛起。就是因爲所謂的現代文明人，對現代人祖先之原本文明的無知，才會對一些遠古進步文明的遺址和遺跡產生疑惑與不解，不少人甚至將之歸於來自所謂的天外文明（所謂的外星人）。

　　不過，先前都只是以間接證據所做的推測，加上由於多數台灣聞達人士都心存虛妄的中國式思維，自己輕視台灣的原本文明。即使瞭解台灣以外地區並沒有這麼早的文明和技

術，過去台灣考古學者，都還是以個人既存的中國式主觀意識，仍然把一些以前所發現的台灣精密青銅器、鐵器以及瓷器都認定是外來的，有的則是故意貼上「仍有爭議」標籤而加以忽視。所以，「台灣（Paccan）應該就是柏拉圖所描述的亞特蘭提斯先進文明的所在地」這個議題，也就沒有得到後續應有的重視。

直到2003年11月，美國麻省理工學院（Massachusetts Institute of Technology）的Douglas L. T. Rohde以現在生活在世界上的人類基因（DNA）關聯性做研究，利用電腦計算，分析所有現代人基因的連結，得出「原台灣人是現今生活在地球各地之現代人的共同祖先」的結論，才有確實的直接證據，證明原台灣（Paccan）族人確實於三千多年以前，即在向地球上的各地傳播文明和文化；歐洲和中國遠古時代製造青銅器和鐵器的工具與技術，是來自古時台灣（Paccan）的對外傳播。「台灣是所謂亞特蘭提斯古文明的所在處」也才又有了進一步的實質證據。

但是，多數台灣聞達人士（尤其台灣歷史學者）還是對這些直接證據視若無睹，甚至嗤之以鼻，埔農真不知再說什麼才好！

台灣（Paccan）族人如果沒有文字記錄，如何逐步發展出這些巨石文化以及精密金屬工業的文明？還有，3500年以前就能建造遠洋船艦航行世界各地，如果沒有很進步的文書記錄和計算工具輔助，是絕對辦不到的。更何況，在宜蘭外

海和與那國島間的海底巨石建築遺跡上，還雕刻著距今約1
萬5000年以前，無數之古台灣（Paccan）的原始「文字」。

　　埔農實在無法理解，爲何見了這麼多直接和間接證據
後，到現在還是有這麼多台灣聞達人士（尤其台灣歷史學
者），堅持不肯承認「台灣曾經有很進步的文字」，更對所
有台灣出土的先進古文明以及「原台灣人是現今生活在地球
各地之所有現代人的共同祖先」之證據視若無睹，甚至加以
扭曲、鄙夷！唯一可能的解釋是：由於這些台灣聞達人士
長期假漢人、假華人當上癮了，自以爲也是「所謂的高級
漢人」或所謂的「高級華人」，在中國式的虛妄思維下，
現在若承認台灣（Paccan）是現代文明的發源地，原台灣
（Paccan）族人又是現代文明人的共同祖先，那麼他們幾十
年來「自以爲高級」的心思，豈不是全白白作廢了。在這樣
的精神分裂下，只有硬著頭皮繼續鄙視台灣，對自己的原台
灣文明裝作視若無睹，才能持續維護那已根深柢固而放不下
的中國式虛妄心態！其實，如果台灣聞達人士只是自己身陷
「台灣受虐症候群」（重症斯德哥爾摩症候群）、自己甘願
認盜作祖而鄙夷台灣，那是他們自己的事，原本也就算了。
但由於他們在學校教育和社會教化掌握了十足影響力，連累
多數原台灣人至今不瞭解台灣自己的史實，也還在跟著誤以
爲自己是漢人移民後裔、誤以爲自己是華人，阻遏了台灣人
精神與靈魂的復甦，更剝奪了台灣（Paccan）復國和永續生
存之希望，這是罪不可恕的作孽啊！

　　令人遺憾的是，盛清沂先生早在1962年就發現了貢寮鄉的福隆、舊社、仁里、鹽寮這四處3500年前至4500年前的祖先遺址，卻一直未受到應有的重視也就算了。蔣幫中國壓霸集團竟於二十幾年後，故意選定在貢寮鄉這片台灣重要的祖先遺址上，以建造核能四廠為名，加以大肆破壞。

　　2004年，林勝義先生提出指責，鹽寮灣的織貝製造工場遺址已因核能四廠出水口預定地的施工而遭到大舉毀壞。蔣幫在台壓霸集團及呆奴化的台灣假中國人，竟然更進一步以新劃核四周邊設施和聯外道路為藉口，準備又要加以大肆破壞。期間有林勝義先生、劉益昌教授、陳有貝教授、台大地質系林朝棨教授、成功大學公共工程研究中心李德河教授等學者出席聽證會，說明新劃核四周邊設施和聯外道路並無立即的必要性，更不是非要選定在此台灣重要的祖先遺址上不可，希望能拯救所剩的台灣古代遺跡。可惜的是，仍抵抗不過蔣幫在台壓霸集團以及呆奴化的台灣假中國人之一意孤行，又持續遭到大肆破壞，以致無法將這台灣重要遺產妥善保存。又是一樁台灣人的悲哀。世上有那個正常的國家和民族，會放棄、甚至於毀壞自己3500年前至4500年前的文明珍貴歷史呢？只有被澈底呆奴化而無法自覺的台灣了！

　　許先生說：「不過，早期研究柏拉圖記述的亞特蘭提斯（Atlantis）學者，都認為所謂的亞特蘭提斯應是沉沒於大西洋，這也是大西洋（Atlantic Ocean）名稱的

由來。」

　　埔農回答：

　　是的，那是因為早期的歐洲學者並不知道「歐、非洲西方外海的遠洋中還存在有美洲大陸」。柏拉圖的記述，是說明亞特蘭提斯原位於歐洲西方外海的遠洋之中，在不知有美洲大陸的情況下，當時古希臘學者認定的「西方外洋」其實是包括現在所謂的大西洋和太平洋。

　　其實，當年義大利航海家克理斯多弗哥倫布（Christopher Columbus）因為相信「地圓說」，認為往西航行應該可以抵達印度。在西班牙國王的資助下，哥倫布於1492年橫渡大西洋是要前往印度。所以，在1492年10月12日發現了陸地（巴哈馬群島），之後他又登上了美洲的許多海岸，直到1506年逝世，哥倫布都一直認為他到達的是印度。也所以，直到現在，大家還在稱美洲原住民為印度人（Indians翻譯成印地安人是為了避免與真正的印度人混淆）。因而，「亞特蘭提斯是沉沒於現今所謂大西洋」的說法是一廂情願而已。

　　事實上，亞特蘭提斯（Atlantis）的希臘語意思是Island of Atlas（圖解之島），Atlas意指「繪圖說明」。當外來民族帶入先進文明，在指導新知識時，常需使用繪圖輔助說明，以利瞭解，所以古希臘學者才會以Atlas（繪圖說明）稱呼這帶有先進文明的外來民族。所以，亞特蘭提斯（Atlantis）的意思是「使用繪圖說明來教學之智者的海中島國」。

　　有謝先生留言質疑：「即使如此，但你將世界各地的遠古巨石建築文明也扯上台灣，未免太誇張了！」

　　埔農回答：

　　埔農先前已舉證說明過，台灣和與那國島之間的海底金字塔建築和石像，比埃及金字塔早了至少5000年，也比復活節島的巨石雕像以及世界各地被發現的類似巨石建築早得多，且世界各地的巨石建築都有相近似的結構。加上美國麻省理工學院（Massachusetts Institute of Technology）Douglas L. T. Rohde的研究證實，「原台灣人是現今生活在地球各地之現代人的共同祖先，台灣人早在6千多年前即在世界各地留下後代」，所以可推測，世界各地的古早巨石文化，應是來自發生大片陸沉前後Paccan族人的傳播。

　　謝先生說：「可是，Rohde的研究指出，原台灣人是6千多年前才有在世界各地留下子孫。然而1994年發掘出的土耳其東部哥貝克力巨石陣（Göbekli Tepe）經鑑定，證實有關遺蹟至少有一萬二千年歷史，甚至可能是有一萬三千年的歷史。如何能連上台灣？」

　　埔農回答：

　　事實上，由於原台灣（Paccan）人於一萬二千多年前遷移到歐、亞、非洲時，當地都已有原住人口，而當時Paccan

人在該地區的人口比率上，僅是非常少的少數，而且是以零星的點狀散佈，必須是在原台灣人抵達這些地區的幾千年之後，才能有足夠後代子孫的人數規模，Paccan人後裔才得以由點發展成面地散佈歐、亞、非。

Rohde團隊是以世上人類基因（DNA）的廣泛抽樣做研究，要能得出原台灣人在歐、亞、非各地留下子孫的證據，必然已是Paccan人抵達後的好幾千年。即是，Paccan人的子孫已由點發展成面地分佈之後。Rohde的研究是指出，6千多年前Paccan人的子孫已呈現面狀的逐漸廣佈歐、亞、非，並使得其未混血的個別原住人口，因為體質和心智上的劣勢，族群漸漸縮小，最後甚至沒有留下其後代生存到今天，也才得以顯示歐、亞、非現代人都是原台灣（Paccan）人的後代。所以，原台灣人早在一萬二千年前到過哥貝克力，並未違背科學證據。

而且，這哥貝克力遺址經鑑定的年代，以及其石柱上代表星座和彗星之天文符號的雕刻，是描述彗星撞擊地球開啟新仙女木期（Younger Dryas）的公元前10,950年，也正符合台灣和與那國島之間的一大片陸地，因大規模火山爆發和地震而沉入海底的年代。而當時的廣大原台灣（Paccan），歷經天災而地變，驅使眾多原台灣人（Paccanians）遷移外洋各地，尋覓安身居所，更傳播文明和文化。這都是有合理解釋的證據。

友人張先生問：「新仙女木期是什麼？」

埔農說：「仙女木（Dryas octopetala）」是僅能存活於寒冷氣候的標誌植物，原本只分佈於地球高緯度地區。考古研究人員卻發現，距今12800年至11500年一段持續1300年左右的時間裡，在低緯度溫熱地區地層都能發現仙女木的化石和花粉。這表示，地球在這段時間內，整體氣候變得很寒冷，仙女木植物群因適應氣候變遷而大量南移，研究人員就稱這段小冰河期為「新仙女木期」。「新仙女木期」過後，地球回暖，低緯度溫熱地區的仙女木就完全消失了。

而根據格陵蘭島冰核的研究數據，發現新仙女木期開始的準確時間是公元前10,950年（距今12,967年）。

科學家對哥貝克力巨石陣第43號石柱「禿鷲石」的研究，顯示其上的動物符號是代表天文星座位置，以及描述彗星撞擊地球事件的發生。將其星座位置使用電腦運算，正是公元前10950年夏至時，太陽和其他恆星的相對應位置。這解釋了當時地球氣候突然改變，進入小冰河期，是因為彗星撞擊地球引起大規模地震和火山爆發，煙塵籠罩，造成了千年寒冬，也開啟了「新仙女木期」。

謝先生說：「就算這是事實，那一萬二千年前的原台灣（Paccan）人又是如何搬運、堆砌這些巨石？曾有人舉出各種可能方法，都被證明不可行。最近是有工程

學者提出建造水道，利用密縫動物皮組成的浮筏來運輸，以及使用傾斜式水管槽將浮筏連帶巨石注上漂浮，但仍被科學界推翻。因為，即使克服建造水道的龐大工程，仍須把這些巨石般進水道。除非你能說出原台灣（Paccan）文明裡有合理的可能方法，否則還是難令人信服。」

埔農回答：

現代社會環境裡，各行學者（包括考古學者、歷史學者、植物材料學者、應用物理學者），由於為了追求在其領域的凸出成就，都一心一意傾向專精，自然忽略旁枝學術的普及，所以才沒能認知「古代巨石建築文明是如何雕鑿、搬運和堆砌這些巨石」。若有通識學者能深入認識，應該是很容易就能理解的。

埔農在《失落的智慧樂土》裡所引述的台灣傳統工程師姜林獅先生（他未受過外族的學校教育）就曾表示過，台灣傳統建造大型拱橋時，是先於兩端打好基座，拱橋骨架在附近建造完成，再利用「燒風球」吊到預定處，跨坐於兩端基座上加以銜接。這「燒風球」就是現代所謂的熱氣球。清國壓霸據台，嚴禁並摧毀原台灣的Paccan文明與文化、強制漢化，這「燒風球」施工法才不見的。若頑皮小孩有樣學樣，製作極小型「燒風球」玩，當年是被嚴屬禁止的。因為若製作不得要領，或是操作不當，容易引起火災。現在的所謂天

燈，就是極小型化的「燒風球」。所以，使用「燒風球」
（熱氣球）搬運、堆砌這些巨石建築是輕而易舉的。

　　謝先生說：「你是在說天方夜譚嗎，遠古時候即使
有熱氣球的知識（空氣加熱會膨脹、上升，是簡單易懂
的原理），也不可能有製作這麼龐大熱氣球的材料！」

　　埔農回答：
　　謝先生會如此質疑，是因為謝先生對Paccan（原台灣）
文明、生態以及Paccan人在世界各地留下的考古證據不甚瞭
解，埔農就撥空向謝先生詳細報告。只要有仔細看，相信大
家都能夠清楚明白的。若發現有任何不清楚之處，或有任何
疑問，請大家隨時繼續提問，埔農會立即再進一步舉證，並
加詳細說明，直到大家都毫無疑問為止。

　　原台灣（Paccan）的「燒風球」（熱氣球）是全部用構
樹皮製作的，台灣是構樹的原生地。
　　構樹（Broussonetia papyrifera）是台灣的原生樹種，為
生長快速的多用途植物，台灣原本到處都很多。三百多年
來，由於受到貪婪異族入侵的影響，為了擴大糧食生產，供
給侵略者獲取外銷暴利，平地構樹多已被挖除，但是台灣丘
陵地現在還有很多。
　　事實上，構樹本是大自然特別賜予台灣人的珍貴禮物，

是台灣被唐山蠻族強制洗腦、改造後，不再珍惜利用，才讓構樹被忽視。構樹嫩葉可當飼料；枝幹分泌的樹脂汁液是上等黏著劑；果實像草莓般甜美多汁，非常好吃，於夏天成熟時迸開呈紅色，看似美麗鮮艷的繡球花；嫩葉及花也可以煮食或烤食，用在野外充饑；樹皮纖維細長，強韌耐拉，是製繩的最好材料；由於構樹皮堅韌又富黏液，輾薄乾燥後即是很好的樹皮布，可做成輕便、耐用的樹皮衣；其子、葉、皮也都可作藥用。木材質地輕軟，雖不耐腐朽，但適合製作輕便用具、製造木炭，或直接用作薪柴。

　　另外，構樹皮可製作上好的紙張。刮除灰褐色表面，加上適量磨成粉末的木質部，加入一些石灰熬煮來軟化，搥打均勻後再重覆輾壓成薄片即成。製程簡單，成型的紙張不易破裂，沾水不爛、不糊，是Paccan（原台灣）早年普遍使用的紙張。所謂的現代，則僅錢幣或珍貴文書有在使用。

構樹葉形有兩類：一為心形，另一種有2~5個寬又深的裂開處，看似張開的手指。

雄樹的花為柔荑花序，長條狀，像沾滿花生粉的手指，
也像下垂的一隻隻毛毛蟲。

雌樹的花為頭狀花序，就如一個個小毛球。

雌花授粉後果實成長，果實為球形聚合果，像草莓般甜美
多汁，非常好吃。於夏天成熟時迸開呈紅色，看似美麗鮮
艷的繡球花，飄散出種子。

樹皮表面為灰褐色，
富堅韌纖維，全株有
樹脂乳汁腺。

　　原台灣（Paccan）的「燒風球」（熱氣球）就是全部用構樹皮製作的。輾薄的構樹皮布堅韌而重量輕，「燒風球」（熱氣球）的經緯繩也是用構樹皮製成，強韌耐拉。整體「燒風球」（熱氣球）縫製好後，內層再經塗抹構樹樹脂乳汁形成薄膜，就成不透氣又防火的耐用熱氣球。

　　由於構樹是生長快速的多用途功能性植物，原台灣（Paccan）人向外遷徙或傳播文明時必定攜帶構樹幼苗。

　　台灣原生種構樹分不同株的雌雄二種，雌株授粉後種子成熟，飄落即發芽長出幼苗。另外，構樹根延伸至樹蔭外也能自己冒出苗芽，所以單雌或單雄株也都可無性繁殖。原台灣（Paccan）人攜帶構樹苗出去時，若是恰巧在外地種植同性株苗（構樹幼苗不易分辨雌雄），或是僅單一性別存活，則移植外地的構樹林就保持單一性別。

　　因為有性別的單套染色體生殖細胞基因（DNA）較不穩定，比較可能發生突變；具雙套染色體的體細胞基因（DNA）很穩定，無性繁殖幾乎沒有基因（DNA）變異的問題，所以世界上有不少地方的單性別構樹林，都保持有和台灣構樹完全相同的基因（DNA）。例如太平洋諸島的單雌性構樹林（夏威夷除外，夏威夷有雌雄雙性別構樹林），以及馬爾他島（Malta）的單雄性構樹林。因為其基因（DNA）和台灣構樹完全相同，所以必是由原台灣（Paccan）人刻意移植過去的，這是科學上無法爭議之事實。

　　不論歐、亞、非、美各洲或太平洋諸島，都有原台灣（Paccan）人過去栽種的構樹林，尤其是出現巨石建築的地區。

　　遠在地中海的馬爾他島（Malta），面積僅有246平方公里，就有一大片單雄性的台灣原生種構樹林。而在馬爾他這樣一個小島上，發現了1萬2千年前的一處神奇地底建設，和三十多處巨石建築遺址。這些巨石建築充分表現在物理學、天文學、數學、建築學和曆法等極高的造詣，還可用作觀察天體的視向線依據，以及做為判斷節令的曆法標竿，甚至能當作巨型計算機，可以準確地預測日蝕和月蝕。

　　而哥貝克力的巨石陣、厄瓜多洞穴之遠古文明寶藏、馬爾他島巨石建設等，時間點都是發生在1萬2千年前，完全符合原Paccan東部大片陸地因彗星撞擊地球引起大規模火山爆發和地震而沉入海底，驅使眾多原台灣（Paccan）人遷移外洋各地，尋覓安身居所，更傳播文明和文化的年代。這些地區，現在都還見得到原台灣（Paccan）人移植過去的構樹林。

　　較晚期的澳大利亞Wurdi Youang巨石陣、英格蘭巨石陣、埃及金字塔、中美洲印加、馬雅（Maya）遺跡、大洋洲各島嶼的拉提石（Latte stone）、密克羅尼西亞（Micronesia）南馬都爾（Nan Madol）的沉入海底市區、復活節島（Rapa Nui；Easter Island）的巨石像、柬埔寨（Cambodia）的吳哥窟（Angkor Wat）等巨石建築之採石

場附近，也都有構樹林。

尤其波納佩島（Ponape；Pohnpei）住民自古即堅稱，這些石塊是法師用奇術從採石場「飛」過來的，這更符合原台灣（Paccan）人利用「燒風球」（熱氣球）搬運、堆砌大型重物和巨石的工法。所以，世界各地原古巨石建築之搬運和堆砌，是原台灣（Paccan）人移植構樹（構樹生長、繁殖都很快），製作「燒風球」（熱氣球），使用「燒風球」（熱氣球）技術來建築的，這些都是可以確定的證據。

就因為台灣聞達人士自己輕視自己的史實文明，更忽略對原台灣生態的認識，使得世界上多數做植被調查的學者不察，才沒能瞭解台灣是構樹的原生地；不知道世界各地的構樹都是來自原台灣（Paccan）人遷移過去時特意種植的。

有鄭先生說：「我是自然科學的，使用熱氣球搬運、堆砌這些巨石還是行不通！因為熱氣球本身無動力，若說是於無風的時候使用人力或獸力拉，則突然起風時非常危險。更何況，須等待無風狀態要等到何時！」

埔農回答：

謝謝鄭先生提醒！埔農敘述時，有時因不知聽者可能的疑惑在那裡，常會遺漏應有的解說。謝謝鄭先生提起，讓埔農有機會補充說明。

　　無論是利用「燒風球」（熱氣球）吊接拱橋骨架或是搬運和堆砌巨石，當然不能只期待無風狀態，更要確保安全。只要不是刮暴風，都可以穩妥地操作。方法是使用一大和一小的「燒風球」，「大燒風球」用於吊起重物，「小燒風球」用來做定向拉力：

　　於無風、逆風或側風的情況下，需要在預定放置地點的外側，先設置遠、近兩處穩固的定錨。「小燒風球」置於預定放置的地點附近，拿強韌的構樹皮繩從遠處定錨繞過固定在「小燒風球」底部的滑輪，再繞過固定在重物側面的滑輪，然後固定於近處定錨。此時「小燒風球」先緩緩升空，拉緊繩子，「大燒風球」再上升吊起重物。「小燒風球」再持續增加火力上升，拉扯繩子，即可順利將重物往預定的放置地點移動。若移送過頭，「小燒風球」再稍微下降即可。

　　如果很幸運，剛好遇到正順風，則僅在重物外側設置一處穩固的定錨即可，繩子從定錨繞過固定在「小燒風球」底部的滑輪，再繞過固定在重物側面的滑輪，然後繫回定錨處。此時「小燒風球」先升空至高過「大燒風球」的高度，拉緊繩子，「大燒風球」再上升吊起重物。「小燒風球」緩緩下降，重物將順風往預定放置的地點移動。若移送過頭，「小燒風球」再稍微上升即可。

　　以上二者原理相同，但施力方向相反。以下是一看即能清楚的圖解：

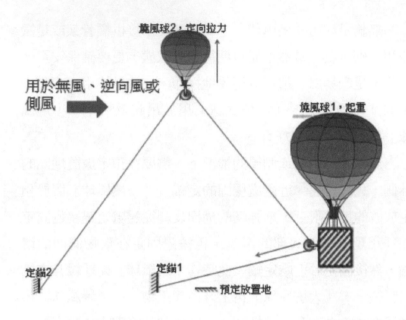

熱風球2，定向拉力

用於無風、逆向風或側風

燒風球1，起重

定錨2

定錨1

預定放置地

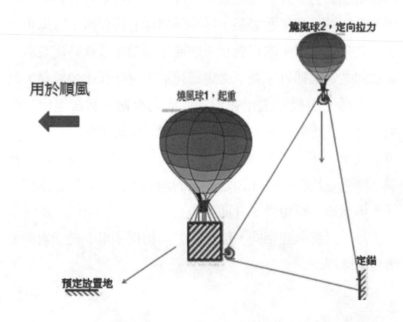

熱風球2，定向拉力

用於順風

燒風球1，起重

定錨

預定放置地

　　鄭先生質疑說：「你的解說看來可行，但你忽略了
一點，那就是，遠古時候那來的滑輪？」

　埔農回答：

　　既然Paccan早已有很進步的精煉鋼鐵和鑄模技術，要
製造滑輪很容易。而且，滑輪只是輔助工具，即使沒有滑
輪，只要塗抹動物脂肪熬炸出的油脂，繩子一樣可順利滑
動。荷蘭人入侵台灣初時，因驚嘆Dorcko的Paccan人善於用
油脂潤滑，精於船隻和器具的保養與修復，就稱Dorcko為
Smeardorp。荷蘭人在遠東區域航行的船隻，需要補給、保
養或修繕，都是來到Smeardorp。

　　鄭先生再質疑說：「還有一個問題，那就是，遠古
巨石建築大多距離採石場有幾十公里、甚至幾百公里
遠，單用來牽引之繩子本身的重量，就足以撕裂這牽引
繩。」

　埔農回答：

　　鄭先生不愧是自然科學的學者，很多人是會忽略這個問
題。但只要沿途設置數十處、甚至數百處定錨，適當分段進
行，就可避免牽引繩因過長而過重的問題。事實上，這些遠
古巨型建築，所需的巨石非常多，就整體龐大工程而言，設
置幾十處、幾百處定錨，花費的人力和時間，不過九牛之一

毛而已。而且，沿途僅需更換牽引繩兩端所繫的定錨即可，並不會拖延多少運送巨石的時間。

　　謝先生問說：「看起來非常合理，也很可行。但是，原台灣（Paccan）人為什麼要到處建造這些巨石建築？又為何熱氣球和巨石文明後來都不再見到了呢？」

　　埔農回答：
　　就如家鄉原台灣（Paccan）人靈性智慧的覺醒。
　　Paccan人遷移出去時，有為了準確觀測太陽系運行軌跡（用於曆法）和其他星座方位（除了觀測天象，也判定在地球上的位置）而建的巨石陣（如哥貝克力巨石陣〔Göbekli Tepe〕、馬爾他島巨石建設、英格蘭巨石陣、澳洲Wurdi Youang石陣等）；也有為懷念故鄉而建立的巨石雕飾（如復活節島〔Easter Island〕的摩埃石像〔Moai〕等），是Paccan人自發性的巨石建築。除此之外，Paccan人遷移世界各地，除了傳播文明，當然也必須先順應當地民情才得以立足。在展示智慧文明之後，引起在地霸權者的興趣，在地霸權者繼而起了妄念，Paccan人有時也不得不聽令於當地霸權者，替他們建造其用來炫耀的巨型建築（如金字塔、宮殿、神廟等）。
　　而Paccan人原本就知道，要追求真正永續幸福的人性生活，人必須懂得摒棄非必要之物質和榮耀的欲望，更要保護

自然環境。科技的發展，加速人類永無止境的貪婪。貪婪由虛榮、慾望和相互比較所誘發，是人類罪惡的根源。而科技的過度發展，會衍生更多對物資的需求，對於真正的人性生活境界並無助益，只是製造更多的精神壓力。Paccan人在融入當地社會之後，當然啓發自覺而自我限制所謂的科技文明。這是人類科技文明斷層的原由。之後，所謂現代的歐洲文明，重新以另一種姿態，再於地球上崛起，就是因為所謂的現代人，對Paccan人之原本文明的無知，才會對一些遠古進步文明的遺址和遺跡產生疑惑與不解。

　　謝先生又說：「你的舉證說明，聽來似乎十分合理，但6千年前甚至1萬5千年前如何切割、雕鑿這些巨石？如何精準測量和計算？當時並沒有鋼鐵器具和進步的數學知識。」

　　埔農回答：

　　Paccan的鋼鐵精煉和數學知識，埔農先前已舉證說明過，請謝先生自行仔細查閱。而且，台灣考古出土4千多年前精煉鋼鐵的古代工業區遺址，並不代表更早以前沒有，只是未能發掘出來而已。更何況，現在的台灣島僅是原Paccan大片陸地沉入海底後所留下的一小部分，現在的台灣和與那國島間之海底，不知沉沒了多少Paccan遠古文明的遺跡呢！其中已被發現的巨石建築，就早已存在有1萬5千年。

至於切割和雕鑿巨石的工具，Paccan遠古就有鋸齒刃的鋼刀，要切割、雕鑿這些巨石並不難。令荷蘭人驚訝的小巧細齒刃割稻刀、割草刀，現時還在使用呢！

另外，埔農自己猜想，既然Paccan早已有很進步的精煉鋼鐵和鑄模技術，若以銜接的抗高壓鋼管延伸100公尺以上的垂直高度，即可製造出強力水刀，要切割巨石，就是更輕而易舉之事了。然而，這只是埔農個人的想法，還缺乏直接證據。

鄭先生再質疑說：「到目前為止，你的舉證說明似乎都有事實根據，也合乎科學原理。但是，你忘了一點，現代熱氣球是用液化瓦斯為燃料才得以做成，遠古時候那來的液化瓦斯？」

埔農回答：

原台灣（Paccan）人的燒風球（熱氣球）是用木炭作燃料。燃爐上連接用石灰和石棉製成的燒（熱）氣導管，伸入燒風球（熱氣球）內，效率比現代的燃燒液化瓦斯還高呢！

鄭先生說：「你講什麼痟話！木炭是固體燃料，如何能瞬間大量注上加熱？又如何能熄火再立即升火？」

埔農回答：

　　鄭先生會有此疑問，看來鄭先生應該是年輕一輩，沒見過原台灣的木炭爐。原台灣木炭爐底部側邊有可以開關的進氣口，藉熱氣上升產生的吸引力，只要調撥進氣口的滑動閥門，即可控制火力的大小，方便得很呢！需要瞬間大量往上加熱的時候，尤其在地面充氣時，用風鼓對著進氣口大力送風，就可瞬間送出大量的熱氣。要暫時熄火時，就關上進氣口，燃爐再蓋上爐罩，即可阻斷百分之九十九點九的燃燒。要再升火時，只要掀起爐罩、打開進氣口，即可立即重新往上加熱。原台灣木炭爐用於燒風球（熱氣球），效率、方便性、穩定性和安全性都比燃燒液化瓦斯高。

　　鄭先生又反駁說：「你以上所言是都合理，但是，我也曾用木炭烤肉過，木炭燃燒時，常會有迸出小火星的情形，若用來當熱氣球燃料，有可能會引起火災，我看是不可行的！」

　　埔農回答：

　　埔農先前已說明過，整體「燒風球」（熱氣球）縫製好後，內層會再塗抹構樹乳汁成薄膜，不但不透氣又有防火作用。而且，木炭爐上裝有如煙囪作用的燒（熱）氣導管，迸出的小火星，在離開導管前應該都已熄滅，比現代熱氣球安全多了。（至此，鄭先生才無話可說）

有楊先生說：「連文字都沒有的文明可以稱做高度
發展的文化??」

埔農回答：

真是可惜，到現在楊兄還認為原台灣（Paccan）沒有文
字。台灣自有語文在壓霸、陰狠族群的蹂躪下被摧毀、被消
滅，是台灣人永遠的傷痕，是痛心，但無奈。這是歷史傷痕
留下的惡性疤腫，傷疤既已存在，想清除已難，要勉強洗脫
會更加傷痛，這是台灣人的悲哀之最大者。

楊先生說：「所謂史實總要有實體證據吧？何不把
台灣文字拿出來，大家就住嘴啦～～～」

埔農回答：

Paccan（原台灣）文字雖然已被鄭、清摧毀，但遺留的
石刻文字還多的是，禹王碑文、日月潭石板文、台灣東北角
草嶺古道虎字碑旁的石版文、與那國島文以及復活節島文都
還看得到。楊兄若是願意瞭解台灣原有語文的詳情，請楊兄
仔細看埔農先前的逐條舉證說明。

有蘇先生指責埔農：「禹王碑文、日月潭石板文、
台灣東北角草嶺古道虎字碑旁的石版文、與那國島文以
及復活節島文，依我看，根本都是完全不同的文字。

台灣文史學者也都有相同看法，你竟然硬說成『全是
Paccan（原台灣）文字』，你是什麼東西！竟敢大言不
慚。」

埔農回答：

埔農人微身輕，自知算不上東西，所以凡事謹言求證、
慎思明辨，絕不敢有大言不慚的妄念。

您和台灣文史學者說「禹王碑文、日月潭石板文、台灣
東北角草嶺古道虎字碑旁的石版文、與那國島文以及復活節
島文，都是完全不同的文字」，那請您們回想一下世界各地
的文字演變史，各種文字在不同時期、不同用途都有不小的
差異，但仍可以看出其原來的共同基礎結構。更何況，與那
國島和復活節島的住民都已被證實是Paccan（原台灣）人。

現代歐洲各國文字都源自拉丁文，但和拉丁文都已有或
多或少的出入。再以英文為例，英文字母分大楷、小楷、大
寫、小寫，沒學過英文的人，若同時看到一段相同的英文句
子，分別使用大楷、小楷、大寫、小寫四種形式寫出，又沒
小心求證，相信必會誤以為是用四種不同語言之文字寫的。
若是有客觀的仔細分析，禹王碑文、日月潭石板文、台灣東
北角草嶺古道虎字碑旁的石版文、與那國島文和復活節島文
之間的變動其實不大，這些字體，不論筆劃、形態或結構，
都有相同的脈絡可循，很容易看出都具同文性質，而且都是
由左向右的橫式書寫。

　　要說同一種文字筆劃、形態或結構的變動，所謂之漢文字，變動後的差異才大到不可思議呢！其草書、篆書的變動差異，事實上更是難以辨認。

　　只要平心靜氣觀察，禹王碑文、日月潭石板文、台灣東北角草嶺古道虎字碑旁的石版文、與那國島文以及復活節島文，事實上都是變動不大的Paccan文字，是很容易辨識出其同源同種的性質。眞不知道您和台灣文史學者是何種心態，竟會斷然指稱「都是完全不同的文字」。

　　事實上，在現今台灣東方，原Paccan沉入海底之巨石建築上的1萬5千年前文字（所謂的與那國島文），是世界上現存最古老的書寫文明。

　　中美洲的厄瓜多（Ecuador）巨大洞穴發現了1萬2千年前所保存之遠古文明寶藏，令考古學者驚訝萬分，也難以想像。其中的黃金頁片書所用文字，被考古學者認定是人類最古老的文字。其實，只要拿厄瓜多黃金書，來和台灣虎字碑旁石板文以及台灣東方海底巨石建築上的文字作比對，很容易即可看出，應該是相同的文字。這證明厄瓜多洞穴之遠古文明寶藏，是1萬2千多年前，原Paccan東部大片陸地因彗星撞擊地球引起大規模火山爆發和地震而沉入海底，驅使眾多原台灣（Paccan）人遷移外洋各地，部分原台灣（Paccan）人到達中美洲時所留下的。原台灣（Paccan）人爲了保護這批重要文物，所以藏在洞穴深處之中。就因爲台灣聞達

人士自己忽略、甚至輕視自己的史實文明，令世界考古學者不察，才沒能知道這黃金書上的文字應該是來自原台灣（Paccan）。

　　爲了讓大家能澈底明白，埔農就把原台灣（Paccan）文字和厄瓜多黃金書文字放在一起，讓大家依筆劃和結構比對，看到底是不是很相似的文字！

台灣虎字碑旁石板文字

厄瓜多黃金洞內
黃金書文字

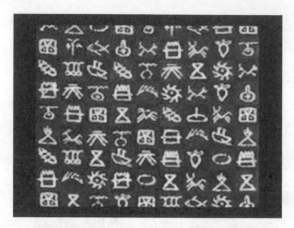

台灣東方海底巨石建築上的文字

　　柯先生另外質疑說：「即使如此，但你又大言『台
灣族人數千年前即懂得使用避孕藥』，這未免太匪夷所
思了吧！能安全使用的口服避孕藥是1954年才發明，台
灣族人以前懂得使用避孕藥？騙誰啊！」

　　埔農回答：

　　三百多年以前的數千年，成年的婚後台灣（Paccan）族
人，普遍使用台灣原生種中的一種茴香科（Fennel）和一種
百合花科（Lily）二者的葉子調配，泡成茶飲喝，以促進健
康；婚後的婦女，每天飲用並可得到避孕的效果。但有外傷
或出血性疾病，以及婦女月事來臨期間，都應暫停飲用。婚
後婦女準備生育時即停止飲用，直到所育嬰兒斷奶以後才繼
續飲用（對胎兒和嬰兒都可能有不好的影響）。準備二次懷

孕時，再同樣停止飲用。而較高劑量則是用來治療流行性感
冒（有很好的抗病毒與殺細菌效果）以及消炎、退燒、止痛
和幫助消化、消除脹氣、緩解絞痛與抽筋。另外，還把切碎
的葉片裝入袋子，掛在脖子上或放進上衣口袋，用來治療氣
喘。

　　事實上，數種茴香科和百合花科植物都有阻止受精卵著
床的效果。只因埔農已經忘了台灣（Paccan）族人培育這兩
種特定品種之茴香科（Fennel）和百合花科（Lily）品種的
確切名稱；也已記不清姜林獅先生那私下代代相傳的記述
裡，台灣族人傳統上所調配的比率和份量，這二種草藥才能
達到避孕效果又確保健康，所以埔農以前沒有在這方面多做
說明。怎麼會是匪夷所思呢？又怎麼會是騙人呢？

　　　另有顏先生質疑說：「這只是你說的，誰要相信
你？」

　埔農回答：
　唉！好吧，那埔農就詳細繼續舉證說明好了。
　　世界上有千年以上文獻記載的口服避孕草藥不下10種。
是因為若使用不當，多數具有毒性，其他地區的人又原無節
育觀念，使用者都是在有道德爭議的情形下，個自暗地裡服
用，在未規範出適當劑量下，使用者曾有身體受到傷害的情
形，所以未被廣為接納或認知。而台灣（Paccan）族人培育

的這兩種茶飲，不但能達到節育效果，並可促進健康。

二千多年前的遠古希臘醫師Hippocrates以及Soranus、Dioscorides，都記載有較安全的大茴香類（Ferula）的口服避孕藥草藥Silphium，曾廣泛爲地中海周圍（尤其希臘和羅馬）的居民使用，還因此而使Silphium變得稀有或絕種，後來就有人以同屬大茴香類的Asafetida取代。美洲原住民婦女則是使用百合花科中更安全的Smilacina racemosa（歐洲人進入美洲後俗稱爲所羅門的羽飾［Solomon's plume］）。成年的原美洲住民，每天飲用Smilacina racemosa葉子泡的茶可促進健康；婚後婦女飲用並可達到節育效果。以上事實，只要是對傳統歷史有興趣的生化和生藥學者都應該明瞭。您該不會又說「這也只是埔農說的而已」吧！相距遙遠的世界各地，突然在3000年前左右，同時有人懂得使用這兩類較安全的口服避孕草藥，實在很難認定是巧合。

由於不論是考古學者、體質人類學學者或是研究現代人體質DNA遺傳基因的學者，都已證實早於3500年以前，台灣（Paccan）族人就已在向世界各地傳播文明，並在世界各地留下了後代，成爲所有現代人的共同祖先，所以可合理推測，世界各地會有同時選用茴香科和百合花科植物做爲口服避孕草藥的情形，應該是當初台灣（Paccan）族人向外傳播文明時，自願移民的台灣（Paccan）族人在當地找到有類似安全作用的茴香科或百合花科植物使用，因此所留傳下來的知識。

大茴香類的Asafetida

大茴香類的Asafetida開花

百合花科中更安全的Smilacina racemosa
（俗稱所羅門的羽飾Solomon's plume）

　　荷蘭人初入台灣時即有記載，台灣族人傳統上會控制人
口，未曾有人口數明顯變動的情形。所以，「台灣族人數千
年前即懂得使用避孕藥避免人口過度增加」有什麼好懷疑
的，只是因為現在的多數台灣人被訓練成帶有虛妄之中國思
維，大多沒去注意或甚至不予理會罷了。不過，因為遭受清
國強制漢化的兩百多年蹂躪，以及蔣幫集團的特意歧視和打

壓，台灣傳統醫藥大都已消失（《台灣人被洗腦後的迷惑與解惑》第九章有詳細說明），還存有這些知識的耆老，也都已缺乏精確的細節記憶。這又是另一項台灣人的悲哀！

可笑的是，荷蘭人初到台灣，未見子女繁多的家庭，深覺詫異，無知又妒恨的唐山人通譯，竟污衊台灣婦女墮胎，而且說是用人力按壓孕婦腹部，直到胎兒排出爲止。荷蘭傳教士Georgius Candidius竟也相信（《*The Formosan Encounter*》 Vol. I, p.126）。後來荷蘭人到台灣各地村鎮，同樣看到人口節制的情形，就直接臆測也是這種墮胎方式所致（by Commander Claes Bruyn, November 1633. VOC 5051），甚至僅聽說小琉球（Lamey；Golden Island）島上居民人口數一直沒有增加，也隨便認爲一定是由這種墮胎行爲使然（《*The Formosan Encounter*》Vol. II, p.7）。其實，即使是今日，以蠻力強壓孕婦腹部墮胎，孕婦死亡率必然超過百分之九十，僥倖不死，必也骨盆腔內組織器官嚴重受傷，以後必難以再受孕。唐山人通譯竟然還說「台灣婦女年年如此墮胎」，要到37、38歲或40歲才會生育孩子。這才眞是匪夷所思！

講到傳統口服避孕草藥，埔農不由得想起現在所謂中國的湖北水沒坪村和貴州從江的占裡村。這兩個村落相距一千公里以上，卻都有以下10個共同點：

1.都是隱居於群山圍繞、環境優美、土地肥沃的幽靜偏

遠地。

　　2.都瞭解「要追求眞正永續幸福的人性生活，人必須和諧分享、維護生態平衡、重人倫、敬天地；懂得摒棄非必要之物質和榮耀的欲望；更要保護自然環境，以自然環境的不被破壞、不被污染爲優先」，戒除貪婪，珍惜資源，生物的新陳代謝都循環利用，與環境和諧共存。

　　3.尊重個人的差異，尊敬每一個人的整體人性價值，不以任何單一成就而格外恭維某人，所以沒人有自認或被認爲是高人一等的機會，村落內完全沒有身份高低之分，只有年長者會受到特別的尊敬。

　　4.村落內族人的生活是合作、分工、分享、沒有商業行爲，生活過得十分和諧而安康，享受著與世無爭的幸福生活。在有記憶或記錄的幾百年來，族人都十分長壽，90歲以上老人在村裡十分常見。

　　5.都知道「人口的不合理增加，會對環境和其他生物有不合理的需求，就會造成整個自然環境和生態無法挽回的破壞，因爲當人口不合理的增加，資源不足分配，就容易在人之內心潛伏競爭和貪得的意念」。兩村落族人很長壽，也都懂得使用安全的傳統口服避孕草藥以控制人口。自從有記憶或記載以來，水沒坪村人口都維持在80人左右；占裡村人口都維持在760人左右，村落人口從未有明顯的增加或減少。

　　6.雖有媒說習俗，成年男女若個自有意，也可呈請父母主婚，不曾有過逼婚的悲劇。族人都遵循著晚生育的習俗，

都是35歲左右才開始懷孕，每對夫婦通常只生兩胎。

　　7.男女有別，但都平等以待，婚後入主男方或女方並行，以每戶皆有傳承為原則。

　　8.主食稻米都是春天播種、秋天割穫，每年僅種植一季，以保地力。稻禾收割回家，依次排列晾曬在晾禾架上，等自然曬乾或風乾，再以完整的禾穗收進糧倉儲存。

　　9.都知道「外人一時無法理解或接受他們的生活智慧」，極少和外人往來，然而並非拒絕來往。村落內自成一格，不受外面世界影響，但不歧視外人，只是自得其樂。是20世紀中期過後，由於中國共產黨的強力介入操縱，水沒坪村和占裡村人的生活文化才逐漸開始出現了改變。

　　10.他們都曉得先人是由遠方遷徙而來，是特意選擇此優雅環境移居。

　　以上前9點和原台灣失落的智慧文化完全相同。不論是考古學者、體質人類學學者或是研究現代人體質DNA遺傳基因的學者，又都已證實早於3500年以前台灣（Paccan）族人就已在向世界各地傳播文明，並在世界各地留下了後代，包括現在所謂的中國地區。加上第10點「從遠方遷徙而來」，可以合理推測，兩個村落很可能是原台灣（Paccan）族人當初向現在的所謂中國地區傳播人性應有的文明、文化智慧時，因不方便返鄉或回家有困難，才選擇在此世外桃源定居。也有可能是，原台灣（Paccan）族人當時發現，唐山地區大多數的人，其相互比較、競爭和貪婪的習性已根深柢

固，又霸權肆虐，不可能接受感化，所以就帶領少數還能接受感召之人，替他們選擇這兩個幽境良地移居。

另外，有人說：水沒坪村和占裡村人都有使用一種能決定嬰兒性別的所謂「換花草」。又說，「換花草」只有在當地同時飲用兩口神秘的生育井之一才靈驗，要生女孩選女井水飲用，要生男孩則選擇男井水。但據檢測，兩口井的微量元素含量略有差別，所謂的男井水偏鹼性，所謂的女井水偏酸性，這確實對生男或生女略有影響，但只是增加可能的機率，並非有決定性的影響力。至於所謂的「換花草」，就當作科幻小說，聽聽就好。其實，若說當地有較多數的家庭都剛好生育一男一女的兩個小孩或當地男、女均衡，以自然機率，加上調整有意懷孕之婦女的酸鹼體質，這也是可接受的概率而已。又說當地90%以上的家庭都是由一對年輕夫妻繼承，那是因為「男女都平等以待，婚後入主男方或女方並行，以每戶皆有傳承為原則」的必然結果，有何值得驚奇的！

顏先生再質疑說：「我與朋友分享了你的講述，但是，我朋友告訴我，占裡村有人說：『占裡人的祖先是1368年淞江蘇逃難，長途跋涉後，經廣西梧州，最終定居此地的。』並非如你所言。」

埔農回答：

　　現時地方人士所言，常因時空變遷，再受新加入的個人主觀意識左右而有差錯。就如花蓮縣的富里鄉西拉雅族人，現在當地有不少人誤以為祖先是300多前從西邊平原徒步翻過縱貫山脈來的。這些台灣東部的西拉雅族人當時是經由海路出逃是可以確定的，並非翻山過去。鄭成功海盜集團入侵，到處燒殺擄掠，有不少哆廓（Dorcko）的所謂西拉雅族人，從現今台南下營區的禾寮（蚵寮）港乘船往東部海岸出逃（鄭成功集團勢力並未伸入台灣東部）。鄭成功海盜集團的船隻追不上，忿恨之下，把禾寮港造船廠及港內剩下來的大船搗毀，殘骸堆積在禾寮港內，塞滿禾寮港，船隻再也無法入港，哆廓（Dorcko，下營）後人還無奈地謔稱禾寮港為「破船港」。這事現在還有下營區的長輩清晰記得。所以，「由遠方遷徙而來」是可以確定的，至於「由何處遷徙而來」、「為何遷徙」，就不一定是事實了。

　　「占裡人的祖先是從江蘇逃難，長途跋涉後，經廣西梧州最終定居此地的」，是有可能。但是，現在所謂中國地區的歷史上，古今並沒任何其他地方有如水沒坪村和占裡村這般的世外桃源。水沒坪村和占裡村的鄰近也有不少環境之地形、地物皆相似，一般條件也相若的其他村落，那些村落人的生活方式、觀念和行為，都與水沒坪村和占裡村截然不同。水沒坪村和占裡村的居民，若不是都來自同一其他民族，或是同時受到同一其他民族的感化，實在不可能在相隔一千公里以上的兩個小聚落，會同時出現這樣完全相同的隔

離性特殊生活文化。就如埔農所言：也有可能是，原台灣（Paccan）族人帶領少數還能接受感召之人，替他們選擇這兩個幽境良地移居。若是如此，則「祖先是因避難，長途跋涉後，最終定居此地」，就符合事實了。

　　不過，以上所述都只是依間接事實所做的合理推測，還缺乏直接證據。但是，埔農臨時舉出水沒坪村和占裡村這兩個例子，並不是在強調其居民可能來自原台灣（Paccan），或可能是受到原台灣（Paccan）族人感召才遷居的唐山人，而是藉以說明「『數千年前即有不少部落群懂得使用避孕藥』是不可否認的事實」。世界上遠古時候就能安全使用口服避孕草藥之部落群多的是，就連現在所謂的中國地區也有，「台灣族人數千年前即懂得使用避孕藥的事實」又怎麼會是匪夷所思呢？

　　　顏先生質疑說：「即使以上這些資料都是事實，但你又說過『原台灣（Paccan）族人平均都有活到90幾歲』。500年前甚至幾千年前的人，怎麼可能有這樣長的壽命？即使百年前的人類，平均壽命也只有50歲上下，『人生70古來稀』沒聽過啊，要騙誰？」

　　埔農回答：
　　由於養生、醫藥、環保和衛生知識進步，「原台灣（Paccan）族人平均都有活到90幾歲」，並不是只有姜林

獅先生那代代師承的記述有提到，從荷蘭人初到台灣的記載也可證實。台灣（Paccan）族人一對夫妻多數均只生養2名子女，婦女懷孕生產的年齡都在35歲至40歲之間。台灣（Paccan）族人的傳統住家，中央是起居廳，起居廳左右各有兩間臥室。最右是壯年夫妻房，房間較寬，存放有主要的儲備物品；緊鄰起居廳右邊是年長父母的臥室，方便探視、請安；左邊兩間分別是年輕子女的房間。家中孫子女結婚後，且已育有二名孩子，當孩子成長至需要各自擁有獨立房間時，年長的曾祖父母才會被請到社區內的尊長會館，安享被族人侍奉的尊榮，年長者人人尊敬（《失落的智慧樂土》，p.80-81；p.105-107）。試算看看，孫子女已生育有二名孩子時，祖父母的年齡至少已100歲以上，「原台灣（Paccan）族人平均都有活到90幾歲」有什麼好懷疑的！

　　許先生說：「埔農你太辛苦了，為了我等迷糊之人，你這樣不厭其煩的逐一舉證解說，除了感謝，還真很不好意思。」

　　埔農回答：

　　沒關係的。大多數台灣人的迷糊、迷失，都是受到充斥著「蔣幫中國集團為洗腦台灣人所偽造之文書」以及「早期因漢化深而轉性，寧願認盜作祖當走狗、勾結霸權、乞求其殘羹的所謂台灣士紳所虛構的小說」之所謂「標準歷史教科

書」所迷惑，後來又受到深陷『台灣受虐症候群（重症斯德哥爾摩症候群）』的台灣聞達人士所影響，並非自願。多數原台灣人靈性智慧尚存，如果能明白台灣史實真相，應該可以很快清醒的。而如果多數台灣人都已醒覺，都澈底明白台灣歷史事實的真相，台灣人要取得穩定、持續的執政權；要維護台灣的完整自主國度，應該都不會困難的。這是台灣（Paccan）人靈魂復甦以及台灣（Paccan）復國和永續生存的希望，埔農之這一點點努力，不算什麼。

第二章

荷蘭人及鄭成功集團
入侵 Paccan（台灣）

　　1600年初期，開始有唐山人（當時所謂中國東南沿海之所謂中國人自稱唐山人，Paccan人如是稱之）因避難或逃亡，僥倖撐過驚濤駭浪的「黑水溝」而到達Paccan之Dorcko（哆廓，今之下營），Dorcko族人予以善心款待。唐山人初臨哆廓附近，聽到的第一句話，就是Paccan族人用Paccan語Dai-Wan的熱情問候，唐山人就以台灣（福佬語音Dai-Wan）稱呼這地方。這些唐山人利用Paccan族人的熱情好客，佔盡便宜，卻仍不知足。由於野蠻的貪婪和壓霸習性，1622年，有唐山人找上在中國福建沿海，配備武力，強勢通商的荷蘭東印度公司人員，伺機遊說當時已在澎湖建立堡寨據點的司令官Cornelis Reyerson，想藉由荷蘭人武力霸佔台灣，他們就可輕易取得少數荷蘭人之下，多數台灣族人之上的權勢和名利。曾受台灣（Paccan）族人好心收留的

唐山逃犯Hung Yu-yu，以「台灣有先進的土木工程技術、優越港灣、物產富庶、台灣（Paccan）族人善良好客又不重視金銀財富」，勸誘荷蘭人侵略台灣（Paccan）。（Journal Commmander Cornelis Reyersen, Pescadores, 5 January 1623）

1623年1月，在Hung Yu-yu的引導下，Cornelis Reyerson派人到鹿耳海（Bay of Tayouan；台灣海灣；倒風內海），由Dorcko（哆廓，下營）的禾寮港（Amsterdams Polder ofte Orakan［oijlaukan］）登陸駐紮。

後來荷蘭人向四周的Paccan土地逐步擴張勢力，所到之處，皆不斷聽到Paccan族人同樣用Paccan語Dai-Wan的熱情招呼、問好聲，荷蘭人也就以Dai-Wan、Tayouan改稱全Paccan這塊土地，唐山人也改以『台灣』稱呼Paccan這一國度。

荷蘭人入侵後，荷蘭人為了方便強勢交涉，才到處在各村鎮指定首長，在台灣族人的社區聚落中強置頭領，始破壞了台灣族人柔性團結的傳統。

1661年初，鄭成功被清廷追逼，難以招架，如同1623年的唐山人Hung Yu-yu，荷蘭通譯兼走狗何斌，因貪瀆被荷蘭人通緝，心存報復，以「台灣田園萬頃，沃野千里，餉稅數十萬，造船制器」，勸誘鄭成功攻取台灣。何斌對台江內海一帶知之甚詳，又帶來詳細地圖，且荷蘭人並無強大駐軍（包括文職人員，最多時也僅二千八百人）。鄭成功遂於1661年4月借道澎湖，帶著400艘船艦及二萬多名的官兵，

於1661年4月30日抵達北線（汕）尾。在何斌帶領下，循著
1623年初Hung Yu-yu帶領荷蘭人入侵台灣的相同路徑，由鹿
耳門進入鹿耳海（後稱倒風內海，荷蘭人稱台灣內海[Bay
of Tayouan]），也是從哆廓（Dorcko，Smeerdorp，今下
營）登陸。荷蘭軍力薄弱，但熱蘭遮城堅固且火砲強大，鄭
成功不敢硬攻。經過爲期9個月的圍城，等城內糧食用盡，
荷蘭守軍只好投降。荷蘭人遂撤離台灣。

　　文史學者李先生質疑說：「你是學術殿堂門外漢，
竟敢大言指稱『荷蘭人及鄭成功集團是由鹿耳門進入倒
風內海，從哆廓（今下營）的禾寮港登陸』。鹿耳門在
台南市安南區內是經嚴謹考證，是所有歷史學者的共
識。你真是無知妄言！」

　　埔農回答：
　　首先感謝李先生肯理會埔農這你們眼中的門外漢！但
是，李先生所說「現今北汕尾、鹿耳門是經嚴謹考證，是所
有歷史學者的共識」，其實都只是跟著那位蔣幫中國壓霸集
團帶來台灣洗腦台灣人之黃典權的謊言走，那裡經過自己嚴
謹考證了？以下是台灣歷史學者都應該早已知曉的史實記
載，若有人能舉證指出何處錯誤，或那一項是埔農僞造的，
埔農保證跪地謝罪，並從此閉嘴。
　　一：鹿耳門原是海峽水道，非沙洲或小島。

　　二：1623年以前的台灣海灣（The Bay of Tayouan，倒風內海，原稱鹿耳海）還是優良的深水海灣，後因地震與颱風由上游連年沖來大量泥沙，台灣海灣、鹿耳門水道快速淤積。另也爲了擴展貿易，荷蘭人於1624年8月26日，就已開始計劃將主力遷往後來被鄭成功改名爲所謂安平的大員島（初名台灣島）（《*The Formosan Encounter*》Vol.I, 第一章）。

　　三：1661年鄭成功海盜集團入侵台灣時，已經須等大漲潮才得以在何斌的領航下，冒險小心通過鹿耳門水道抵達禾寮港。

　　四：1683年，鄭克塽降清，清廷施琅赴台受降。施琅率軍循舊路線欲到禾寮港，誤闖鹿耳門（施琅軍隊不知鹿耳門及以東的倒風內海已淤塞，船艦不能航行），「船艦衝擊，毀十餘艘」，還須等鄭克塽派左武衛何佑去解救再導引，始得以在承天府（赤崁，台南府城）的附近登岸紮營。而現今被誤指的所謂鹿耳門附近以東至洲仔尾海岸15里內，1823年（清道光3年）以前都還是瀰漫浩瀚之區，軍工廠廠中戰艦輕易出入。是1823年的曾文溪大改道，衝破蘇厝甲，注入安平（大員）以北的海灣，才沖積成現在的安南區。陸浮的範圍北從七股，南至台南城小北門，東從洲仔尾，西至今日的土城，也才有現今被誤指的所謂鹿耳門溪出現。

　　五：道光4年（1824年）3月臺灣總兵觀喜等奏議云：「鹿耳門一口，百餘年來號稱天險者，蓋外洋至此，波濤浩

瀚，不見口門，水底沙線橫亙，舟行一經擱淺，立時破碎。（以上是抄自清廷據台初期所錄實情）……（以下是描述1824年所見）今則海道變遷，鹿耳門（短期派台的官員，任期短的不足一年，最長不過三年，不延任、不複派，到任者都對台灣完全陌生，因而跟著江日昇的虛構小說《台灣外記》而誤認）內形勢大異。上年7月風雨，海沙驟長，當時但覺軍工廠一帶沙淤，廠中戰艦不能出入。乃10月以後，北向嘉義之曾文（當時由嘉義縣[早期稱諸羅縣]管轄），南至郡城之小北門外40餘里，東自洲仔尾海岸，西至鹿耳門（誤認）內15.6里，瀰漫浩瀚之區，忽已水涸沙高，變爲陸浦，漸有民人搭蓋草寮，居然魚市，自埔上西望鹿耳門，不過咫尺。……昔時郡內三郊商貨，皆用小船由內海驟運至鹿耳門，今則轉由安平大港外始能出入，目前如此，更數十年，繼長增高，恐鹿耳門即可登岸，無事更過安平，則向之所謂內險，已無所據依。」此奏文就已可見前後矛盾，先是說「鹿耳門一百多年早就不見口門」，隨後卻說「到1823年7月軍工廠廠中戰艦才不能出入」？

　　以上五點，相信諸位台灣歷史學者都比鄉野埔農更熟悉、更清楚，怎麼不想想爲何會有這「沖積、陸浮」之時間相差140年以上的矛盾！

　　李先生指責說：「你好大的膽子，竟然大言不慚的說『台灣海灣（The Bay of Tayouan）是倒風內海，原

稱鹿耳海』。你竟然指鹿為馬，把『台灣海灣』說成是
『倒風內海』，真不要臉！」

埔農回答：

「台灣海灣（The Bay of Tayouan）就是倒風內海」，
可不是埔農自己說的，荷蘭文獻全都這麼記載。

　　李先生說：「我不相信，你拿一篇出來給我看！」

埔農回答：

好吧，那埔農就抄一篇手邊就有的資料給李先生看。

VOC 1083, fol,506-509. 荷蘭東印度公司1624年文
件寫下：「Backlouan（今善化）is mijlen van dese baeij
gelegen.」意思是：善化在我們這海灣的南方1荷里多處。請
問，這海灣若不是指倒風內海，是指何處？「倒風」二字是
後來的唐山官員，把Tayouan唸走音後寫下的。其實，李先
生若要澈底明瞭這段史實，應該去看順益台灣原住民博物館
出版的*The Formosan Encounter* Vol. I，裡面有很詳盡的英文
翻譯。

　　李先生再質疑說：「算你厲害，但是文獻記載也常
見出錯。怎見得你所舉出這部分就是對的，別人認知的
就錯了？更何況，鹿耳門聖母廟、鹿耳門天后宮現在都

位於台南市安南區的土城，這點你總沒話說了吧！」

埔農回答：

以上所舉各點，都是正史所記載。正史記載固然不是全然可信，但以上所舉各點都是可前後對照的早期不同來源之證據。而且，「寧可相信後來牛頭對不上馬嘴的道聽塗說，而不肯相信可前後對照之各項原始證據」是理性的選擇嗎？這般態度不是很奇怪嗎？至於「鹿耳門聖母廟、鹿耳門天后宮現在都位於台南市安南區的土城」，則全是因受蔣幫中國壓霸集團洗腦，地方聞達人士在虛妄的中國式思維下偽造出來的。

李先生說：「『在虛妄的中國式思維下偽造出來的』？你敢這樣大言不慚，就給我拿出證據來！」

埔農回答：

唉！《台灣縣志（誌）》就記載：「在鹿耳門，媽祖廟是康熙58年（1719年）各官捐俸同建」，這裡指的才是真正的鹿耳門海峽水道陸浮後的原址。《台南州祠名鑑》也記載（出版於公元1933年）謂：「保安宮『創立』年代是清朝嘉慶二十二年（1817年），主祀五府千歲」。而現在土城一帶係1823年（清道光3年）以後才有的浮覆地，可見原「鹿耳門」、「媽祖廟」、「保安宮」都不是在現今學者所誤認的

土城一帶。

1719、1817年在原鹿耳門所創立的媽祖廟、保安宮，是於1871年才遭受大水沖毀。

現在所謂的土城「正統鹿耳門聖母廟」，原是由郭長、郭尾昂鳩於大正二年（1913年）發起，與庄民相謀而臨時起意才建設一座廟宇，於大正七年（1918年）建成，原稱「保安宮」（台灣人被強制漢化後，到處有原廟學留下的「保安宮」），當時僅是安置所拾獲的神像（是所謂的五府王爺，並無媽祖神像）。於大正十年（1921年），郭長、郭尾昂鳩等人才得知有被洪水所沖漂的媽祖神像寄留在台南的「開仙宮」（應是「海安宮」舊名或是另已遭毀棄的舊宮廟），因而前往迎來，並與原所謂的五府王爺及其他的神像合併祭祀。

而現在顯宮里所謂的「鹿耳門天后宮」，是1947年才興建的「天后宮」。所謂的「正統鹿耳門聖母廟」和所謂的「鹿耳門天后宮」，二者都是後來因受蔣幫中國壓霸集團帶來台灣洗腦台灣人的黃典權所迷惑，才在1960年將主祀五府千歲的「保安宮」改名為「鹿耳門聖母廟」；另於1984年四月，將「天后宮」改稱「鹿耳門天后宮」，並開始偽造此地是鹿耳門的各種道聽塗說。

1823年以後才出現的浮覆地（安南區土城），卻能宣稱是1719時已是大片陸地的鹿耳門？而現在的台灣聞達人士（尤其所謂的台灣人台灣歷史學者）卻寧願閉著眼睛，跟隨

虛妄、壓霸的中國人黃典權，把台灣史實惡整得亂七八糟，也真是令人瞠目結舌！

以上這些事實難道台灣歷史學者都不知曉？甚至有人竟然僞造「在國姓爺驅荷復台23年後，安平大港因泥沙淤積而無法通航，鹿耳門順勢而起，不僅成爲防堵敵軍入侵的軍事要地，也是舟楫輻輳的熱鬧商港，往返臺海兩地的舟船絡繹不絕，商旅雲集，市況繁華」的瞞天大謊。難道他們不知「鄭成功海盜集團侵台時，鹿耳門水道已淤塞，船隻出入困難，且鹿耳門以及周圍的大片台江海域也早已成浮覆地近兩百年，而所謂的安平港至今船隻絡繹不絕」的事實？

　　有另位李姓台灣文史學者跳出來說：「不跟你爭辯這個（指上次所言的各項早期正史記載對上後來的道聽塗說），你竟然敢肯定『禾寮港是在今之下營』，又說『下營本名哆廓（Dorcko），荷蘭人稱Smeerdorp』，你拿得出早期正史證據嗎？你這根本就是『自以爲是』的信口雌黃！」

埔農回答：

下營「禾寮港」是早在荷蘭人來之前就有的地名。清國派台唐山官員，任期短的不足一年，最多三年一任，且又都是剛到台灣就已在盤算歸期。由於心不在台灣，任內文書多數是個自隨意記下，所以同一地名常出現福佬話近音或同

音的不同用字。例如：先是哆囉嘓（Dorcko），後寫成倒咯嘓；先是台灣內海（台灣族人原稱鹿耳海），後寫成倒風內海；先是禾寮港，後寫成蚵寮港（福佬話禾、蚵同音）；先是北汕尾，後寫成北線尾；先是外汕洲仔，後寫成外傘洲仔；先是外汕頂洲，後寫成外傘頂洲（其實，線、傘是錯字，原「汕」是指水中沙丘），都是唐山官員依據福佬語音隨手寫下的不同用字而已。台灣文史學者不察，難怪會搞得暈頭轉向。禾寮港後來被清國派台唐山官員寫成蚵寮港，現今地名還在。

鄭成功戶官楊英的《從征實錄》，以及《熱蘭遮城日誌》於1661年4月30日都記載：「鄭成功軍隊是從Smeerdorp的禾寮港登陸」。而且，《梅氏日記》（荷蘭人Philippus Daniel Meij van Meijensteen）記載「鄭成功軍隊全副武裝從新港（今新市）車路越過高地，行軍而來」。而下營「禾寮港」就是新港正北方的海港，且是荷蘭人最初的根據地，替鄭成功集團領路的何斌最熟悉了。

另外，ZAAK van de GODSDIENT op he EYLAND JAVA（作者：François Valentijn）中的 FORMOSA ofte TAYOUAN 章節：Mattauw a mylten north of Soelang; Taflakan a myl east of Matauw; Smeerdorp and Pau, some close by ; Terenip, south from Taflakan, north of Sekam two mylen.

（原文是：Mattauw een mylten ten Noorden van Soelang; Taflakan een myl beooften Matauw; Smeerdorp en Pau , dicht by een; bezuyden Taflakan, Terenip benoorden Sekam twee mylen.）這裡指出：蕭壠北邊方向是麻豆，麻豆往東是官田（Taflakan），Smeerdorp 和 Pau 很靠近此地。而下營就是緊鄰著麻豆和官田。Pau是Smeerdorp東邊的原唐山逃犯收容處。

　　還有，同時期Olfert Dapper著作的 d'Eilanden Tayowan, Formosa 篇 p.38：Smeerdorp is located two mijlen from Sackam.（原文是：Smeerdorp, gelegen twee mijlen van Sakam.）意思是：Smeerdorp離赤崁（今台南市區）有2荷里。如果大家對two mijlen的古荷蘭里程沒有概念，就請看*The Formosan Encounter* Vol.I, p.77（1629年）：Sinckan is about one mijl away from our Fort（指Zeelandia；熱蘭遮城），意思是：新港（今新市區）離熱蘭遮城大約1荷里。由此可知：由赤崁到 Smeerdorp 是赤崁到 Sinckan 兩倍多的距離（由熱蘭遮城到赤崁還有一段距離）。下營到赤崁，距離正是新市到赤崁的兩倍多。

　　而且，《熱蘭遮城日誌》於1656年5月5日及1657年6月30日都有記載，哆廓（Dorcko）和麻豆（Mattauw）之間是茅港尾（Omkamboy）。

　　以上四則都指出Smeerdorp就是在今日下營。鄭成功集團在此設有軍營——海墘營，曾以海墘營稱呼此地。清廷唐山滿官進入台灣後，則還是以音譯Dorcko稱倒咯嘓，是後來的執行漢化教官才用其家鄉地名改稱下營。況且oijlaukan

（禾寮港）是在Smeerdorp，而今日下營還存在蚵寮港（禾寮港，因福佬話禾、蚵同音而用了不同字）這地名。鄭成功集團入侵台灣初時，曾因妒恨、也爲防止Dorcko人再逃跑，大肆破壞禾寮港內的雙船體結構大型遠洋船艦Marn-Gka（艋舺）及造船廠，把破殘骸棄置港內，塞滿整個禾寮港，下營人還一度無奈自嘲，諷稱禾寮港（蚵寮港）爲「破船港」呢！

　　這位台灣文史學者再反駁說：「可是，清廷據合文書就記載『哆囉嘓社在今東山一帶』，學者都同意哆囉嘓是Dorcko的音譯，這與你所提證據又相矛盾，看你又如何解釋？」

　　埔農回答：

　　清國初入侵時，因爲當時哆廓的造船廠和船隻已被鄭成功集團破壞20年，禾寮港已廢棄，海岸線也有清軍封鎖，有一群哆廓（Dorcko）族人只得由陸路出逃到今東山一帶的山區。其實，當年鄭成功海盜集團入侵時，就已有部分哆廓（Dorcko）族人乘船出逃到東部海岸（鄭成功集團勢力並未伸入東部海岸）。花蓮富里鄉是台灣東部唯一的西拉雅部落，花蓮富里鄉族人都還知道祖先是確定由西部逃來的。可能還有部分哆廓族人在所謂的大魯閣定居，因爲這是音譯，而哆廓（Dorcko）中間有一個捲舌的子音，被譯爲大魯閣是

有可能的，且所謂的大魯閣族語音與西拉雅語音很接近，只是尚待進一步查尋直接證據。

　　當時原本的哆廓（Dorcko）一地雖然被鄭成功集團改名爲海墘營，但清國唐山人官員進入台灣仍稱哆廓（Dorcko）爲「倒咯嘓社」，是1685年才由「廈臺兵備道」巡道「周昌」用廟學教官的家鄉地名改稱「下營」的。後來清國勢力伸入東山、關仔嶺一帶，「倒咯嘓社」既已改稱「下營」，新到任的清國唐山人官員對「倒咯嘓社」一無所知，就重新音譯Dorcko，稱逃亡到該地的哆廓（Dorcko）族人爲「哆囉嘓社」。「倒咯嘓社」、「哆囉嘓社」都是不同音譯而已。何況Dorcko一地，自荷蘭人侵Paccan，就一直記明是靠海港口，鄭成功海盜集團還稱此地爲海墘營（意思是：緊靠海岸的營區），怎麼會是在山區呢？

　　這位台灣文史學者又說：「算你厲害，但即使別人都錯了，也並不表示你就一定對！古歷史的考證不容易，即使江日昇的《台灣外記》、黃典權都亂寫，但你竟敢肯定地大言『北汕尾是在現今北門區，鹿耳門是在現今佳里區和北門區之間』，好像全台灣的歷史學者都是白癡，就只有你一個人清楚明白，未免太過分了！你必須另外拿得出其他更可令人信服的證據來！」

　　埔農回答：

　　古歷史的考證是不容易，但荷、鄭時期距今僅不到四百年，各項嚴謹的文獻記載都還查得到，只有被迷惑的人才會視若無睹。北汕尾、鹿耳門的誤植，是始自江日昇於1704年所寫的《台灣外記》一書，唐山人江日昇是以部分聽說、部分想像所寫的小說。台灣聞達人士明知《台灣外記》內容錯誤連篇，卻還是常常引用其虛構的內容，實在令人難以理解其用心！難道看過金庸的武俠小說《笑傲江湖》，就要相信令狐沖、向問天、任我行眞有其人，還要相信他們參與了朱元璋的創建明帝國嗎？至於黃典權，他是蔣幫中國壓霸集團帶來台灣專門洗腦台灣人的，頭殼壞了才會相信他！

　　埔農敢肯定地說「北汕尾是在現今北門區，鹿耳門是在現今佳里區和北門區之間」，當然必須有多項可令人信服的相符證據，只是台灣歷史學者對埔農的懇切舉證說明不屑一顧罷了！我現在就重提一遍。

　　先舉多數人知道的例子，先看《清光緒會典》收錄的台灣全圖（莫崇志繪），相信台灣歷史學者都很熟悉吧！這台灣全圖就指出了「北汕尾（寫成北線尾）」、「大港」的正確位置，大港是在麻豆的正西方；北線尾是在大港的北方。《清光緒會典》於光緒十二年（1886年）始修，此圖是《清光緒會典》收錄，莫崇志繪製的時間應該更早。由於倒風內海和鹿耳門在1624年後持續快速淤積，到了清乾隆年間，倒風內海三分之二以上已經成爲內陸地，並早經洪水氾濫沖出了漚汪溪、蕭壠溪、灣裡溪、茄拔溪（即所謂的曾文溪），

原鹿耳門附近早已是大片陸地。所以，莫崇志繪製的台灣全
圖已不見倒風內海和鹿耳門。

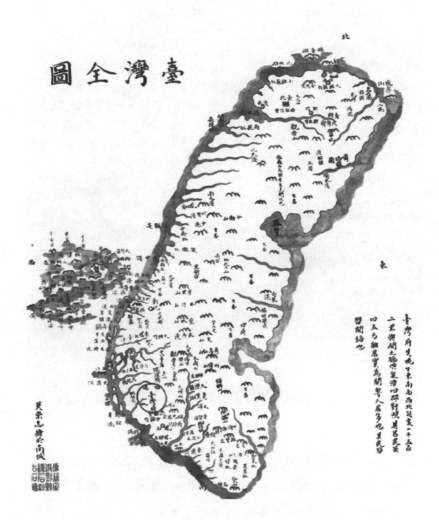

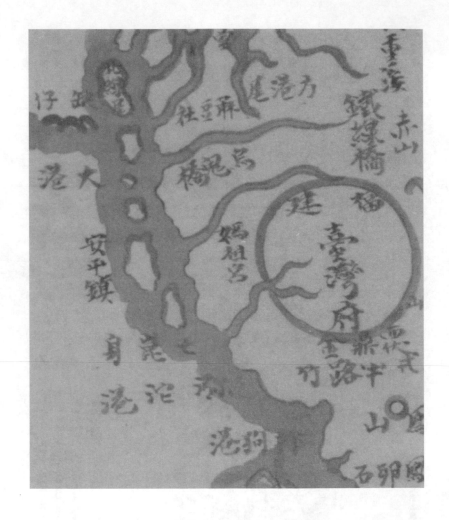

　　這位台灣文史學者又說：「古地圖繪製無法很精準，並不是全然可信。你是學術門外漢，不要看了圖就編故事。學術是必須多方查證的！」

埔農回答：

依現在的台灣學術殿堂而言，埔農確實是門外漢。但你們台灣歷史學者有做到自己所說的「學術是必須多方查證」嗎？

埔農知道，古地圖的繪製，距離無法做到很精準，但臨近的相對位置和方向總不會有大差錯吧！而且，《光緒會典》是清國皇帝的專刊，若太離譜而導致行政上的誤導或軍事行動上的挫敗，不被殺頭啊？更何況，《清光緒會典》收錄的台灣全圖和荷蘭文獻所記載完全相同。

　　這位台灣文史學者再強辯說：「清光緒會典收錄的台灣全圖是單一證據，荷蘭文獻的記載又是使用荷蘭文，台灣史學者留學荷蘭的也有好幾位，單憑你三言兩語，就想推翻所有台灣歷史學者的認知？回去再多做功課吧，不要自不量力了！」

埔農回答：

埔農以上舉出了這麼多史實證據，怎麼會是單一證據，又怎麼會只是埔農的三言兩語？留學荷蘭的台灣史學者是有好幾位，但他們都是受過蔣幫中國壓霸集團的洗腦教育，長大後才前往荷蘭留學的。法國生理學家Claude Bernard就說過：「既有的知識，是學習正確認知和正確思考的最大障礙」。台灣史學者留學荷蘭都主要是研習「中國式洗腦教育

教科書裡所未講授的部分」，既有的認知，阻礙了宏觀的視野，限制研習的領域。所以，他們對荷蘭人初入台灣之前10年的文獻沒有深入研讀，也是無奈的事實。

至於說「埔農不自量力」，埔農就是自知人微力薄，才凡事盡全力仔細求證、多做功課。比如，幾張埔農找到的荷蘭侵台早期文獻，是埔農親自請荷蘭大學的歷史學者幫忙翻譯的。另外，埔農為了避免有任何疏失，也親自前往現在的台南市北門區，探尋390年前荷蘭人之唐山走狗所指稱的「北汕」和「大港」是否有留下任何跡證。結果竟然發現，「北汕」和「大港」的地點、地名都還在，這是歷經390年不爭的事實。其實，《清光緒會典》收錄的台灣全圖已算是很精確的地圖了。您若真是理性清明，請也親自到現在的台南市北門區走一趟，搭車即可抵達，不必耗費任何體力，即可現場看清楚、調查清楚。到了今天這麼開放的時代，還在迷信蔣幫中國壓霸集團用來洗腦台灣人的偽造文書，那就太不應該了！

「北汕尾是在現今北門區，鹿耳門是在現今佳里區和北門區之間」，這不僅《*The Formosan Encounter*》Vol.I有詳細記載，《熱蘭遮城日誌》於1656年10月9日也有記錄到，北汕尾沙洲和鹿耳門水道就在蕭壠（今佳里區）的北方近旁。有了原始的史實證據，地點、地名現時也都還在，埔農認為，沒有任何再爭辯的餘地了。找出原始資料，拿來和歷年地形、地貌的演變以及現有地名存在的年代相互比對，才

是真正的有「多方查證」，不是嗎？既是台灣歷史學者，應該都熟知《*The Formosan Encounter*》和《熱蘭遮城日誌》吧，想現場看清楚也很方便，再要執迷不悟，那就非理性之人應有的心態了！

　　這位台灣歷史學者再說：「哼！台灣歷史學者都知道，『大港』指的是安平（大員）港，『北汕』在安平（大員）的北方附近。道光4年（1824年）3月台灣總兵觀喜等的奏議就已提到：『昔時郡內三郊商貨，皆用小船由內海駛運至鹿耳門，今則轉由安平大港外始能出入』，別以為你隨便說說，我們就會跟著你起舞！」

　　埔農回答：

　　拜託！請您仔細看看這句「轉由安平大港外始能出入」，這「大港」二字是用來形容「安平港很大」，並非地名的稱呼，因為安平港是百里之內最大的海港。而現今北門區的「北汕」和「大港」，都是390年前就已存在的地名（是1624年荷蘭人的對外貿易港，由荷蘭人之唐山走狗所取的福佬語名）。現在所謂的安平，當時還是孤島，1626年荷蘭人稱作Tayouan Isle，其唐山走狗寫為「台灣島」。是後來改以「台灣」稱呼Paccan這國度時，唐山人才用福佬語同音的「大員」改寫為「大員島」。鄭成功佔領「大員島」後，又以其家鄉名，將大員改稱安平。大港二字，從來就不

是所謂安平的地名！

　至於您們在安平（大員）北方鄰近所指稱的「北汕」、「北汕尾」，和您們所謂的「鹿耳門」一樣，是18世紀中期後，短期派台的清國官員因從未到過台灣、不瞭解台灣，才依江日昇所虛構的小說《台灣外記》而開始隨便誤指的。所以埔農才說：必須要找出原始資料，拿來和歷年地形地貌的演變以及尚存地名的年代相互比對，才是真正的有「多方查證」。請別再繼續被那位蔣幫中國壓霸集團帶來台灣專門洗腦台灣人的黃典權以及虛構的小說所迷惑了！

　　　這位台灣歷史學者又說：「不要以為找到了一些不同的證據或別人的差錯，就認為自己什麼都懂了！我們就有一張葡萄牙人於1626年聽前荷蘭人走狗Diaz之描述所繪製的大員海灣圖，這圖就標出是包括麻豆、蕭壠和新港、普羅岷遮城（即赤崁）、熱蘭遮城隔海相望的大員海灣。所以，這北汕尾和鹿耳門就是在臨近安平和赤崁的海灣。你沒話說了吧！」

　埔農回答：

　唉！事實上，你們所謂的大員海灣圖，是The Bay of Tayouan，這其實本是1626年的所謂「台灣海灣」，即後來所謂的倒風內海（倒風是Tayouan的略為走音），原稱鹿耳海，並不是後來被稱為安平的大員海灣。此圖是於18世紀時

重新繪製的。

　　此圖於18世紀重繪時，當時因為軍事、交通與行政中心早已遷到大員和赤崁有一百多年，因而誤植了錯認的補充和更動。近代加以數位化時，更因受台灣聞達人士之錯誤認知所影響而繼續出錯，誤以為The Bay of Tayouan緊臨後來的大員島，就把蕭壠（Soelang，今佳里）、麻豆（Mattauw）和新港（Sincan，今新市）都向左邊方向錯置了，還加入後來的普羅岷遮城（Provintia，即赤崁）和熱蘭遮城（Fort Zeelandia）。

　　當時蕭壠、麻豆南邊鄰近是包括目加溜灣（Baccaluan，今善化）、直加弄（Tackalan，今安定）的大片陸地。而且麻豆港是倒風內海南岸的港口，人人皆知，蕭壠和麻豆又怎麼會是南邊面海而北邊是大片陸地呢？而蕭壠（佳里）、麻豆、目加溜灣（善化）、直加弄（安定）和新港（新市）是大片相連續的土地，蕭壠和麻豆又怎麼會是與新港、普羅岷遮城（即赤崁）、熱蘭遮城隔海相望呢？而且，直到1660年大員島都還是海中的獨立海島，若這1626年的The Bay of Tayouan圖是你們所謂的臨近安平（大員）和赤崁之海灣，當時的這海灣以南又怎麼會是大片與東邊相連的陸地呢？

　　更何況，荷蘭東印度公司1624年文件（VOC 1083, fol, 506-509.）：「Backlouan（今善化）is mijlen van dese baeij gelegen.」意思是：善化在我們這海灣的南方1荷里多處。這The Bay of Tayouan當然是指倒風內海。

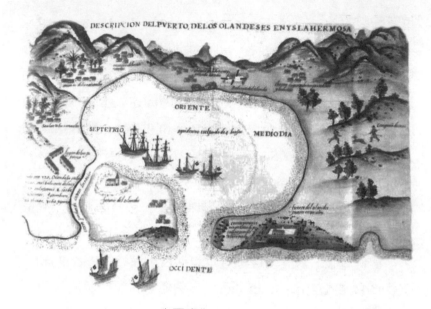

本圖應為The Bay of Tayouan，而非大員海灣

　　這位台灣歷史學者又說：「古代地理的地形地貌常有變化，不是你說了就算！」

　　埔農回答：

　　唉！當然不是誰說了就算，也不是誰說了就能信以為真！必須比對各種原始證據都相符合，還要查察錯覺者誤認的原因，才可以證實真相。

　　地形地貌是會隨時間改變沒錯，但是大台南地區四百年來地形地貌的變化，都逐年留有記錄存在，你們不可能不知

道！怎麼可以還拿這個彆扭的理由來強辯？

這位台灣歷史學者再說：「就算這海灣圖的註記有點奇怪，但是這 The Bay of Tayouan 地圖是世界流通的，就你一個人說它錯了？你好大的膽子！你算什麼東西！」

埔農回答：

唉！事實上，這你們所謂的大員海灣圖（重繪的 The Bay of Tayouan）於重繪和數位化時誤植了不正確的補充印記和更動，並不是埔農首先看出來的！此 The Bay of Tayouan 地圖重繪及數位化後的收錄使用者，很早就已發現這些在重繪及數位化時所加入的錯誤印記，並在此圖下面附有「不要被錯誤印記弄糊塗了」的說明。

埔農可以把你們所謂大員海灣圖（The Bay of Tayouan）的原勘誤註記文（說明它後來所做的更動和加註可能全錯了）抄給你們看：「This file contains additional information, such as EXIF metadata, probably added......from scanner used to create or digitize it. If the file has been modified from its original state, some details may not fully reflect the modified file......and may be completely wrong.」埔農不再翻譯了。

很奇怪，為什麼就只有台灣學者會堅持要跟著那來台灣洗腦台灣人的黃典權繼續錯下去？連 The Bay of Tayouan 地

圖重繪及數位化後的勘誤說明都堅決視若無睹。

　　更何況，1626年以前大員島並無荷蘭人的要塞，當時熱蘭遮城才正準備要興建。因爲當時倒風內海的入口（鹿耳門）逐漸淤淺，退潮時大型船隻出入險象環生。圖中可看出鹿耳門隘口內泥沙淤積，航道狹窄，但仍可見保衛倒風內海入口的炮台及要塞。

　　再請將此海灣圖拿來和清據早期的大台江地圖比較，即可明白你們所謂的大員海灣圖事實上是倒風內海圖。清據早期的大台江地圖顯示，鄭清時期大船已進不了倒風內海，但大船還在所謂的大員海灣（現在所謂的狹義台江潟湖）自由航行呢！這又是另一明證。

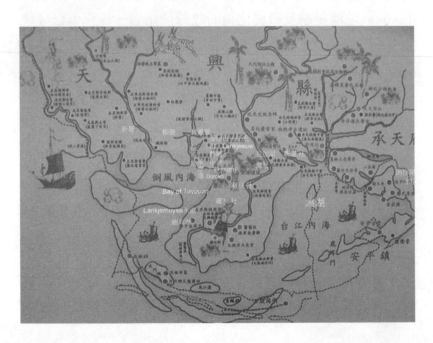

（以上的台灣聞達人士至此才無言再以對，但仍以一副「是不屑理會」的態度，繼續在檯面上腐蝕台灣人的靈魂和意識。）

2017年4月15日，台灣新聞媒體刊登台灣歷史學者、考古學家的妄言，內容是：

「台灣及西班牙組成的研究團隊，在菲律賓聖多瑪斯大學中尋獲一份厚達千頁，內載兩萬字詞的《漳州話詞彙》，成功建立起西班牙據台時期（一六二〇年代）閩南語發展架構，是閩南語研究的重大發現。

一五七一年西班牙人帶著美洲白銀到菲律賓，吸引眾多閩南人前往馬尼拉謀生，從中獲知稱為『北港（Pag Cang；Paccan）』的台灣，以及島上『雞籠（Quey Lang）』、『淡水（Tam Chuy）』的相關資訊，為了傳教，便透過在馬尼拉的閩南人協助編譯相關閩南話書籍，造就《漳州話詞彙》。」

埔農不得不提出嚴明糾正：

以上台灣歷史學者、考古學家所言並非事實。台灣所謂歷史學者偽造台灣歷史的心態，70年來一直未曾改變。史實文件記錄都指出：Paccan（Pag Cang、台灣）、Quey Lang（雞籠、基隆）、Tam Chuy（淡水）等地名，是葡萄牙

人、西班牙人自己順著黑潮洋流航經台灣東部時，由原台灣語名稱記錄下來的，並非從唐山人口中得知，因爲唐山人直到16世紀末都還不知道有Paccan（台灣）這地方。是直到明末的1610以後，才有中國福建龍溪的張燮，從西班牙人、葡萄牙人、荷蘭人口中得知東方海上有Paccan這地方，就在他於1617年所寫《東西洋考》一書中的附錄順便提到Paccan，張燮竟寫爲北港。1617年的《東西洋考》對南洋記述甚詳，但其本文根本就沒有提到Paccan（台灣）這個國度！

1518年（正德十三年）葡萄牙人首先派遣船艦到中國執行貿易，1553年葡萄牙人取得澳門根據地。於是西班牙人、荷蘭人競相傚尤。

由於葡萄牙人、西班牙人、荷蘭人當時都是在所謂中國的福、廣地區活動，爲了方便通商和佔領，也都勤學當地語言，貪利的當地人也勤學葡萄牙語、西班牙語、荷蘭語。葡萄牙人、西班牙人、荷蘭人也養了不少唐山人當仲介或勞工。這些當時的相關福、廣語辭翻譯筆記，本來是爲了方便通商和佔領，與傳教無關，更和台灣一點關係也沒有！

西班牙人早在1564年佔領了菲律賓中部米沙焉群島的宿霧（Cebu），開始在菲律賓建立殖民地。1570年，西班牙的佔領擴及呂宋島後，在馬尼拉與其美洲的墨西哥殖民地之間，每年有進行貿易的帆船航行。從美洲墨西哥運來白銀換回唐山（所謂中國福、廣地區）的絲綢、瓷器等。其航

路是從馬尼拉出發到呂宋島的北端，沿台灣東岸，乘黑潮暖流北上駛往日本，再橫渡太平洋。因而西班牙人早就對台灣的東部及東北部有很清楚的認識，稱Paccan（台灣）是「Hermosa」。

　　在1597年西班牙人繪製的Paccan彩色地圖，首度標明現今基隆港位置，依Paccan人的原語音寫爲P°de Keilang，並加以描述：「該島肥沃，處於中國和日本的要衝，但缺乏港灣，僅在向日本的島嶼北端有一港口。港灣良好而堅固，稱Keilang。港的出口狹隘，港內則廣闊而水深。」

　　因爲以當時的帆船，要航行海象變化多端的台灣海峽十分危險，當時西班牙人並未曾穿越台灣海峽，不瞭解Paccan（台灣）西部沿岸，所以才會稱「Paccan 缺乏港灣，僅北端有一稱Keilang的港口」，也才會把Paccan（台灣）地圖繪製成長方形。其實，1598年菲律賓總督戈麥斯·佩雷斯·達斯馬里尼亞斯（es:Gómez Pérez das Mariñas）就曾下令Don Juan de Zamudio率2艘船及200名官兵想要佔領Keilang，但遇上颱風而放棄。

　　難道這些歷史學家不曉得早在1623年1月，荷蘭人即在其唐山走狗Hung Yu-yu的帶領下入侵Paccan（台灣）西南海岸的Dorcko（荷蘭人稱Smeardorp），至1626年荷蘭人的勢力已遍及大半個台灣？這是由於1620年後，有極少數橫渡黑水溝僥倖沒死的唐山（所謂中國）逃犯抵達南台灣的哆

廓（Dorcko，今下營，《台灣受虐症候群》上冊第一章p.2-3），受到Paccanians（台灣人）的善心收留，並習得一些Paccan（台灣）語言。這些忘恩負義的唐山人竟成為慫恿荷蘭人入侵Paccan的通譯兼領路狗。後來荷蘭人發現唐山人奸詐、狡猾又貪婪成性，不可信任，都是自己直接學習Paccan（台灣）語言，直接和Paccanians（台灣人）溝通。

西班牙佔據Quey Lang（Keilang、雞籠）附近地區的時期則是1626至1642年。1626年，西班牙人得知荷蘭人在南台灣獲取暴利，新西班牙菲律賓總督才又派兵，由伐爾得斯（Antonio Carreño de Valdes）率領艦隊從馬尼拉出發，也是由西班牙人自己熟悉的黑潮航道，沿著台灣東海岸來到台灣北端，從Ki-vanow-an（原台灣語，今三貂角，屬貢寮鄉）登陸，來到Quey Lang Bay（雞籠灣），佔據Quey Lang Bay內的Tuman小島，設立堡壘作為基地，命名為Fort San Salvador（聖薩爾瓦多城）。Tuman島也連帶被稱為聖薩爾瓦多島（鄭、清侵台後，Tuman島才被改稱雞籠嶼。1875年，雞籠被清國官員改稱基隆，Tuman島也再被改稱社寮島；中國國民黨黨軍入侵台灣後又被改名為和平島，真是亂七八糟）。西班牙人入侵台灣北端完全與唐山人無關。

而在1626年的當時，不論是葡萄牙人、西班牙人或荷蘭人，都已經學習福廣語言、養唐山人走狗達五、六十年，那是為了方便到唐山（所謂的中國）通商和佔領福、廣據點才學的。

　　侵占Paccan（台灣）時有利用到唐山語言的是荷蘭人，因為荷蘭人是由其唐山走狗（曾受到Paccanians（台灣人）的善心收留，並習得一些Paccan語言）領路下入侵南台灣。而西班牙人侵占Paccan（台灣）北端是自己主動出擊，並沒有使用到唐山語言。請問，那來的「成功建立起西班牙據台時期（一六二○年代）閩南語發展架構」？台灣的歷史學者竟然還能說出「是台灣閩南語研究的重大發現」這樣的話！台灣所謂歷史學者跟著中國壓霸集團不斷偽造台灣歷史的假漢人、假華人心態，70年來一直未曾改變，只要見到任何蛛絲馬跡，就不把台灣連上中國不罷休，還臉不紅氣不喘，真要被他們氣死了。

　　台灣歷史學者說什麼「西班牙人建立起西班牙據台時期閩南語發展架構」！事實上，台灣（Paccan）的使用福佬話及客家話，是清國據台時期利用社學、廟學，全面強制洗腦改造才形成的。台灣歷史學者這種假漢人、假華人當上癮的偽造台灣歷史心態，就如「配合中國壓霸集團，持續引用連上唐山（所謂中國）之偽造族譜」的翻版，更和「不斷引述所謂台灣乃蠻荒瘴癘之地的造謠」如出一轍，都是以虛妄的中國思維，「看到一個影，就講人生了一個子」（福佬話發音），用想像硬加以惡意延伸、偽造。台灣聞達人士（尤其所謂的台灣文史學者）的這種心態和思維，造成今日多數原

台灣人的迷思，誤以為自己是漢人或華人後裔。說這些台灣
聞達人士可悲，卻也實在可惡。

第三章

清國佔據台灣

　　1683年清國侵台，視台灣爲敵境。因爲擔心唐山人又在台灣聚集謀反，將全部在台漢人，包括原在台唐山人連同鄭成功集團全數趕回唐山，一個不留。甚至連墳墓裡的唐山人屍骨都被命令挖出，送回唐山，從此嚴禁唐山人再移居台灣。派來的治台官兵，最長任職三年即遣回中國（短任期的不足一年，長任期的兩年多），不重複派任；不能帶眷上任；亦不准在台灣娶妻。爲了澈底隔離赴台唐山人與台灣人，更於乾隆2年（1737年）頒佈「戶律」（《台灣府志》），只要碰到台灣婦女之手，就必須處以嚴厲刑罰。

　　駐台的陸、海軍萬餘人，也是最長每三年調換新部隊來駐守，以防止有人摸熟門路而違法亂紀。派來佔領的都是降清原明朝官兵，接收了鄭成功集團在台灣全部的地籍圖冊、人口登錄、資產記載以及管訓台灣人民的高壓策略。不但承襲鄭成功集團的政策，更嚴厲執行。首先下了嚴酷刑罰的封

山令。不願因爲進入高山而付出涉險的代價,遂耍狠將避入台灣深山的各部落,孤立在各個局限區內(高山部落居民,多數是爲逃避荷、鄭、清的壓霸蹂躪而遷入深山),每一個部落都被隔離在狹小範圍內,令其自生自滅。在台灣平地則到處建制社學(所謂的番社),派駐教官,加以管控、再洗腦教訓。於原鄭成功集團福佬人部將轄區,派駐福佬人官吏、教官;原鄭成功集團客家人部將轄區,派駐客家人官吏、教官。分別依福佬習俗、客家習俗加強漢化。已有鄭成功集團留下唐山廟的地方,就利用既有唐山廟爲社學(社學、廟學同時進行);未有唐山廟的地方,也在強制漢化過程中,依各漢人滿官及所帶來的唐山教官之原唐山崇拜信仰,逐步將社學過渡爲廟宇(廟學)。從此台灣平地族人竟被硬生生分化成福佬語系和客家語系兩種族群,連全部是怪力亂神的唐山民間宗教,也開始充斥台灣平地。

在清國漢人滿官的壓霸蹂躪下,首先學會漢語文的人成爲所謂的知識份子。所謂的知識份子受統治者嘉勉,被賦予權利;所謂的非知識份子(尚未漢化或抗拒漢化者)不被尊重,權利不被保障!隨著強制漢化的進展,受管土地登記須使用漢文文書,給了這些少數因受漢化深影響而轉性貪婪的漢化民可乘之機,勾結唐山滿官搶先登記,豪奪土地,變化成大地主、阿舍。這就是後來所謂的台灣假漢人士紳!這些早期因漢化深而轉性,寧願認盜作祖當走狗、勾結霸權、乞求其殘羹的所謂台灣士紳,一方面自負虛榮的僞裝高級,鄙

視同胞，一方面開始虛構自己是漢人的小說，將冠其姓的唐山教官偽稱是其「唐山公」，藉以掩飾其假漢人的卑劣惡行。這些少數假漢人的所謂台灣士紳，從清據時期延伸到日據時期，再鑽進蔣幫中國壓霸集團侵略台灣的行列。

隨著強制漢化的進行，生番變熟番，熟番再稱漢化民。隨著清國勢力範圍的逐步擴張，熟番漢化民逐年增加，須登記的新受管土地也大量增加，造就了更多所謂的台灣假漢人士紳！台灣會有所謂唐山人拓墾者的小說，全是這些漢化深、勾結唐山滿官、認盜作祖，偽裝假漢人、假華人的所謂台灣士紳所虛構的。

清國據台，派台人員以及特殊身份者的短暫逗留，不在台灣戶籍資料內，另以流動人口簿籍登錄，是「官兵名冊」和「流寓名冊」。1895年，日本軍隊入台，這些人員不是被遣返，就是後來逃回中國。

有柯先生質疑說：「清國侵台，是把全部漢人及相關親人趕回唐山，一個不留，從此嚴禁唐山人再移居台灣？這種講法，有誰會相信你？」

埔農回答：
這不是要誰相信誰的問題，是要看那一方有確實的證據。沒有確實證據的一方，若是做不同的陳述，就是虛構，或是有特別意圖或目的才故意偽造的！

　　1683年，清國消滅據台的鄭氏東寧王國。滿清康熙皇帝本欲於清除在台漢人後，立即撤兵。但施琅上奏「台灣棄留疏」，主張需在台灣留下可有效掌控的駐軍和官吏來佔領。理由有二：一，可防止漢人再偷渡到台灣；也避免荷蘭人重新佔據台灣。不論何者在台灣壯大，都可能爲將來留下禍根。二，台灣土地肥沃、台灣人生性和善，又礦產豐富。尤其樟腦、鹿皮、米和蔗糖產量大，足可便宜供應唐山民生所需。滿清康熙皇帝最後遂採納施琅的建議，佔領台灣。

　　此後清廷禁止漢人再移居台灣，下了「渡台禁令」（雖曾有幾次短期解禁，但開放的僅是准許派台人員攜眷以及特殊身份者的短暫逗留而已）。派來的治台官吏，最長任職三年即遣回中國；不能帶眷上任；亦不准在台灣娶妻（甚至於連碰觸到台灣婦女的手都要施以重刑），以防止留下漢人後代；另駐有陸、海軍萬餘人，也是最長每三年調換新部隊來駐守。這是爲避免漢人久居而摸熟門路，趁機違法亂紀，或是偷偷和台灣人民來往。鄭成功海盜集團視台灣爲殖民地；清國則視台灣爲敵境。

　　1684年，施琅在「諸羅減租賦疏」中說：「自臣去歲奉旨蕩平僞藩，僞文武官員丁卒，與各省難民，相率還籍，近有其半」。是說：「佔據台灣僅一年，就已驅逐一半的在台唐山人」。1688年，《華夷變態》也記載：「以前台灣人口甚爲繁盛，漢人民、兵有數萬人，自隸清以後，居民年年返回泉州、漳州、廈門等地，現僅有數千漢人居住」。這數

千漢人中，包括了最長三年一任的執行強制漢化工作人員、
契約唐山人工匠，以及官方爲了供給唐山需求而特准來台搜
刮物產的短期賮商。而清除漏網唐山人的工作，仍在台灣持
續進行著。

　　清國據台，派來佔領的都是降清原明朝官吏。接收了鄭
成功集團在台灣全部平地管轄區的地籍圖冊、人口登錄、資
產記載以及管訓台灣人民的高壓策略。不但承襲鄭氏集團的
政策，更嚴厲執行。首先下了嚴酷刑罰的「封山令」。不願
因爲進入高山而付出涉險的代價，遂要狠將台灣山地各部落
孤立在高山各個局限區內，每一個部落都被隔離在狹小範圍
內，令其自生自滅。在原鄭氏集團河洛人部將轄區，派駐河
洛人官吏；在原鄭氏集團客家人部將轄區，派駐客家人官
吏。分別依河洛習俗、客家習俗繼續加強漢化，以利管控。
將接受漢化者列爲「民」，未接受漢化者列爲「番」而加以
歧視。

　　廣東巡撫鄂爾達上奏：暫時留台者須「編甲安插」，編
甲是保甲制度，保甲內要相互監視，若有亂紀、棄逃之虞，
需事先告密，否則事發後必連坐治罪。藍鼎元於〈經理台灣
疏〉中又說：「文武差役、誠實良民，必將赴臺何事，歸期
何月，敘明照身票內，汛口掛號，報明駐廈同知、參將存
案，回時報銷。倘有過期不還，移行臺地文武拘解回籍。」
「再令有司著實舉行保甲，稽查防範。凡台灣革逐過水之
犯，務令原籍地方官收管安插，左右鄰具結看守。如有仍舊

潛蹤渡臺，將原籍地方官參處，『本犯正法』，左右鄰嚴行連坐。庶奸民有所畏懼，而臺地可以漸清。」

還有，1847年北路理番同知史密上書清廷還記載說：「全台無地非番」。1886年劉銘傳「清賦的12項建議」說：「蓋台地雖歸入清朝版圖，而與內地聲氣隔絕」。請問，那來的唐山人或華人到台灣移墾？更不用說到台灣落戶入籍了！

　　柯先生再質疑說：「你的史料有問題，我越看越破綻百出，滿人統治和元朝蒙人不同，滿人是重漢臣的，你說滿人收回台灣（？）趕走漢人，這是不可能成立的，或許你所知的版本不是無的放矢，但不可盡信，滿人不可能區分漢人而將漢人全數驅逐，這點不會成立。再則我也不注重族群，原住民也是我的同胞，更何況滿人。我們不要再去挑撥族群的問題，我們只要記得什麼是唇亡齒寒，什麼是兔死狗烹，日本人在台時，我們叫二等公民，這是事實嗎？你承認嗎？」

　　埔農回答：

　　滿人統治所謂的中國，和元朝蒙人統治所謂的中國有什麼不同，埔農是不很清楚。但您說「滿人是重漢臣的」，這很奇怪！難道柯先生沒仔細讀過滿清王朝的歷史嗎？滿人統治所謂的中國，自認是當然貴族（正如蔣幫壓霸集團在台

灣），常把「正八旗」掛在嘴邊。滿清用漢臣，是「養走狗（所謂的漢奸）替滿人代勞」啊（也正如蔣幫壓霸集團在台灣豢養假漢人）！

您又說「滿人收回（？）台灣」，實在令埔農啼笑皆非。滿清之前何時到過台灣了？鄭成功海盜集團也只是一時逃亡至台灣避難、順便搶劫而已。鄭成功海盜集團是清國追捕的逃犯，您有聽說過跨境他國引渡投案逃犯（鄭克塽向清國投降），同時要併吞他國的事嗎？若說因鄭成功海盜集團曾搶劫過台灣，清國收編海盜集團，也要宣稱被劫掠地的所有權，那荷蘭東印度公司是最早侵略台灣（Paccan）的集團，依這種強盜邏輯，是不是荷蘭國更有藉口強佔台灣了！「滿人收回台灣」這樣的話都說得出口？可見埔農說「歷經蔣幫中國壓霸集團70年的洗腦教化，您們充滿了『虛妄的中國式壓霸思維』」，確實一點也沒錯。而且，柯先生您讀過的台灣史，應該只有全部是充斥「蔣幫中國集團為洗腦台灣人所偽造之文書」以及「早期因漢化深而轉性，寧願認盜作祖當走狗、勾結霸權、乞求其殘羹的所謂台灣士紳所虛構的小說」之所謂「標準歷史教科書」，所以才會連這些史實證據也不相信，也才會說埔農所舉證的史實有問題，甚至說成是破綻百出。如果柯先生還心存理性，有意反駁，應該是就埔農所列舉的史實證據，逐一舉出可靠的事實來辯解，而不是一味的空口堅持「拒絕相信」或說「不可能成立」。

埔農只是指出史實既存的證據，怎麼會是挑撥族群問

題？台灣原本是以村鎮爲主體的智慧樂土，原台灣人那來的族群問題？所謂的族群，是所謂中國的壓霸集團在台灣惡意製造出來的！有人說：「應該放下過去，放眼未來才重要！」但是，沒有揭露實情眞相，就不可能有實質的正義與和平。和平、正義若建築在欺騙和傲慢上，實質上只有「欺凌」而已。欺騙與傲慢，初時是爲了「方便欺凌對方」所做的準備，後來是爲了「繼續欺凌」而堅持掩飾。放任「欺騙與傲慢的繼續存在」，受欺凌者是不可能有未來的，因爲實質的正義與和平必定遙不可及。

原台灣人是生性和善、樂於互助，沒有偏見，任何人只要是認同台灣而在台灣落地生根，都可以是台灣人。但是，若有人來台灣是心存壓霸、只想著要奴役台灣人，又一心意圖出賣台灣，難道眾多台灣人就應該任其宰割嗎？又應該永遠當屈服的被虐待狂嗎？

柯先生，如果您對台灣史實證據完全沒興趣，對自己認誰作祖也絕對不在乎，那就算了。若您還有點在乎，有心明白台灣眞正的史實證據，想要瞭解台灣是如何演變到今日普遍自虐又荒謬之慘況的過程，懇請詳細看看《台灣受虐症候群上下冊》、《失落的智慧樂土》、《原台灣人身份認知辨悟》、《台灣人被洗腦後的迷惑與解惑》，裡面有詳細的舉證說明。書中還有懸賞，歡迎讀者舉證指出任何錯誤或虛構之處！

而且，報紙曾登好幾天半個版面廣告：「任何人若能舉

出實證，證明朱一貴，林爽文和戴潮春是唐山人（所謂的華人）來台灣反清復明以及參加天地會，將頒發獎金新台幣100萬圓。」並沒有人敢吭一聲。

至於您說「日本人在台時，我們叫二等公民」，埔農確定的是：三百多年來，台灣人從來就沒有一天是「正常公民」！

　　柯先生再質疑說：「就算你的版本全對，那麼台灣又是如何出現平番這個人種出來的？與原住民通婚混種或基因上的突變？又何以語言會同福建廣東相同而以（與？）原住民全然不同？我們把兩個版本的歷史通通丟掉，全面去質疑重新探討。擺在你眼前的事實應該什麼才是真象？種族不談了，我只是好奇我的身世和你抬摃。我親眼見到的，証據確鑿的就是李登輝是日本人後裔，其生父是日本人，馬英九出生地香港，陳水扁大概是你所謂的平番和我一樣，只是他將錢都洗到海外，我沒錢可洗，至於現在的蔡英文，全家都是美國籍，拿美國護照。這些人目前都健在，不是算歷史。」

埔農回答：

唉！所以埔農才說「柯先生您們讀過的台灣史，只有蔣幫中國壓霸集團為洗腦台灣人所偽造之標準歷史教科書」，看來想要柯先生全然明白台灣的史實真相，在這裡是一時解

釋不完了。柯先生的諸多迷惑，埔農還是只能懇請柯先生詳細看《台灣受虐症侯群》上、下冊、《失落的智慧樂土》、《原台灣人身份認知辨悟》、《台灣人被洗腦後的迷惑與解惑》，裡面的舉證說明很詳細。

　　至於「平埔」一詞，首度出現於漢人滿官陳倫炯的《海國聞見錄》中（1731年完成，請注意，漢人滿官陳倫炯稱「台灣」爲「海『國』」），該書有使用「平埔土番」一詞。後來漢人滿官黃叔璥的《臺海使槎錄》（1736年完成）也有出現「平埔諸社」一詞。平埔番或平埔熟番等字眼出現在志（誌）書中，是稱已受到掌控、管轄的台灣平地住民，主要是爲了和生番（尚未被迫漢化）、野番（拒絕服從、逃避漢化）與高山番（清國官兵不敢進入高山地段）做區別。平埔熟番的稱呼雖然在18世紀中期以後就出現在清國的文書中，但主要還是在19世紀中期以後的文書出現得比較多。事實上，不論是19世紀或是日據時期，「平埔」與「熟番」指稱的都是「台灣的所有平地住民」。

　　1881年以前，是只有已完全被迫漢化的客家語系和福佬語系平埔熟番，才依執行強制漢化的教官「硬塞給公祖」，依虛妄的客家「伯公、公祖」或福佬「公祖」而稱爲民（台灣的假漢人士紳，就是利用這些虛妄的「公祖」認盜作祖，僞造連上漢人的所謂族譜）。到了1881年，福建巡撫岑毓英通令全台劃熟番入漢籍，連1790年重畫「土牛紅線」後尚未完成漢化的台灣族人，也強冠漢姓、強取漢名、入民冊。這

是蔣幫中國壓霸集團偽造台灣歷史的另一基礎，也就是這麼多原台灣人會輕易被中國壓霸集團洗腦成「假漢人」、「假華人」的原因之一。

陳水扁將錢匯往海外，埔農也加以譴責。但是，柯先生知道蔣幫中國壓霸集團侵吞了多少台灣人的血汗錢藏在國外嗎？為什麼單提被洗腦成假漢人的陳水扁呢？柯先生這也是被洗腦後的偏執心態。

至於您說「李登輝是日本人後裔，其生父是日本人」、「蔡英文全家都是美國籍，拿美國護照」，這太過份了，是虛妄的中國式壓霸思維，有確實證據請拿出來讓大家檢視。否則，這類惡言請不要再說出口。

　　柯先生再質疑說：「你的史料我越看越破綻百出！滿人將漢人全數逐出台灣，連祖墓都挖走，其欲意為何？滿人在中國大陸都沒有過這方面的政策，何以來臺搞這套？再則他以什麼認定區分何謂平番何謂漢人？何以我的祖先沒被區分為漢人被一併驅逐，再則當時的台灣是未開化地區，如果滿人將漢人驅逐回大陸，而只留滿人自身苦苦在台經營建設，這樣做法，滿人真是偉大的氣肚，當年就懂什麼叫優惠政策，並給漢人優惠。擺在眼前的事實，我和原住民站在一起，你一眼就能認出那位是原住民，而我到大陸住了八年，只要我不開口講話，沒人認得出我是台灣人。所以你這版史料很有問

題，破綻太多，這段史料也是這幾年才出現的吧！當時的滿人搞得清楚哪位是漢人，哪位是你說的平番，哪位該驅逐？哪位不必驅逐？我手上沒有資料，也懶得去查，因為這麼簡單的事實，我無需再去翻閱歷史取証來反駁。」

另一位柯先生加入質疑說：「清國侵台是把全部漢人及相關親人趕回中國，連死在台灣者的屍骨也從墳墓裡挖走。1847年北路理番同知史密上書清廷還記載說全台無地非番。……這資料，有問題。歷史資料，不要只看一些個人（尤其是一些仇視台灣的人），你自己要當什麼族的人，那是你的事情，把死在台灣者的屍骨也從墳墓裡挖走，你知道會有多大民意反彈？再說要帶出台灣，統治者有需要這樣麻煩嗎？」

埔農回答：

「歷史資料，不要只看一些仇視台灣之人所寫的敘述」，非常正確！問題是，請確實地仔細觀察清楚「到底是那些人在仇視台灣」。請兩位柯先生何不自己想想，到底柯先生您們自己看了多少「蔣幫中國壓霸集團為洗腦台灣人所偽造之文書」以及「早期因漢化深而寧願認盜作祖當走狗的所謂台灣士紳所虛構之小說」以外的真正史實證據呢？

柯先生說「何以我的祖先沒被區分為漢人被一併驅

逐」，那是因為柯先生的祖先實際上與漢人一點關係也沒
有！

　　柯先生又說「當時的台灣是未開化地區」，請問柯先
生，除了中國壓霸集團之偽造文書裡的謊言，您在那裡看過
「當時的台灣是未開化地區」的證據了呢？鄭成功集團和清
國侵台初期，都是狂妄、壓霸，對台灣的污衊無所不用其
極，但有時仍免不了透露出一點事實。楊英《從征實錄》記
載：「台灣有『田園萬頃，沃野千里，餉稅數十萬，造船制
器』，令鄭成功垂涎十尺。」清國據台的第一任知府蔣毓英
在《台灣府志》記述：「人亦頗知讀書，兒童五、六歲便教
讀書。」蔣毓英是清國據台第一任知府，他到任後才開始籌
備社學、廟學，鄭成功集團據台時期並無設置番人漢化學
堂，所以蔣毓英此言必是指台灣族人的固有教育，而且是
說：「台灣人自己頗知讀書，兒童五、六歲便須教讀書（驚
訝？）」。1690年代（康熙30年代）修撰的《臺灣府志》不
小心還是寫到：「人無貴賤，必華美其衣冠，色取極豔者，
靴襪恥以布，履用錦，稍敝即棄之。下而肩輿隸卒，褲皆
紗帛。」到底誰才是「未開化」？考古證據也證明「台灣
（Paccan）是現代文明的發源地」；現代人體質DNA分析的
科學證據，更證明「原台灣（Paccan）族人又是現代文明人
的共同祖先」。埔農先前已有詳細的舉證說明，請柯先生自
己去瞭解吧。如果柯先生有任何不同的認知，請逐一提出反
駁，埔農會再進一步仔細地舉證說明，直到柯先生無話可說

爲止。

另外，您說：「把死在台灣者的屍骨也從墳墓裡挖走，你知道會有多大民意反彈？再說要帶出台灣，統治者有需要這樣麻煩嗎？」唉！漢人（唐山人）全被趕走了，哪來的民意反彈？再說，唐山人清廷滿官會理你什麼反彈？更何況，現今台灣還看得到的所謂明鄭時期墳墓，有那一座不是空墓或是後來僞造的？蔣幫壓霸集團爲洗腦台灣人，連小說虛構的人物「顏思齊」，都能指使台灣假漢人將無主孤墳僞稱是「顏思齊墓」，還列入台灣史教科書。朋友，您還要相信這些僞造的文書嗎？其實，對台灣歷史有認識的人（不論是眞台灣人或假華人）都知道，「清國據台是連死在台灣的唐山人屍骨也從墳墓裡挖走」。這是無可爭辯的事實。

您問「滿人將漢人全數逐出台灣，連祖墓都挖走，其欲意爲何？」、「滿人在中國都沒有過這方面的政策」、「統治者有需要這樣麻煩嗎？」清國視所謂的中國爲國土，但視台灣爲敵境，這是爲提防唐山反賊留念台灣啊！別忘了廣東巡撫鄂爾達上奏時所說的那句話：「而臺地可以漸清」！

至於「當時的滿人搞得清楚哪位是漢人，哪位是你說的平埔番？而那位該驅逐？那位不必驅逐？」荷蘭據台時期，荷蘭人本來就已有詳細的漢人資料和名冊，《熱蘭遮城日誌》裡有清清楚楚的記載。更何況，台灣（Paccan）族人早明白「唐山人都是習於貪得無饜且忘恩負義」，從來就一直與唐山人保持距離，過自己的生活。另外，鄭成功集團由到

過台灣的唐山漢人帶領入侵台灣，繼而四處壓霸蹂躪，勢必需要更多熟悉台灣土地的原在台唐山人領路，除了因懼怕鄭成功海盜集團惡行而已先一步逃離台灣的（《原台灣人身份認知辨悟》第二章p.57），鄭成功集團會不接收其餘留下的這批唐山漢人？鄭成功集團當然也有自己帶來的人口資料和名冊。前面早已說過，清國接收了鄭成功集團在台灣全部平地管轄區的地籍圖冊、人口登錄、資產記載。而且，施琅在「諸羅減租賦疏」中就說：「自臣去歲奉旨蕩平偽藩，偽文武官員丁卒，與各省難民，相率還籍，近有其半」。1688年，《華夷變態》也記載：「以前台灣人口甚為繁盛，漢人民、兵有數萬人，自隸清以後，居民年年返回泉州、漳州、廈門等地，現僅有數千漢人居住」。其中還包括了最長三年一任的執行強制漢化工作人員、契約唐山人工匠以及清國官方為剝削台灣資源以供給唐山所需而特准的短期贌商，而且清除殘餘唐山人的工作仍在台灣持續進行著。清國官兵會搞不清楚那位是漢人，那位是台灣族人？別說笑了。

　　您說：「只留滿人自身苦苦在台經營建設」，請問，這句話是在那裡看到的？從那裡聽來的？派來蹂躪台灣人的官兵和人員，都是降清漢人（所謂的漢奸），那來的滿人？還說「苦苦在台經營建設」？就請看清國自己的官方記載好了，除了清國據台的最後10年間，在台灣北部鋪設了一小段鐵路，清國據台200多年，掠奪台灣資源之餘，有過什麼建設？況且，在台灣北部鋪設的鐵路，也只是為了方便迅速將

台灣礦產和農產品運出台灣而已。觀察您所言，還眞的全都是虛妄的中國式壓霸思維。

至於您所言「我和原住民站在一起，你一眼就能認出那位是原住民」，這是長期被壓霸蹂躪後必然的結果。台灣山地住民被實質隔離了350年，族群縮小，基因純化，特徵當然明顯，自然容易辨識。

您們口中稱被封山令圍困的山地住民爲「台灣原住民」，是被蔣幫中國壓霸集團特意操弄後的迷思；是自絕於台灣這片土地的無知偏見；是自我挑撥族群，也才是眞正無視於柯先生自己所謂的「唇亡齒寒、兔死狗烹」之事實。

蔣幫中國壓霸集團爲了杜絕台灣人可能團結而造成他們自己的危機，故意分化台灣各既成族群，奸詐又狡猾地從中國搜集漢人族譜（其實也大多數是自大、無恥攀附的虛妄連結），邀來願當假中國人的台灣屈服學者，故意曲解、改寫清朝留下的文書，再遍訪全台各主要姓氏家族，騙取更多台灣住民當假漢人或假華人，鼓勵僞造族譜或重修既有的台灣住民簡譜，以及少數假漢人先前爲認盜作祖所僞造的族譜，硬把台灣各家譜串聯上從中國搜集來的漢人虛妄族譜。再用清廷治理敵境的基礎，將已被訓化成客家語系、福佬語系的台灣漢化民扭曲爲客家華人和福佬華人，後來甚至把曾被嚴酷「封山令」隔離兩百多年的山地住民定義爲所謂的「台灣原住民」，製造僅有山地住民才是台灣原住民的假象。歷經70年學校教育與社會教化的洗腦，多數原台灣人竟眞的被牽

著鼻子走。

被封山令隔離在隘勇線外達兩百多年的山地台灣住民（實質隔離有350年），有如被困在孤島監獄，部落分散且孤立。日本據台時期，又因為先入為主的印象，對高山人口與平地人口加以區隔。山地部落族群小，又無法與外界通婚，基因自然逐漸純化，部落族人的特徵當然突出，是很容易分辨。但這是台灣（Paccan）族人的歷史傷痕，請不要在傷口上灑鹽！

您又說「懶得去查」，這是今日台灣人的通病，不認真去查、仔細去查，怎能明白事實真相呢？不明白事實真相，就必得永遠當壓霸集團的呆奴！除非您真的自甘當一輩子呆奴，甚至禍延子孫，否則應該努力查證才是正道。

後一位柯先生又反駁說：「你在胡說八道什麼，台灣有9族與我們完全不同的原住民族群，這是自古以來就一直存在的事實。就是現在台灣原住民委員會所定義、所包含的台灣原住民，這有誰不知道！我指稱他們『原住民』有什麼不對？」

埔農回答：

唉！拜託不要再拿蔣幫中國壓霸集團偽造的所謂標準教科書出來丟人現眼了，好嗎？所謂「台灣原住民」一詞，是1980年代才出現的。

1683年清國據台，派台的唐山滿官依據台灣人被掌控的
適應情形和影響程度，創造「生番」這個名詞（狂妄的所謂
漢人一向稱外國人爲番），用來指稱不服從清國管轄以及清
國尚未入侵其居住地的台灣人，而「熟番」則是定義已經接
受清國管理，並且履行繳付人頭稅之命令的台灣人。隨後經
強制漢化，已漢化的熟番改稱「漢化民」，簡稱「民」。

清國在台灣下了封山令，以「土牛紅線」把所謂的生番
隔離在所謂的漢化民與尚未完全漢化的熟番之外。原來「土
牛紅線」僅畫在嘉南平原邊緣（當時清國有效勢力所及），
隨著強制漢化的擴展，在1750、1760、1784、1790年重畫
所謂的番界線（狂妄自大的所謂華人向來稱其邊界爲「番
界」），把「土牛紅線」逐步向東、向北、向南遷移，將更
多台灣土地劃入清國管轄的版圖。這「土牛紅線」後來稱
「隘勇線」。

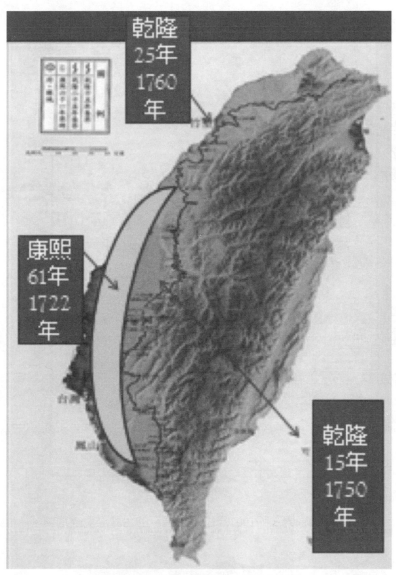

這是清國自繪的國界圖,即所謂的「土牛紅線」,
分別標示1722年;1750年;1760年的清國國界。

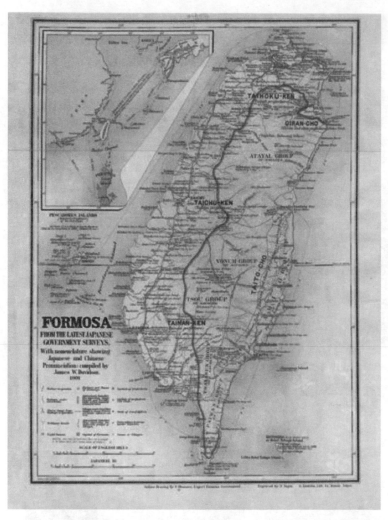

1874年清國國界，即1901年日本人展示的台灣隘勇線地圖。

　　1895年日本由清國奪取台灣（清國手中贓物），從據台清國官方接收台灣戶籍文書，滿清官府戶籍文書有完整記錄的是「隘勇線」內台灣「漢化民」，都註明是熟番。「隘勇線」外平地住民爲生番，僅簡略記述，山地住民則幾乎沒有任何資料，日本據台當局都須自行調查整理。所以日本據台當局，後來就以「高山族」或「高砂族」稱被「封山令」分散隔離的台灣山地住民。

　　台灣（Paccan）這國度原是以村鎮社區爲主體，並無族群之分。荷蘭時期僅記錄了台灣族人的社名，並依地區劃分成幾個區塊以資分辨。18世紀，清國黃叔璥在《臺海使槎錄》的〈番俗六考〉中，依照地理分布而將平地台灣住民分爲18社等13個部落群。日據時期的日本學者，則依照地理分布加上特有口音和語調，將台灣平地住民以及山地住民再加以分別。也因而，所謂台灣原族群的名稱和數量就不斷改來改去。山地住民有被分成9、10、11、12、13、14、15或16族的分法；平地住民有被分成7族14支、也有被分爲8、9、10、11或12族，這些原都是莫須有的。

　　蔣幫中國壓霸集團侵略台灣後，爲了分化台灣各既成族群，使用「平地山胞」稱「隘勇線」外尚未完全漢化的平地住民，以「山地山胞」稱日本據台當局所謂的「高山族」、「高砂族」。1980年代，台灣山地住民意識覺醒，鑑於過去「番」、「蕃」等是歧視性的稱呼，也不利於在中國人與假漢人的主流社會中生存，更氣憤平地假漢人、假華人附和中

國壓霸集團的歧視與欺負。台灣山地住民心想，既然多數台灣平地住民自願認盜作祖，自甘墮落，這形同把母親踩在腳下，令人不恥。就如不認父母、背叛兄弟的孽子，那其他兄弟就只好放這孽子走，讓他自生自滅。只要別再影響我們，更別再來騷擾我們就好了。當時的台灣山地住民，遂選擇以「原住民」自稱。想不到假華人、假漢人當上癮的台灣聞達人士，也真的沒了羞恥心，竟真的順口稱這些被封山令欺壓、禁閉達兩百多年的同胞兄弟姊妹爲原住民，從此大搖大擺地自以爲真是所謂的「高級」華人或漢人了！1994年所謂的「原住民文化會議」，是「台灣原住民」一詞首次在官方（行政院文化建設委員會）所主辦的會議中採用。而在會議中，當時的李登輝總統，在致詞中首次以所謂中華民國元首身份，在正式場合中，以假漢人姿態使用「原住民」一詞。同年，據台的非法「中華民國流亡政府」修改其所謂的憲法，才以「原住民」一詞取代「山胞」。

事實上，蔣幫中國壓霸集團侵略台灣後，會使用「平地山胞」一詞稱未完全漢化的台灣平地族人，顯示中國壓霸集團原本就清楚明白「所有台灣平地住民都是原台灣族人」。清據末期，「阿山仔」稱未完全漢化的台灣平地族人爲番（稱完全漢化的台灣平地族人爲漢化民），蔣幫中國壓霸集團侵台初期，視台灣爲掠奪目標的敵境，也是稱未完全漢化的台灣平地族人爲番。1949年，蔣幫壓霸集團在中國已無立足之地，成爲人人喊打的流寇。於是整體逃亡到台灣，其狡

猾、狂妄的野心未減，開始讓台灣人奮力復建，以供養其在此「以高級中國人自居」。這時候，蔣幫中國壓霸集團為了深化洗腦台灣族人，開始改用「山地同胞」（簡稱「山胞」）來稱呼他們原本心目中的「番」。只是因為發現有部分台灣平地族人並沒有完全漢化，蔣幫中國壓霸集團就同樣以所謂的「山胞」稱呼這些未完全漢化的台灣平地族人，才出現了「平地」卻是「山胞」這樣怪異的名稱。

　　多數人以為台灣高山住民的文明、文化原本就原始或落後，這真是嚴重的誤解。台灣各社或部落雖各自帶有一些獨特色彩，然而原本文明、文化雷同。台灣山地住民，早期是為了逃避荷、鄭、清的壓霸，才分別遷入深山，少數得以乘隙駕船出海的則避往東部（鄭成功集團勢力並未伸入台灣東部，而台灣東部沿海狹長地帶的住民，原本也是被歸於所謂的山胞），後來更被嚴酷的「封山令」完全隔離。雖然免去了被漢化、被奴化的惡運，但台灣山地住民被迫分散成僅數百人（有的甚至不足百人）的孤立聚落，沒因而滅絕已屬不容易，何來延續完整原文明與文化的機會和作為？

　　難道大家真的以為台灣山地住民原本就喜歡住在生活不便的深山？根據荷蘭人入侵台灣初期的文書記載，台灣低海拔的山中台地是有少數台灣族人居住，但本無深入高山內的住民。所謂的台灣高山住民，早年其實是比台灣平地住民更具靈性智慧與尊嚴的一群台灣族人。他們不希望受貪婪、壓霸的入侵者影響，寧可退避於壓霸入侵者不願或不敢進入的

困頓地區。

以上所述，現在都還找得到文獻記錄。請問，台灣真的只有山地住民才是原住民嗎？山地住民真的與我們完全不同嗎？別再自欺欺人了！您到現在還有這樣的說法，才是真正的在挑撥族群矛盾，更隱含歧視的味道。若是以假漢人、假華人姿態歧視自己同胞，不但自己喪失尊嚴、令他人恥笑，更是自甘墮落！如果您家人是六、七十年前才逃難來台灣的所謂華人，即使不必知恩圖報，但至少應感恩惜福才對，更不應該故意歧視原台灣人、分化原台灣人，甚至於以欺凌原台灣人自爽、以鄙視原台灣人抬高自己。這不僅已喪失人性，更是禽獸不如！

朋友葉兄說：「很多人說原住民的長相和講河洛語的平地台灣人真的很不一樣啊！」

埔農回答：

是的，但這是台灣（Paccan）族人的歷史傷痕。部分台灣（Paccan）族人自從為了避開荷、鄭、清的壓霸蹂躪而遷入深山，再歷經清國封山令的壓制，以及日據時期日本當局受先入為主觀念造成的分治，在隘勇線外被分別孤立、隔離達350年的山地台灣住民，有如被困在孤島監獄，部落分散且孤立。因為族群小，又無法與外界通婚，基因自然逐漸純化，部落族人的外表特徵當然突出，自然形成特別的長相，

看起來是會有些不一樣。

例如，林媽利教授的研究發現，Miltenberger血型在阿美族是95%，但僅有一山谷之隔的布農族卻是近乎0%，這就是被隔離、被孤立，族群縮小、基因純化所造成。林媽利教授還因不知台灣山地住民曾被分別孤立、實質隔離達350年，一直覺得奇怪，兩個臨近的村落，怎麼可能數千年來體質基因未見交流，怎麼可能會有這麼大的差異。

而台灣其他各平地族人，因不受限制，基因持續多樣化，200年來更因為交通發達，體質基因更全面迅速交融。所以，被隔離、被孤立的台灣山地住民，長相看起來當然會和已經講福佬語或客家語，且基因一直在交融的平地台灣族人不太一樣。這是台灣（Paccan）歷史悲劇的結果，不可據以誤會台灣的山地住民和平地住民原本有任何不同。

有台灣文史學者劉先生說：「你把台灣的重要歷史人物都說成是『因深度漢化而轉性成貪婪，再認盜作祖、勾結霸權、仗勢強取同胞利益、豪奪土地而坐大的假漢人』，又把台灣重要的歷史說成是虛構的小說，你實在狂妄又無知。」

埔農回答：

各年代台灣府志（誌）記載：清國施琅侵台後，為強制台灣人漢化，於原鄭成功集團福佬人部將轄區，派駐唐山福

佬人教員、訓導、教官管控。原鄭成功集團客家人部將轄區則派駐唐山客家人，建制社學（番社），強制冠漢姓、取漢名。「生番」被教訓成爲「熟番」後，社學再轉爲廟學（建唐山廟），同時以其各式唐山宗教、習俗繼續訓化「熟番」成爲「漢化民」。「熟番」被教訓成爲「漢化民」後，才另立「漢學堂」。「廟」與「學堂」分立後，原「廟學」的「廟」就成了專事宗教信仰的訓練。這些事實，台灣歷史學者怎麼可以視若無睹？

在壓霸蹂躪下，首先學會漢語文的人成爲所謂的知識份子。所謂的知識份子受統治者嘉勉，被賦予權利；所謂的非知識份子（只是因爲拒絕學習或使用漢語文）不被尊重，權利不被保障！

隨著強制漢化的進展，受管土地登記須使用漢文文書，給了這些少數因深受漢化影響而轉性貪婪的漢化民可乘之機，勾結唐山滿官搶先登記，豪奪土地，變化成大地主、阿舍。這就是後來所謂的台灣假漢人士紳！隨著強制漢化的進行，生番變熟番，熟番再稱漢化民。清國侵占的勢力範圍隨年擴張，熟番漢化民逐年增加，須登記的新受管土地也大量增加，遂造就了更多所謂的台灣假漢人士紳！

《噶瑪蘭通判》記述：「啁啾鳥語無人通，言不分明畫以手，訴未終，官若聾，竊視堂上有怒容。堂上怒，呼杖具，杖畢垂頭聽官諭。」這就是台灣假漢人士紳仗勢侵占新受管的「社番」土地，受害者求助無門，訴之官府也沒用的

情形。氣不過者只能自衛，卻被說成「番害」。

1847年北路理番同知史密上書清廷還記載說：「全台無地非番，一府數縣皆自生番獻納而來」。1886年「劉銘傳清賦的12項建議」：「蓋台地雖歸入清朝版圖，而與內地聲氣隔絕。」

劉銘傳又記載：「小民不知法度，無從請給執照。其赴官請領墾照者，既屬狡黠之徒，往往眼看某處埔地有人開墾行將成業，乃潛赴官府請領執照，獲得廣大地段之開墾權，多至數百甲，少亦擁有數十甲。以執照為證據，坐領他人墾成土地，爭執興訟。無照者且不能對抗之，因不得已承認其為業主，而納與大租。是以大租戶（直接向官府繳稅的大地主）不費絲毫勞力坐收漁利。而實際上投資開墾者，則反居小租戶（須向強盜『大租戶』繳租金）的地位。」請問，到底誰才是狂妄又無知？

明明是台灣假漢人「士紳」強佔、侵耕和越墾，卻被早期台灣假漢人以及蔣幫中國壓霸集團（黃典權為首）說成是唐山人移墾，再以學校教育和社會教化迷惑台灣人。清國據台時期，並無唐山人久居台灣的記錄，更立下嚴刑峻罰防止偷渡，這些早期台灣假漢人認盜作祖的小說當然都是虛構的。只有滿腦子中國式虛妄思維的人，才會把小說看成是歷史證據。

如果劉先生還是堅持不同的認知，請就以上埔農所提證據，逐條提出反駁，埔農會再進一步仔細地舉證說明，直到

劉先生無話可說爲止。

　　事實上，埔農曾經仔細思考過，原台灣的假漢人「士紳」大地主，極有可能是清國派台的唐山官員所特意製造出來的。因爲，在所謂的中國，自古官員是習於或明或暗勾結所謂的大地主和巨賈收取賄賂，大地主、巨賈再仗勢向普羅百姓剝削更多的獲利。原台灣人生性和諧，生活互助、分享，摒棄貪婪，沒有身份、地位之分。在這種情況下，人和人之間擁有之財物當然沒有太大的差別，稅收又須列冊上繳滿清王朝，清國派台的唐山官員要搜括財富必定費事又困難。所以，清國派台官員就在台灣複製唐山的那一套做法，故意選定早已漢化又轉性貪婪的個人，加以利誘，製造出大地主和巨賈，由大地主和巨賈欺壓自己同胞榨取暴利，官員就可以輕易收取大地主和巨賈的回饋或賄賂了！

　　例如：1716年（清康熙55年）閩浙總督覺羅滿保上書（生番歸化疏），內容提及南北二路「番人」的歸化戶，並建議以土官統攝，無須另立官署，以減輕開銷。這「以減輕開銷」其實是藉口，事實上，清國在台灣駐軍有官兵萬餘人，在沒有削減整體駐軍數量的情形下，以「民隘」取代「官隘」到底能節省多少軍隊開銷？於是，隘口的「官隘」轉型成「民隘」，由漢化民土官自己設隘寮、募隘丁管理。這套政策，給予當時勾結唐山滿官的台灣聞達假漢人（所謂的士紳）有可乘之機。台灣聞達假漢人看見其中有旁門暴利可謀取，趕緊乞求成爲「土官」以掌管「民隘」。當清國官

兵護送教官、訓導、教員越過「土牛紅線」繼續強制漢化隘口外番社後，隘寮、界碑隨著往外移。這些台灣假漢人（士紳）仗勢侵占更多新受管「社番」所開墾的土地，產生許多衝突。但是，由於台灣假漢人（士紳）早就勾結唐山滿官，新受管「社番」求助無門。所以，原台灣的假漢人大地主、士紳、阿舍，應該是清國派台的唐山官員所特意製造出來的。

　　這位台灣文史學者再說：「漢人唐山過台灣移墾有400年的歷史（唐山過台灣），記載的沒有上百條也有數十條。由不得你如此妖言惑衆！」

　　埔農回答：

　　唉！所謂「唐山過台灣」，原是清國派台官兵、工匠、贌商以及專職強制漢化的教員、教官和訓導，在台灣生活悶悶不樂時的嘆息用語，後來才被台灣假漢人（士紳）裝模作樣的寫進其虛構的小說裡。

　　前已有「任何人若能舉出實證，證明朱一貴，林爽文和戴潮春是唐山人（所謂的華人），來台灣反清復明以及參加天地會，將頒發獎金新台幣100萬圓」的聲明（在報紙上以半個版面登了好幾天），並沒有人敢吭一聲。劉先生既是台灣文史學者，那請您舉出任何一則非虛構小說的清國據台官方證據，只要能證明清國據台時期真有唐山人（或漢人）從

唐山到台灣移墾、永久留居台灣、落戶且入籍，埔農照樣頒發獎金。否則，懇請拿出良心來仔細想想，到底是何人在「妖言惑眾」！

（劉先生從此消聲匿跡）

前一位柯先生再質疑說：「我只知道一個非常明確的事實，既然歷史有這兩個版本，那麼我不是滿人，也非原住民，而我曾曾 祖父在日據時代前就已住在台灣，那你說漢人全被遷走，連屍體都挖回！那我是那一族的？」

埔農回答：

1895年日本從滿清接收台灣戶籍文書，滿清官府戶籍文書有完整記錄的是「隘勇線」內台灣「漢化民」，都註明是熟番。「隘勇線」外平地住民爲生番，僅簡略記述。日本據台初期也就跟著如此記述。山地住民則幾乎沒有任何資料。也因爲僅「隘勇線」內「漢化民熟番」有完整戶籍記錄，所以初期日本人是以「本島人」稱「漢化民熟番」。

自稱爲或被日本據台當局認爲是唐山人（或漢人）後裔的則被稱爲清國人（都是如連橫、連震東父子及黃朝琴等，因漢化深而變性，藉勾結漢人滿官欺壓同胞而得利的所謂大地主、士紳、阿舍），才幾百人，註明爲清國人，歸入外國人之列。1905年，戶政機關爲了管理上的需要，就以當時所

使用的語言別做「廣、福、熟、生」註記，需要言語溝通的執行機關（軍、警及地理、民情、人文、風俗等調查系統），開始另外依個人「主要常用語言」和「懂第二種語言」做分別的人口統計。資料內「常用語言漢人系」指的是「說、用漢語文之人」。「常用語言福建系」指的是「說福建話之人」（日本人誤以爲福建語言只有福佬話），註記爲『福』。「常用語言廣東系」指的是「說廣東話之人」（日本人誤以爲客家話是廣東話），註記爲『廣』。1905年的所謂清國人，於1915年後被稱爲支那人。日據時期那來的漢人或漢人後裔在台灣？眞是見鬼了！（《台灣人被洗腦後的迷惑與解惑》一書裡有詳細的舉證說明）

林媽利教授的血液學研究，已證實福佬語系台灣人（原註記爲「福」）與所謂客家語系台灣人（原註記爲「廣」）在體質DNA上並無任何差異，都是台灣平地原住民特有的體質DNA。且這體質DNA與所謂之漢人是不同的，現在福佬語系台灣人（原註記爲「福」）與現在客家語系台灣人（原註記爲「廣」）身上完全沒有所謂漢人的特有基因，原台灣住民在體質DNA上並無混到漢人基因。這是現代的科學證據，也證明福佬語系台灣人與客家語系台灣人本來都是台灣平地原住民，是因爲接受不同來源的唐山滿官所強制漢化，才被分化成兩個不同語言和習俗的區塊。

當然，林媽利教授的研究也指出，原台灣人是帶有一些與北方越南及百越族相同的血緣基因，於是就有台灣聞達人

士搶著說：「平地台灣人與百越族的一些相同血緣基因，就是帶有百越族血緣基因的唐山人來台灣所留下的。」但是，請仔細看，北方越南及百越族同樣接受過原台灣族人傳播文明。而且，美國麻省理工學院（Massachusetts Institute of Technology）的Douglas L. T. Rohde 也以On the Common Ancestors of All Living Humans 為題在自然科學期刊上發表，指出原台灣族人很早（距今3500年以上）即曾往中南半島遷移過，並與當地住民結婚而留下後代。所以，北方越南及百越族很早即帶有一些與原台灣人相同的血緣基因，這有何值得奇怪的？原台灣住民在體質DNA上並無混到漢人基因，而所謂之中國福、廣閩南人與客家人是大都有混到漢人基因的。既然原台灣住民在體質DNA上完全沒有漢人基因，近400年何來的百越族唐山人後代在台灣？何來所謂的漢人後代在台灣？所以，是「原台灣人與漢人（所謂的華人或中國人）一點關係都沒有」才是事實！

請柯先生去戶政所申請日據時期戶籍謄本，除非柯先生祖父輩的註記是「清國人」或是「支那人」，那柯先生也許有一點點可能是漢人後裔（僅是「也許有一點點可能」而已，因為日本據台初期自稱為是唐山人[或漢人]後裔的那幾百人，多數是如連橫、連震東父子及黃朝琴等，因漢化深而轉性，藉勾結漢人滿官欺壓同胞而得利的所謂士紳、阿舍假漢人）。若柯先生祖父輩的註記是『福』或『廣』，則柯先生就是「漢化民熟番」，毫無疑問！

　　至於柯先生是那一族：台灣（Paccan）這國度原是以村落或社區爲主體，並無族群之分。荷蘭時期僅記錄了台灣族人的社名，並依地區劃分成幾個區塊以資分辨。清國官方也並無所謂族群的記載，清國黃叔璥在《臺海使槎錄》的〈番俗六考〉中，也只是依照地理分布而將平地台灣住民分爲18社等13個部落群。是於日據時期，日本人才依照地理分布加上各地區特有的口音和語調，將台灣平地住民以及山地住民再加以分別，訂出所謂的「族」。也因而，所謂的台灣原族群的名稱和數量就不斷改來改去，所謂的「那一族」本來是莫須有的。若柯先生是想知道您家族原屬那一社，或是於日據時期曾被劃分屬那一族，那請柯先生依家族世居地自行對照所謂的原台灣族群分佈圖。所謂的原台灣族群分佈圖只要上電腦數據網路就查得到（有數個版本）。埔農現在就先舉出其中的一個版本（朋友Monsieur Papora提供）讓柯先生審閱。還有問題請再連絡，埔農很樂意爲您們解惑。

友人張先生的李姓朋友留言：「再注前推，乾脆說百萬年前台灣還在海底，根本沒有人來，所以台灣是鯊魚／海星／貝殼的！有些無聊人真是愛扯！管我們自己的祖先從何而來就好了。扯那麼遠的意義在哪？只是凸顯這種死謅硬謅台獨心態、背祖忘源的卑劣人格而已！新加坡從不否認華人祖先來自中國！（與馬來人融合獨

立建國）美國人也從不否認自己來自英國！（與各國各
族融合獨力建國）只有台灣為了想台獨，在拼命否認自
己血緣從屬，排斥晚來的大陸人，口出滾回去的惡言，
完全失去善良本質。只見邪惡與自私的醜陋獸質，如野
狗咆哮護碗一樣。人就要像人呀！就算你是日本來的我
也接納你呀！不要被私心政客耍弄得團團轉，為虎作
倀，讓我看不起，難認同！」

埔農回答：

謝謝李先生的回應。但看事情要講求證據，李先生說
「只有台灣為了想台獨，在拼命否認自己的血緣從屬」，請
問，如果李先生家族70年以前就是台灣人，李先生有去驗過
自己的血緣DNA了嗎？李先生有看過林媽利醫師的台灣人
血緣DNA鑑定報告嗎？李先生真的知道自己血緣從屬的真
相嗎？事實上，大家所謂清據時期有華人子孫留在台灣，全
是根據70年來中國式壓霸教化的所謂「標準歷史教科書」，
以及被少數虛構的小說所迷惑。難道讀過金庸的武俠小說
《笑傲江湖》，就要相信令狐沖、向問天、任我行真有其
人，也相信他們參與了朱元璋的創建明帝國嗎？請看以下事
實：「漢人滿官侵台，是把全部唐山人趕回中國，連死在台
灣的唐山人屍骨也從墳墓裡挖走」、「渡台禁令」（「渡台
禁令」雖曾有幾次短期解禁，但開放的僅是准許派台人員攜
眷以及特殊身份者的短暫逗留而已）、「1847年北路理番同

知史密上書清廷說『全台無地非番，一府數縣皆自生番獻納而來』」、「1886年劉銘傳任職台灣巡撫上書清廷（劉銘傳清賦的12項建議）『蓋台地雖歸入清朝版圖，而與內地聲氣隔絕』」、「日本從清國手中奪取台灣，接收滿清官府的戶籍文書。滿清官府戶籍文書記錄，台灣人都註明是『漢化民』熟番及『未漢化』生番」。前教育部高中課綱檢核小組謝大寧（所謂的高級中國人），更於2015年6月10日再公開叫囂：「台灣歷史課綱有高度政治性，不是要闡述（真實）歷史，而是要把不同來源的人凝聚為共同的『國族（中國）』，建立『我群（中國）』意識。」（蔣幫中國壓霸集團自己非常清楚，原台灣人是和他們完全不同的民族，不同來源。）看過以上諸多互相印證的證據後，請問李先生，到底是誰「被私心政客耍弄得團團轉，為虎作倀」？到底是誰「拼命否認自己的血緣從屬」？

　　雖然就埔農自己而言，即使受刀槍威脅或即將餓死，也不會為求活命而認盜作祖，但絕不會苛責因貪生怕死而屈服之人。可是，現今台灣聞達人士的堅持認盜作祖，若不是為了假高級的虛榮，就是因為貪圖眼前近利的誘惑，真是靈性蕩然！而如果純粹是因受騙而迷糊，那經人舉證說明事實，理應欣然醒悟才合理，怎會死不回頭呢？而台灣聞達人士的持續不肯覺醒，正將台灣普羅大眾往更加一層的深淵拖累，這是天大的罪孽啊！

　　李先生說：「新加坡從不否認華人祖先來自所謂的中

國」，這是當然的，因為新加坡華人的祖先確實是來自中國。

　　請看福建龍溪的張燮於1617年所寫《東西洋考》一書，裡面對西南洋有很詳細的敘述。明帝國中業以後，是有極少數唐山人曾出海前往西南洋，而絕大多數的西南洋唐山移民，是隨鄭和下西南洋所帶動之移民潮遷移過去的。但台灣海峽風向與海浪大小變幻莫測，若無堅固大船與高超的航海知識，沒自有動力的帆船根本整年無法航行於台灣海峽中線的延伸海域。明帝國末期以前，唐山人根本不知道有Paccan（台灣）這一國度。鄭和七次銜明朝皇命下西南洋，雖號稱船大堅固，航海技術進步，還是不敢往東航行。（中國壓霸集團竟然有臉偽造鄭和曾因躲避颱風而在台灣靠過岸的幼稚謊言。台灣周邊的颱風，不是往西的方向就是往北，從唐山往南行駛的船隻，遇到颱風時會避往東方的Paccan〔台灣〕？想造謠也要有點常識吧！）即使到了明帝國晚期，其船隻最東也僅到得了澎湖群島。張燮是從西班牙人、葡萄牙人、荷蘭人口中得知東方海上有Paccan一地，就在他於1617年所寫《東西洋考》中的附錄中，順便提到Paccan，張燮寫為北港。《東西洋考》本文並未提到台灣，卻對西南洋敘述甚詳。

　　所以，很顯然，包括新加坡在內的西南洋唐山人移民，當然自知祖先是來自所謂的中國。而台灣聞達人士卻是自己身陷「台灣受虐症候群」（重症「斯德哥爾摩症候群」）的

心理障礙中，羨慕虛妄的中國式壓霸思維、鄙視自己的身份和出身而不悔。台灣聞達人士（尤其台灣文史學者）是不肯面對史實證據，一意孤行的寧願繼續認盜作祖，偽裝假漢人、假華人。請李先生不要將完全南轅北轍的二者混為一談。

在70年來的中國式洗腦教化後，以及受早期所謂台灣士紳偽裝假高級假漢人的虛構小說影響下，早先會誤以為清據時期有華人子孫留在台灣也是無奈，且並不意外。只是，現在各種史實文件都已開放，台灣人若自己不追查真相，甚至於不願承認擺在眼前的事實證據，仍沉迷於認盜作祖、繼續偽裝假漢人或假華人，則是自作孽啊！這才真的是「人不像人」！

至於李先生所說「有人排斥六、七十年前來台的所謂中國人，口出滾回去的惡言」，這原是本質善良的台灣人不會說出口的言語。埔農知道，是有極少數人曾口出此惡言，但那是被一些壓霸「高級中國人」的欺人太甚逼瘋了，才偶而會發生，雖然這仍不是好的藉口。不過，這些所謂的「高級中國人」何不想想，一些逃難之人，來到台灣接受供養，不但不知惜福感恩，還以「高級中國人」自居、壓霸橫行、四處蹂躪，甚至處心積慮要出賣台灣，禽獸不如啊！更何況，這些所謂的「高級中國人」可曾設身處地想過，若他們自己是這般的被迫害者，他們自己會如何反應？就在二十世紀初，孫中山等所謂中華革命黨人，不是一直高喊要「驅除韃

虜」嗎？「所謂的『高級中國人』既然自以為『高級』，就應該回去那所謂『高級』的所謂『中國』」，不是嗎？這樣說，是有點不禮貌，但也只是順應所謂「高級中國人」的言語，脫口而出的實情道理罷了！台灣人原本生性和善又不具偏見，任何人只要是認同台灣這塊土地而在台灣落地生根，都可以是台灣人。但是，若有人來台灣是心存壓霸、糟蹋台灣，又只想著要出賣台灣，那眾多台灣人究竟應該容忍到什麼時候？又應該要容忍到什麼地步呢？

　　事實上，不僅70年前的大多數台灣人都知道自己是台灣原住民，在蔣幫中國壓霸集團入侵台灣以前，曾派員到台灣關心台灣人的國家，也都知道當時的台灣人全部是原住民，台灣長住居民並無漢人或所謂華人的後裔。例如：1947年發生228事件時，因受到蔣幫壓霸集團以及連震東、黃朝琴等「半山仔」所誤導，英國報紙刊出「600萬台灣島民大多數是屬中國人，有意願和中國合併」的錯誤報導，當時的英國外交部立刻向該報提出糾正：「『台灣人是中國人（或所謂的華人）』這句話是只有中國人（指當時入侵台灣的中國蔣幫壓霸集團）這樣說，你們只因聽了中國人說的誑語，就誤以為他們是華人！事實上他們絕大多數是台灣原住民。」原文是：「Only because the Chinese call them Chinese！The great majority are aboriginal……」由於70年來台灣人所被灌輸的知識全是「蔣幫中國集團為洗腦台灣人所偽造之文書」和「認盜作祖的假漢人、假華人『士紳』所虛構的小說」，

才會有現在多數原台灣人反而忘了自己是台灣原住民的事實身份，誤以爲自己是唐山人或所謂華人的後裔。這是造成今日台灣普遍自虐又荒謬之慘況以及危機的主要原因。

　　請李先生不要再看不起原台灣人，更別看不起自己。若李先生或任何人自以爲有任何證據可證明「清據時期有所謂的華人子孫留在台灣」，可繼續來留言，埔農會針對個別疑問，逐一再舉證解惑。

　　朋友陳先生留言說：「太多像『友人張先生的李姓朋友』，講到口水乾了也沒用，只能等這種人逐漸凋零！」

　　埔農說：

　　就是因爲這些被蔣幫中國集團深化洗腦的台灣人太多了，不能只盼望他們逐漸凋零。而且，原台灣人的遭受洗腦、蹂躪而心靈逐步走向沉淪，也多數並非自願。正確的積極做法應該是，多多傳達台灣歷史眞相的史實證據，期望多數台灣人能及時覺醒、尋回台灣人的靈魂尊嚴，進而早日回復台灣（Paccan）的完整自主國度。更何況，這些人若不知清醒，一定會繼續誤導我們的下一代。這種謊言欺騙所造成的迷思，會以先入爲主的姿態紮根，拖太久將根深柢固，必難以拔除。現在埔農爲了破除六十多年來原台灣人所形成的漢族虛妄迷思，都已心力交瘁。若再放任下去，原台灣人的

精神和靈魂，可能再無復甦的希望；Paccan之靈性智慧也可能沒有重見天日的機會了。

朋友許兄說：「就算是漢人後代，也可以轉型認同台灣獨立建國。」

埔農說：

非常正確！所以，有70年來的善良移民，在台灣安身立命，認同台灣，我們仍稱他們是台灣人。但是，一些所謂的華人或中國人，逃難來台，受台灣人收留，不但不知惜福感恩，還以「高級中國人」的壓霸心態鄙視台灣，四處橫行、踐躪，甚至處心積慮要出賣台灣，禽獸不如啊！原台灣人就該忍氣吞聲嗎？

而今日台灣最可悲的是，原台灣平地住民（原住民）持續迷失於假漢人、假華人的虛妄思維，致使台灣一直糾葛於所謂「中華民國在台灣」的殘餘中國形式裡（死而不僵的中華民國），則台灣永遠必須面對另一個中國（實質之中華人民共和國）的在旁虎視眈眈。這種假漢人、假華人的虛妄迷思，正是現在把台灣置於危險境況的罪魁禍首，在外國人看來，事實上就是我們台灣人自己要把國家送給所謂的中國。

朋友Lee兄說：「未來的台灣國之官方行事曆，該完全採用新曆，將所有中國年節從『國』定假日名單排

除。這樣，從『骨子裏』去中國化，脫胎換骨。另，過
陽曆年而不過中國農曆年（恭喜發財，蔭子孫，拿紅
包，搶頭香，放鞭炮，十足不具現代人文內涵），還可
和國際接軌，提昇競爭力。」

埔農說：

「恭喜發財，蔭子孫，拿紅包，搶頭香，放鞭炮」是十
足的中國式虛妄思維，是早該去除。但陰曆不是農曆，陰曆
年更不是中國年。農曆是分24節的原台灣精確陽曆。農作都
是依據台灣陽曆的24個節氣運作，因而台灣陽曆才是農曆。
航海、漁撈則是要配合陰曆的固定潮汐變化。所謂的中國曆
法，是原台灣人把曆法外傳時，中國學去用的。中國人不知
所習曆法之原由，不但加入各種怪力亂神，在接觸西方的粗
略陽曆後，竟然把陰曆稱是農曆。陰曆僅是用來方便記日期
（看月亮圓缺就知大概），而航海和漁撈作業才是要配合陰
曆的固定潮汐變化。陰曆過年也不是所謂的過中國年。心理
清明的國際人士都稱陰曆新年為Lunar New Year，因為他們
清楚知道，陰曆曆法並非源自所謂的中國，在所謂的中國懂
得使用年曆以前，世界上不少地區早就在使用包括陰曆的年
曆了。這些事證埔農前面已說明過，不再重述。至於「改用
現在幾乎是世界通用的西方粗略陽曆和過年」，也是可以。
但埔農的想法是，最理想、最合乎邏輯的做法，希望將來能
把精確的台灣陽曆和其原理展示給世界各主要國家，若能採

用精確的台灣陽曆，才是眞的配合天地運行。更只要看台灣陽曆，就能得知地球在這太陽系中的正確位置。不過，這有待台灣人以及全體人類的眞正覺醒。

　　朋友葉兄的友人林路拾先生問：「安溪寮等，台灣有那麼多的閩南建築，是怎麼來的？」

　　埔農回答：

　　清廷施琅侵台後，視台灣爲敵境。見台灣人文化、文明比唐山進步，台灣人豐衣足食、充滿靈性，更懷妒恨之心。下令台灣人僅能從事原有農耕，徹底摧毀工業、工藝和文化設施；滅絕所有台灣歷史文書，並加速奴化洗腦的漢化改造。於原鄭成功集團福佬人部將轄區，派駐唐山福佬人官吏、教員、訓導、教官；原鄭成功集團客家人部將轄區，派駐唐山客家人官吏、教員、訓導、教官。分別依唐山福佬習俗、客家習俗強制漢化。並派遣唐山工匠，強迫當時的台灣人從事各種唐山工藝和建築。在壓霸踐踏下，首先學會漢語文之人成爲所謂的知識份子。所謂的知識份子（使用漢語文）受統治者嘉勉，被賦予權利；所謂的非知識份子（不懂或拒絕使用漢語文）不被尊重，權利不被保障。少數台灣人因漢化深而轉性貪婪，勾結唐山滿官豪奪土地，變化成大地主、阿舍，就是後來所謂的台灣假漢人士紳。台灣假漢人士紳坐大後，率先配合唐山滿官的漢化政策，聘請唐

山工匠（所謂的唐山師），建築閩南形式的住家，一方面取悅唐山滿官，一方面自以爲傲人。（事實上，台灣族人的傳統住家，建築材料全採用自然界可循環再生的資源。房屋冬暖夏涼，堅固、牢靠又耐久，可傳承數代。歷經強震、強颱來襲，亦不見任何損害，風雨不侵。是友善環境的智慧建築（見《失落的智慧樂土》p.103-111、*The Formosan Encounter* Vol. I, p.15）。）隨著強制漢化的推展，清國有效掌控的台灣土地逐年擴張，勾結唐山滿官的台灣假漢人士紳多了起來，他們競相構築所謂中國的閩南式建築炫耀。所以，後來唐山式建築在台灣隨處可見！

　　其實，台灣平地的唐山習俗、民間信仰和廟宇也是如此造成的。唐山滿官除強迫台灣人說漢語、學漢文、取漢名，更依各主導教員、訓導和教官的意思改冠漢姓；並遵行其習俗和宗教活動。在台灣平地到處派駐教員、訓導、教官管控，先建制社學（番社）。「生番」被教訓成爲「熟番」後，再建唐山廟將社學轉爲廟學，同時以其各式唐山宗教、習俗，繼續訓化「熟番」成爲「漢化民」。「熟番」被教訓成爲「漢化民」後，才另立「學堂」。「廟」與「學堂」分立後，原「廟學」的「廟」就成了專事宗教信仰的訓練。這些事實，除了各版「台灣府志」（誌）」的記載，台中市北屯四張犁文昌廟的「文昌廟記」還看得到。台南哆廓（Dorcko；倒咯嘓）一地，則是於康熙24年（1685年）11月，因爲「廈臺兵備道」巡道周昌帶來的福佬語系強制漢化

教官，是來自福建泉州府永寧鎮的「下營」，永寧鎮的「下營」本來就是以當地之「玄天上帝廟」爲信仰，就製作了一塊「下營北極殿玄天上帝廟」的匾額，掛上鄭成功集團早先在這哆廓（Dorcko，清國唐山人教官寫成倒咯嘓）設立的唐山廟，做爲廟學之用，於是一併將哆廓（Dorcko，倒咯嘓）改名爲「下營」，周昌並有立碑爲記。這些全是台灣傷痕所造成的「蟹足腫」（凸腫性疤痕）！

有郁先生留言：「鬼扯！」

埔農回答：

郁兄斷然裁示「埔農鬼扯」，並非郁兄個人的問題，埔農感謝郁兄能坦然直言！

郁兄應該和多數台灣人一樣，對台灣的認知，是全來自充斥「蔣幫中國壓霸集團爲洗腦台灣人之僞造文書」以及「早期因漢化深而轉性，寧願認盜作祖的所謂台灣士紳虛構之小說」，這是無奈的事實。台灣的文明、文化在300多年前如何被摧毀，台灣人如何被強迫洗腦改造，埔農前面都有仔細舉證說明，若郁兄有心，懇請郁兄詳細看。郁兄看完後還有意見，再請郁兄逐一提出反駁或指責，埔農自當繼續爲郁兄舉證解說，直到郁兄完全明瞭爲止。埔農誠心懇請郁兄不要像多數台灣聞達人士（尤其台灣文史學者）一般，只要聽到「70年前的台灣人都是原住民」或「原台灣人本有高

度文明和文化」，就以不屑的態度嗤之以鼻，因為如果這樣，只有會繼續深陷漢人迷思中而難以自拔。法國生理學家Claude Bernard就有句名言：「既有的認知，是學習正確知識和思考的最大障礙。」人若不能瞭解到自己的既有知識可能並不完整，甚至可能是錯誤的，則思考就會一直被這先入為主的既有認知所限制，因而無法走出錯誤知識的窠臼，所以「既有的認知，常是學習正確知識和思考的最大障礙」，這就是蔣幫中國壓霸集團肆虐台灣時所使用的狠毒招式。

　　郁先生說：「還是一直鬼扯啊，藉著更多鬼扯　來瞞天過海　掩飾住鬼扯！」

　　埔農回答：
　　眞的嗎？郁先生有看過埔農的逐條舉證說明嗎？若是郁先生有看埔農的逐條舉證，也都無可反駁，但還是不承認眞相，不肯面對事實，而一味的以輕蔑的態度對他人的逐條舉證嗤之以鼻，則是非常不理性的偏執心理。如果郁兄沒有看過，並且無心看，純是以不屑的態度一再斥責，那埔農就不再說什麼了。就等郁兄有看過埔農的逐條舉證說明，再請郁兄依埔農的各項舉證逐條提出反駁，才能繼續探討。

　　有朋友張先生留言：「你說台灣（Paccan）原是智慧樂土，但清國據台期間有不少記載，都說台灣是充斥

瘴癘之氣的蠻荒地，這顯然令人疑惑。」

埔農回答：

荷蘭人侵台達40年，不論平地或是後來唐山人（所謂的漢人或華人）心虛畏懼而不敢進入的山區，荷蘭人全台灣（Paccan）到處走透透，並未發現台灣（Paccan）有任何傳染病或瘴癘惡地，也沒有荷蘭人曾在台灣染患地方性惡疾的記錄。台灣的傳染病都是繼荷蘭人入侵之後，由外人帶進來的。

唐山人（所謂的漢人、華人）會說台灣是充斥瘴癘之氣的蠻荒地，純粹是因為所謂的漢人、華人，心性狂妄、虛偽又加自大，見到台灣（Paccan）這樂土，由自卑心裡反彈成妒恨情結所做的汙衊。再者，清國據台期間受命的派台人員，心情苦悶，就以「來到瘴癘之地」舒放怨氣。

狂妄之人本就缺乏膽識，只會在勢力範圍內欺負善良。這情形，在鄭、清侵台史屢見不鮮。入侵之唐山官兵，只要遇到森林或山區，由於心虛，又害怕遭遇可能的任何危害，就畏懼而不敢進入。為遮掩其心虛膽怯，就用有瘴癘之氣當藉口。隨後製作土牛紅線，用以區隔其可以放心任意肆虐的範圍，即後來的隘勇線。

甚至後來因漢化深轉性狂妄、貪婪而賣祖求榮的士紳假漢人（所謂的聞達人士），也學著鄙視自己的鄉土和祖先，自以為是在抬高身份，乞求貼近所謂漢人、華人的「所謂高

級」行列，成爲腐蝕台灣的膿瘡、毒瘤。400年前的Paccan
（台灣）是智慧樂土，那有何瘴癘之氣？任何有不同認知的
人，若有其他不同的實質證據，歡迎來提出質疑或反駁！

　　有李先生留言反駁說：「清國於甲午戰爭戰敗，李
鴻章都還上奏朝廷說：『台灣，乃蠻荒瘴癘之區、蠻荒
之島，鳥不語、花不香、山不清、水不秀，島上化外之
民，男無情、女無義，故棄之不足惜！』你還能有何辯
解？」

　　埔農回答：
　　唉！李先生是學歷史之人，怎麼到現在還會堅持虛妄的
中國壓霸思維？請問，李先生有從那段李鴻章的奏章看過這
些言語？有從那些史實文件看過李鴻章曾說過這些話了？這
段話是中國虛妄人士，在清國戰敗後，爲了掩飾其「拿台灣
獻貢以向日本求饒」的恥辱，才說出褻瀆台灣的謊言，藉以
僞裝爲「無所謂」、「本就非中國領土，棄之不足惜」的樣
子，也才在所謂中國的酸葡萄心裡下被引用。連所謂中國人
的文史學者王鼎鈞，都於〈用筆桿急叩台灣之門〉一文中提
到：「這是捏造出來的」；康哲行也在〈西城舊事〉中記
載：「1948年的北京曾經有過『台灣花不香、鳥不語』的流
言流語。」而康哲行的父親也提到：「這些都是謠言」。爲
什麼所謂的華人、中國人自己知道「這是故意捏造出來的謠

言」，反而是台灣聞達人士（尤其所謂的台灣文史學者），
時至今日還在迷信這些謊言？這是染患重症「斯德哥爾摩症
候群」在作祟！

　　李先生再說：「你又懂多少歷史？隨便就說別人講
的都是虛妄的謊言，你又拿得出多少史實證據？」

　埔農回答：
　　所謂台灣乃蠻荒瘴癘之地，早年都是虛妄的所謂漢人、
華人，見到台灣（Paccan）這樂土，由自卑心裡反彈成妒恨
情結所做的汙衊，一些所謂的台灣士紳為了認盜作祖，就加
以引用。後來又被所謂的文史作家盲目抄錄，更妄加改寫
為「清朝直隸總督北洋大臣李鴻章奏章裡對台灣所做的評
語」，並引用到包括論文、政治人物言論、學校教學教材、
小說、戲劇和電影等，實在可悲，這些台灣聞達人士更是台
灣人的羞恥。
　　既然李先生身為歷史學者，還有這種所謂中國的虛妄迷
思，要談清國對台灣的真正認識，那埔農就再一次逐條向李
先生展示清國唐山人對台灣真正評價的原本史實證據。

　　1659年，楊英在《從征實錄》中記載：「台灣田園萬
頃，沃野千里，餉稅數十萬，造船制器。」
　　1683年，施琅在〈恭陳台灣棄留疏〉中說台灣「……備

見野沃土膏，物產利薄，耕桑並耦，魚鹽滋生，滿山皆屬茂樹，遍處俱植修竹。硫磺、水藤、糖蔗、鹿皮，以及一切日用之需，無所不有。向之所少者布帛耳，茲則木棉盛出，經織不乏。且舟帆四達，絲縷踵至，飭禁雖嚴，終難杜絕。實肥饒之區，險阻之域……」，他的意見後來獲得康熙皇帝採納，於是清國霸佔台灣。

1684年，清國據台的第一任知府蔣毓英在《台灣府志》記述：「人亦頗知讀書，兒童五、六歲便教讀書。」蔣毓英是清國據台第一任知府，他到任後才開始籌備社學、廟學，鄭成功集團據台時期並無設置番人漢化學堂，所以蔣毓英此言必是指台灣族人的固有教育，而且是說「台灣人自己頗知讀書，兒童五、六歲便須教讀書（驚訝？）」。

1690年代（康熙30年代）修撰的《臺灣府志》不小心還是寫到：「人無貴賤，必華美其衣冠，色取極豔者，靴襪恥以布，履用錦，稍敝即棄之。下而肩輿隸卒，褲皆紗帛。」到底誰才是野蠻？誰才是落後？

1860年第二次鴉片戰爭後，英、法、美、俄脅迫清政府簽訂「天津條約」，開闢一系列通商口岸。其中，台灣最初開放的口岸有安平、淡水，後又增加高雄、基隆。台灣門戶不僅被打開，負責籌辦台灣善後事宜的欽差大臣沈葆楨還奏稱：「台灣乃東南沿海七省之門戶，幅員廣袤、『千里沃饒，久為他族所垂涎』。今雖外患暫平，旁人仍耽耽相重。未雨綢繆，正在斯時。」

1874年台灣發生牡丹社事件，李鴻章於日本出兵強進台灣恆春之時，大力調動駐防徐州的精銳部隊6,500人赴南台灣保衛，並成功以優勢兵力逼退日軍。該事件之後，李鴻章將這批精銳部隊留在台灣持續駐防。如果李鴻章不是因爲非常珍視台灣而緊張，絕不會如此大費周章。一般情況下，應該是就近調動福建或廣東的次級部隊來抵禦即可。

此外在甲午戰爭的十年前（1884年），中法戰爭爆發，法國欲侵襲台灣，此時李鴻章大力主張必須重視在台灣的軍事防務。除了力派當時的福建巡撫劉銘傳親自到台灣主持軍事防務工作，還設法撥出備用款項購買巨炮等優良武器設防，才迫使法軍放棄攻佔臺灣的計畫。隔年（1885年），李鴻章更促使劉銘傳專任台灣巡撫。可見李鴻章其實一直對台灣十分珍惜和重視。

至於李鴻章是否曾輕視過台灣？在清朝官方奏摺檔案、函電、私人文稿以及中日雙方甲午戰後談判文獻中，均未見到李鴻章發表對台灣負面評語的文字紀錄。而且，參與馬關談判的日本外務大臣陸奧宗光在《蹇蹇錄》裡，詳錄了整個談判過程以及雙方所有的對話，也未提到李鴻章有過類似的說詞。

再請看以下事實：

1895年，清國向日本求饒時，二月二十八日，李鴻章致電當時的「總理各國事務衙門」：「探知前六、七日有運兵

船多隻出馬關，約五千人，云往澎湖、臺灣；確否？遼、
藩、榆關軍情若何？乞示。請代奏。」三月十六日，李鴻章
於中午覆電總理衙門：「昨接唐撫（唐景崧）電，敵未來
犯，軍民心固似可堅守。鴻斷不敢輕允割棄，已於另被節略
中駁論及此。但窺日意，仍逐日由廣島運兵出口，恐添赴
台，將有南北併吞之志。旨飭讓地以一處爲斷，即是正論，
自應如此立言。」「總之，敵所已據處，爭回一分是一分；
其所未據處，絲毫斷不放鬆也。」（《光緒朝東華續錄選
輯》）

　　李鴻章在向日本求和談判結束後，1895年4月20日回
國，向朝廷復命之奏摺中提到的是：「台灣兵爭所未及，而
彼垂涎已久，必欲強占。或有爲之解者，謂鳳、岫、金、
復、海、蓋一帶，宋明以來本朝鮮屬地，我朝未入關以前所
得，台灣則鄭成功取之荷蘭，鄭本倭產，康熙年間始歸我國
版圖。今倭人乘勝踞朝鮮，遂欲兼併其地，事非偶然。然而
敵焰方張，得我巨款及沿海富庶之區，如虎傅翼，後患將不
可知。」說明李鴻章在談判結束後，認爲最痛心的不是賠款
二萬萬兩以及失去營口至金復一帶，而是痛失台灣。他表
明：「『台灣是沿海富庶之區』，一旦日本得到，如虎傅
翼，後患將不可知」，說明李鴻章對台灣的認識和「台灣乃
蠻荒瘴癘之地或棄之不足惜」完全相反。

　　以上這些歷史文件寫得很清楚，李鴻章從來沒有說過、

也不可能說過「台灣乃蠻荒瘴癘之地」或「臺灣棄之不足惜」這種話。事實上，一開始伊藤博文要搶奪臺灣的時候，李鴻章談都不談，後來形勢逼人，不談也沒用，是不得不給。染患重症「斯德哥爾摩症候群」的台灣聞達人士（尤其所謂的台灣文史學者），卻寧願閉著眼睛，選擇迷信這些虛妄之中國壓霸集團為了掩飾其「拿台灣獻貢以向日本求饒」之羞辱所造謠的謊言。

　　所有史實證據都說明：所謂「台灣乃蠻荒瘴癘之地」，純粹是所謂的漢人、華人，心性狂妄、虛偽，見到台灣（Paccan）這樂土，由自卑心裡反彈成妒恨情結所做的汙衊。所謂的華人、中國人自己都知道「這是捏造出來的謠言」，為什麼反而是台灣聞達人士（尤其所謂的台灣文史學者），時至今日還在迷信這些所謂中國人由自卑心理反彈而習慣性貶損外人的造謠？為什麼還在堅持虛妄的中國壓霸思維？更不惜偽裝假漢人、假華人，自以為高級地鄙視台灣文明、污衊台灣文化，並持續將那些唐山人習慣性謊言引用到包括論文、政治人物言論、學校教學教材、小說、戲劇和電影裡面。這是台灣聞達人士自己不肯從重症「斯德哥爾摩症候群」的精神障礙中清醒，還連帶迷惑多數台灣人於認盜作祖，陷台灣於今日的危殆。說這些台灣聞達人士可悲，卻更是實在可惡，也是台灣人的羞恥。任何人（尤其所謂的聞達歷史學者）還有不同的認知，歡迎繼續來提出質疑或反駁！

　　（至此，李先生才無言以對）

仔細想想，台灣聞達人士（尤其所謂的台灣文史學者），迷信、引述這些所謂中國人「由自卑心理反彈而習慣性貶損外人」的造謠時，他們何不想想，那些「台灣乃蠻荒瘴癘之區、蠻荒之島，鳥不語、花不香、山不清、水不秀，島上化外之民，男無情、女無義」的無恥污衊，是出現於所謂的中華民國成立之後，當時所謂的中國人都知道，台灣和所謂的中國一點關係也沒有，在台灣並沒有所謂的華人，所以無恥的所謂中國人得以盡情污衊台灣這土地、咒罵全體台灣人。而這些台灣聞達人士（尤其所謂的台灣文史學者）的父母、祖父母，當時都是台灣人，引述這些所謂中國人無恥污衊的造謠，實際上是在鞭屍自己的父母、祖父母，更是拿所謂中國人的屎尿往自己身上塗抹啊！

埔農前曾舉證說明這些台灣聞達人士（尤其所謂的台灣文史學者）的呆奴化，原無罵人或批評之意。其實埔農是以沉痛之情在提醒台灣聞達人士，要認清史實真相，期盼這些台灣聞達人士能趕快醒覺。如此，台灣的未來才會有希望。

有林先生說：「即使如此，你也不能否認是有少數唐山人可能偷渡台灣成功！」

埔農回答：
一些僥倖偷渡成功的逃犯就是羅漢腳仔。他們若持續逃

過清國官兵的追捕，則最後必然都橫死在台灣。台灣族人善心爲最後橫死在台灣的羅漢腳仔收屍撿骨，集中掩埋。唐山人官員、訓導和教官，認爲流氓逃犯還是他們的同胞，竟恐嚇台灣族人爲他們建小廟供奉，說：「否則這些流氓逃犯的陰魂會作怪、會害人，建小廟供奉後，這些陰魂就會應許和平，你們才能安心生活。」所以這些小廟供奉的唐山羅漢腳仔就稱爲『有應公』、『萬應公』、『萬善公』，這些小廟就稱爲『應公仔廟』、『萬善堂』。這也是另一種所謂的『有唐山公，無唐山嬤』。有誰見過或聽過羅漢腳仔娶妻生子了？能結婚生子的就不叫『羅漢腳仔』了！更何況，既是「逃犯」，如何能落戶入籍呢？要更詳細的舉證說明，請看《原台灣人身份認知辨悟》，p.78-80。

　　李先生又說：「我很清楚我的祖先從哪來就夠了，不是事實嗎？我是台灣人、華人、講華語、用漢字，都源自中國。我以此爲榮，此中國是一泛稱，當然不是〔中共〕的中國人格，不必偏狹的政治化／地域化，應該是廣爲包容。教育是給孩子客觀的眞實相，不是錯予政治考量的偏導，更不能夜郎自大的地域化。」

　　埔農回答：
　　如果李先生或父母是近七十年來台的移民，那李先生才眞的很清楚祖先從哪來！否則，誠如法國生理學家Claude

Bernard那句名言：「既有的知識，是思考和學習正確認知的最大障礙」。李先生眞的「很清楚自己的祖先從哪來」嗎？迷思的觀念和意識會隨時間而深入紮根，中國式的虛妄思維根深柢固後，要重新接受台灣（Paccan）史實眞相的證據是較爲困難。

講源自所謂中國的華語、用源自所謂中國的漢字，可不一定是華人，更不必「以此爲榮」。韓國和越南都曾講華語、用漢字，這是被侵略、被蹂躪國家的傷痕，韓國人和越南人並不以此爲榮。不過，韓國和越南雖然都曾被壓霸中國蹂躪過、改造過，但其被持續霸凌的時間沒有台灣（Paccan）這麼長久，自有文明、文化被破壞的程度也不如台灣這麼嚴重、這麼澈底，呈現的局面也不像台灣這麼複雜，所以近代的韓國和越南，還得以從其殘存的固有語言中，整理出一套能適合現代使用的語文。而台灣不但固有文明、文化被澈底毀滅，族人還遭受分化洗腦。經過二百餘年漢人滿官的強迫漢化，台灣原平地住民都已習慣使用福佬和客家兩種轉化語言。原山地住民，也因封山令如被關在孤島監獄，各族群語言分別各自變遷，也已發展出較大的差異和分歧。台灣更再歷經蔣幫中國壓霸集團，以不同的所謂中國語文二次洗腦。在一個小小的台灣國度內，族人被重複糟蹋、蹂躪、分裂到這種程度，世上前所未見。這是台灣人永遠的傷痕，是心痛，但無奈。傷痕既已存在，想清除已難，要勉強洗脫會更加傷痛。請李先生不要再因爲「講華語、用

漢字」就說：「我是台灣人華人」、「我以此爲榮」這樣的傻話，這是在自己的傷口上灑鹽啊！所謂的中國人（中國壓霸集團）正在一旁奸笑：「送你這呆奴一個祖公」。李先生不覺得痛，埔農看了、聽了卻痛心疾首。

而埔農的敘述，都是以史實證據爲根據，全部和政治傾向無關。反而李先生的認知來源——蔣幫中國壓霸集團僞造的所謂「標準歷史教科書」，才眞的全是在邪惡之政治手段操作下編纂出來的產物。埔農只是指出史實證據的眞相，怎麼會是偏狹的政治化或地域化？既有諸多不能否認的證據，又怎麼會是夜郎自大呢？

李先生說「教育是給孩子客觀的事實眞相，不是錯予政治考量的偏導」，非常正確！但李先生有沒想過，客觀的事實眞相，是須要追查原始證據才得以揭露的，李先生若連埔農所列出的史實證據都不肯正視，李先生要如何給孩子客觀的事實眞相呢？

有人說：「應該放下過去，放眼未來才重要！」但是，沒有揭露實情眞相，就不可能有實質的正義與和平。和平、正義若建築在欺騙和傲慢上，實質上只有「欺凌」而已。欺騙與傲慢，初時是爲「方便欺凌對方」所做的準備，後來是爲了「繼續欺凌對方」而堅持掩飾。放任「欺騙與傲慢的繼續存在」，受欺凌者是不可能有未來的，因爲實質的正義與和平必定遙不可及。

李先生若還有疑惑，懇請就埔農所舉出的諸多證據，逐

條提出質疑或反駁，埔農才好逐一再舉證回答。李先生之言，「偏狹的政治化／地域化」、「政治考量的偏導」、「夜郎自大的地域化」等都是以個人情緒發出之叫罵而已，埔農若要詳細再舉證說明清楚，至少須要萬言以上的篇幅。所以，若李先生真有心瞭解，只能請李先生自行翻閱《台灣受虐症侯群上、下冊》、《失落的智慧樂土》、《原台灣人身份認知辨悟》、《台灣人被洗腦後的迷惑與解惑》，裡面有列舉足夠的史實證據。

　　李先生再說：「我李氏一脈有完整考據之族譜，祖先來自大陸福建省泉州府，銅安縣銀同鄉下山里隴西堂，過海遷合自滬尾（淡水）登陸，李王相先祖短居之後，沿海岸南下至大甲再居，後再遷屯至苑裡定居……我此一代在台繁世已有近300年歷史，代代名姓婚配均有記載，至今已第九代。你無湏跟我賣弄一些治學治世不深、無血無肉、無德敗行人等掰創的『專業』名詞，意圖誣指我等人格與認知。此類歷史事實真相的證據，在台灣對有書香傳承的家族，並不是很困難，這和政治傾向無關。倒是那些企圖全盤否認抹去歷史的敗卒，其被戴著政治『偏狹眼罩』，對真正史實蓄意裝聾扮瞎的『政治傾向』倒是很明顯。背祖離宗，不但自欺，還想欺人的心態，讓我鄙夷！」

埔農回答：

臉書是公開園區，李先生用「企圖全盤否認抹去歷史的敗卒，其被戴著政治『偏狹眼罩』，對真正史實蓄意裝聾扮瞎的『政治傾向』」、「背祖離宗，不但自欺，還想欺人的心態，讓我鄙夷」等這般極端情緒化字眼指責埔農的舉證說明，請李先生要明白，這些言語等於是公開放話，不要傷了李先生您自己才好。很顯然，李先生是蔣幫中國壓霸集團在台灣使用標準教科書教育出來的優秀學生。李先生的認知和反應並不是李先生的錯，更是多數台灣人的普遍現象。

既然李先生已公開您所謂族譜的部分簡介，用來指責埔農的舉證說明，埔農又已有言明在先：「任何有不同認知的朋友，都歡迎隨時提出質疑或反駁。有台灣聞達人士（尤其台灣文史學者）或所謂的中國人要來謾罵，也十分歡迎，任何人的質疑、責問，埔農都會一一詳細再舉證說明，直到朋友們已不再有迷惑。」所以，埔農先就李先生簡述的「我李氏一脈有完整考據之族譜，祖先來自大陸福建省泉州府，銅安縣銀同鄉下山里隴西堂」來舉證回答：

首先，「李氏一脈，祖先來自福建省泉州府，銅安縣銀同鄉下山里隴西堂」這記述，內容矛盾，所以絕不是真實族譜會有的描述，也並非根據考證而來，是蔣幫中國壓霸集團在台灣煽動編纂所謂的族譜時一手拼湊而來（全部所謂連上中國之台灣族譜都是這麼來的）。因為，「銀同」是銅安縣的別號，怎麼會跑出個「銀同鄉」來？況且，銅安縣在明、

清時期，一直是三鄉（永豐鄉、明盛鄉、綏德鄉）、十二里或十一里，從來就沒有過什麼「銀同鄉」或什麼「下山里」。可見李先生手中的所謂族譜，和其他所謂連上中國之台灣族譜一樣，是將各個強制冠姓之不同唐山教官所留下的個別唐山姓氏來源，隨便拼湊而成的。

最扯的是，台灣很多的所謂「李家族譜」或「李氏族譜」都這麼寫，甚至早期中國壓霸集團為洗腦海外台灣人，在美國創設所謂的猶他家譜學會，其偽造的台灣家譜中也都是這麼寫。不必說「清國嚴刑峻罰的『渡台禁令』」了，單看這一模一樣的抄錄，就知道必是有人在下「指導」棋。很顯然，書寫這段文字的人，是以輕蔑的心態隨便下筆，寫完後，既已達成其玩弄把戲之目的，就擱置不管了。據以製作假族譜的人（可能是純粹被牽著鼻子走，也可能是是自願參與偽造），雖然知道是「銅安縣（或同安縣）」並沒有過所謂的「銀同鄉」或所謂的「下山里」，但也奈何不了原創作人，就只好任它去了，這在所謂連上中國的所謂台灣族譜裡很常見。

另外，會在地址之後加個「隴西堂」，必是有強制冠姓的唐山教官留下其唐山家鄉堂號（可能還有指定所謂的公祖或伯公），後人在拼湊族譜來源時，就順便貼上去了，也可能是後來穿鑿附會時附加上去的。

所以，到底誰是「企圖全盤否認並抹去歷史的敗卒，其被（披？）戴著政治『偏狹眼罩』，對真正史實蓄意裝聾扮

瞎的『政治傾向』」？是誰有「背祖離宗，不但自欺，還想欺人的心態」？其實，也不必「鄙夷那一個人」，重要的是，趕緊找出事實眞相的證據才對。所以，非常歡迎李先生繼續來舉證辨正。

　　先前就有一位王金平家族的拙作讀者，心有遲疑，將其所謂家族族譜（王金平家族於1996年僞造）寄來，要求埔農代爲檢視。經埔農審閱後逐一舉證說明（全文登錄於附錄），這仁兄恍然大悟，愼重稱謝，並廣發給心靈還清明的家族成員。不知是否可以請李先生把貴族譜的完整版給埔農代爲查證？埔農自信可給予能讓李先生更清楚、更滿意的答覆。這樣的懇求，以及上述就李先生之臉書留言所作的答覆，是有點不禮貌，但是眞心，請勿生氣！埔農家族亦有同樣的情形！而且，埔農也已代爲審愼查證過數十本所謂連上中國的清國據台時期族譜，埔農絕無輕佻的心態。除非是經過特別允許，埔農不會公開任何私下給予的所謂私人族譜。埔農前曾公佈的所謂台灣假族譜之考證與辨正，都是他們已經自行公開在大眾媒體上的。埔農從未和別人討論過接受委託查證的私人所謂族譜，請李先生放心。王金平家族的所謂族譜，雖然也是埔農接受委託查證，但事後埔農發現，王金平家族早已將其所謂的族譜放在網路流竄多年。而且，王金平家族還將此所謂的族譜拿去和台灣「歷史學術機構」狼狽爲奸，台灣歷史學者還依此王金平家族製作的假族譜，加以引申幻想，令研究生寫出長篇大論的認盜作祖論文，並跟隨

中國來的胡言亂語，大言「王文醫指的就是王文伊」，還列入台灣圖書館做爲宣傳展示的資料，繼續協助中國壓霸集團洗腦台灣大眾。所以埔農覺得，既是王金平家族自己不加掩飾，還任由聞達歷史學者拿著到處招搖撞騙，台灣聞達人士（尤其台灣歷史學者）之爲害，莫此爲甚。因而，埔農才將查證後的事實眞相攤給大家看，希望台灣人別繼續遭受台灣聞達假漢人的愚弄。若李先生把貴族譜的完整版私下給埔農查閱，埔農查證之後，也必定是私下回覆。

李先生說：「我有空再去印吧，謝謝你願再代考證，屆請將您的地址給張兄。」

埔農回答：
好的，埔農佩服李先生有誠心辨正的意志和勇氣。能爲朋友找出眞相，是埔農的最大願望。
（從此這位李先生未再連絡）

有台灣文史敎授來函說：「您及沈建德敎授（他也是我的好朋友）所舉出的許多珍貴資料，讓我們知道原來許多自以爲漢人的人，其實是平埔後代。您們貢獻極大！至感敬佩！不過，我及學界的諸多朋友們認爲，並不能因此就推出一個『全稱命題』說，所有台灣人都是漢化的原住民，沒有移民或移民極少。討論事情用『全

稱命題』來以偏概全，反而減少說服力。『台灣人全都是原住民（南島民族）』，和『台灣人全都來自中國』，都不可能取信於人。中國閩粵移民在近世、近代，往南洋、台灣移民，是歷史常識（不是『中了蔣幫中國壓霸集團的毒』才這樣說，日本、西方學者也是如此認為）。至今我還是認為，如果清代台灣社會不是『移墾社會』、如果沒有來自閩粵的相當數量的移民，那麼：1.南島民族平埔族的語言不可能消失（而且消失之後，各地還會出現有漳州音、泉州音的不同）；2.平埔族原來的粗耕，不可能自行漢化改變成水田稻作；3.清領時期的六十次械鬥，所謂閩客、漳泉拚，也就不可能產生（亦即不可能產生『閩、客』及『漳、泉』之區分）；4.既然沒有移民，就不需要有區隔所謂漢番的『土牛紅線』；5.若沒有移民，清領時期閩粵的民間信仰（開漳聖王、清水祖師、三山國王、王爺……）也不可能在台灣產生……。如果沒有相當數量的移民入台，要產生以上的現象，顯然違背社會學、文化人類學、社會人類學的常識。」

　　埔農回答：
　　您說埔農「用『全稱命題』來以偏概全」，這絕非事實（教授的諸項責問，埔農在《台灣人被洗腦後的迷惑與解惑》已有逐條詳細舉證說明，不再重述）。埔農既已巨細問

題都舉出了史實證據來回答，有哪裡是以偏概全了？這樣說好了，如果是在100位男子的團體現場，其中有50人男扮女裝，埔農說「這其實是100人全為男性的團體」，又怎麼會是「用『全稱命題』來以偏概全」呢？

埔農知道，在歷經70年蔣幫中國壓霸集團的洗腦教化下，台灣人不免都會有或多或少的中國式虛妄思維，一時難免徬徨。但請仔細想想法國生理學家Claude Bernard的名言：「既有的認知，是思考和學習正確知識的最大障礙」，以及蔣幫壓霸集團繼承人，台灣教育部高中課綱檢核小組的謝大寧，於2015年6月10日公開的叫囂：「（台灣）歷史課綱有高度政治性，不是要闡述（真實）歷史，而是要把不同來源的人凝聚為共同的「國族（中國）」，建立「我群（中國）」意識。」（蔣幫中國壓霸集團自己非常清楚，原台灣人是和他們完全不同的民族，不同來源。）然後，懇請您真心回頭檢視舊有的認知，再一一比對埔農所列舉的各項歷史證據。只要有心，相信會恍然大悟的。到底是誰「顯然違背社會學、文化人類學、社會人類學的常識」，可立見分曉！

若是真的有仔細看了埔農列舉之各項舉證說明，還心有疑問，懇請逐條提出再質疑或反駁，埔農會再進一步詳細為您舉證解惑。如果對埔農的舉證提不出任何其他疑點，卻仍不肯修正自己舊有的認知，那是不理性行為，也已是偏執心態的問題，更是中國式的虛妄思維在作祟了！

　　「台灣國」的王前輩留言：「我每次在法庭都堅稱自己是原住民身分，但法官都說有調查我的出生身分戶口資料，都說不能証明我是原住民，我大聲說ROC的資料都是造假的，我父親親口對我說，我是原住民才是真的。」

　　埔農回答：

　　要證明王前輩是台灣原住民很容易！首先，請王前輩去戶政所申請日據時期戶籍謄本，王前輩家族的註記是【福】，再對照日本據台當局的戶口普查資料即眞相大白。【福】原稱「常用語言福建系」，指的是「說福建話之人」（日本人誤以爲福建語言只有福佬話），「常用語言福建系」是由「隘勇線」內熟番系再分類而來。這些原始文件的照相本，弟收錄在《台灣人被洗腦後的迷惑與解惑》一書中，王前輩可拿出來當證據，沒有人可以反駁的。

　　其他註記是【廣】的原台灣人，原稱「常用語言廣東系」，「常用語言廣東系」指的是「說廣東話之人」（日本人誤以爲客家話是廣東話），也是由「隘勇線」內熟番系再分類而來的。「隘勇線」內熟番另被清廷滿官稱「漢化民」。任何人若對以上事實有異樣的認知，埔農可以出來和他相互舉證對質，讓他啞口無言。

　　Miss Tsai留言：「每每前輩的發文內容都讓我再一

次的認知到自己對台灣真的太不瞭解了，也很希望前輩
的論述能夠讓更多人知道。」

埔農回答：

謝謝妳對台灣史實真相的關心！但是，台灣聞達人士
（尤其台灣文史學者）多數已假漢人、假華人當上癮，甚至
連無關認盜作祖的精神障礙之史實證據「明辨北汕尾、鹿耳
門的所在處以及荷蘭人與鄭成功集團登陸台灣的地點」，台
灣文史學者純粹是被少數虛構的小說所迷惑，並被來台專門
竄改台灣史實的壓霸中國人黃典權所誤導，因而未能仔細認
知，才一錯再錯。埔農請求台灣文史學者至少能先改正這段
明顯被誤導的單純歷史。結果，連這些無關意識型態之事實
證據攤在眼前的情況下，台灣人文史學者仍然能視若無睹，
裝聾作啞。在面對這麼多台灣史實證據時，這些台灣聞達人
士（尤其台灣文史學者）自己心虛，不敢出來和埔農相互舉
證對質，卻自恃是既得名利的在位勢力者，大言不慚的以
「不屑理會」迴避這些證據。埔農深感痛心又無奈，才覺
得，想要讓全體台灣人覺醒，就只能從「向普羅大眾展示台
灣歷史事實的證據」做起。埔農衷心期盼，心靈清明的台灣
人要更努力傳播台灣的古今真相。

Miss Tsai說：「謝謝前輩如此用心的文章回應，字
裡行間看得出您對於台灣歷史真實的追求以及現實的可

嘆…前輩的種種努力絕對不會化為泡影，它將化為種子，在有緣人的心中種下，而真實是永不磨滅的！」

埔農說：

這需要理性清明的台灣大眾一起努力，才能發揮效果，讓我們一起持續努力。

第四章

日本佔據台灣

1895年日本從清國奪取台灣（清國手中贓物），由據台清國官方接收台灣戶籍文書，滿清官府戶籍文書有完整記錄的是「隘勇線」內台灣「漢化民」，都註明是熟番；「隘勇線」外平地住民爲生番，僅簡略記述。日本據台初期也就跟著如此記述。山地住民則幾乎沒有任何資料。也因爲僅「隘勇線」內「漢化民熟番」有完整戶籍記錄，所以初期是以「本島人」稱「漢化民熟番」，以生番統稱「隘勇線」外的台灣人口。

自稱爲是唐山人（或是所謂的漢人）後裔的則被稱爲清國人（都是如連橫、連震東父子及黃朝琴等，因漢化深而變性，藉勾結漢人滿官欺壓同胞而得利的所謂士紳、阿舍），才幾百人，歸入外國人之列。所謂的清國人於1915年後被稱爲支那人。

1905年，日本據台戶政機關爲了管理上的需要，就以所

使用的語言分別做「廣、福、熟、生」註記，需要言語溝通的執行機關（軍、警及地理、民情、人文、風俗等調查系統），開始另外依個人「主要常用語言」和「懂第二種語言」做分別的人口統計。資料內「常用語言漢人系」指的是「說、用漢語文之人」。「常用語言福建系」指的是「說福建話之人」（日本人誤以為福建語言只有福佬話），註記為「福」。「常用語言廣東系」指的是「說廣東話之人」（日本人誤以為客家話是廣東話），註記為「廣」。至於新登記入戶籍的「隘勇線」外人口，「略懂客家話或福佬話之人」而略可溝通者，歸類「常用語言熟蕃系」，註記為「熟」；「只能使用其部落語言之人」而溝通有困難者，歸類「常用語言生蕃系」，註記為「生」，以利需要溝通時的辨別。

由於滿清官府於「隘勇線」外平地番社僅簡略記述，山地住民則幾乎沒有任何資料，日本據台當局都須自行調查整理。所以當時所謂平地番社的資料，一改再改；山地住民則遲未歸類。是直到了1918年，日本據台當局清查山地區域住民告一段落，才發覺若繼續跟著清國以「生番」稱「隘勇線」外的台灣平地住民，那該怎麼稱台灣山地住民呢？所以這時才把所有原稱熟番與生番的平地人口，全部改稱為「本島人」；「生番」則改為專稱高山住民。後來再改以「高山族」或「高砂族」稱高山住民。

清國據台末年，因漢化而傾慕虛榮又功利薰心，甘願賣祖求榮想當「假漢人」的台灣人，也不過數千人。

　　日本據台初期（1895年至1897年），有6456位台灣人自以為是「高級假漢人」而決定去唐山定居，其中有約500人因文化和生活習性的差異，不能適應，立即就轉身返回台灣。部分硬著頭皮在中國留居之台灣人，由於「假漢人」再無利用價值，也難以融入所謂的華人社會，大多數又陸續再返回台灣。只有極少數如丘逢甲、黃朝琴、李萬居、林忠、連橫與連震東父子等人，由於清據時期以「高級假漢人」姿態勾結漢人滿官，橫行鄉里，在台灣聚集了龐大財富，得以攜帶這些錢財，在所謂的華人社會揮霍而苟且逍遙。

　　　有張先生質疑說：「我不相信你以上所言的『日據時期台灣人只有被稱為生番的山地住民和被稱為熟番的平地漢化民』！不要為了排斥中國就胡言亂語，『台灣人多數是唐山移民的後裔』是一般常識。」

　　埔農回答：
　　埔農已經舉出了這麼多史實證據，證明日據時期以前，不可能有唐山人後裔留在台灣。張先生可能還未看過埔農的這些舉證說明，或者沒有仔細看，才會現在又說出「台灣人多數是唐山移民後裔」這樣的話來。沒關係，這些日據時期台灣人口普查資料的原件照相本，埔農收錄在《台灣人被洗腦後的迷惑與解惑》一書，煩請張先生撥空仔細審閱，必能豁然開朗。埔農一再舉證說明台灣的史實真相，是希望台灣

人的精神靈魂能夠早日復甦，早日回復台灣族人的人性尊嚴。這雖是必須排拒中國霸凌的重要原因之一，但絕非是爲了排斥所謂的壓霸中國才說「原台灣人絕對沒所謂唐山人或華人的後裔」。「日據時期以前，原台灣人沒有一個是唐山人後裔」是無可爭辯的事實。所謂「台灣人多數是唐山移民的後裔」或「原台灣人有一些是唐山移民的後裔」是來自蔣幫中國壓霸集團的洗腦教育，以及認盜作祖、僞裝假漢人之所謂台灣士紳（如丘逢甲、林維源、連橫等）所虛構的「小說」，史實文獻記載，都說明「絕無此事」。

　　有陳先生說：「根據我在台灣省通志（誌）卷二人民志（誌）人口篇第二冊，由民國61年6月30日台灣省文獻委員會的資料，台灣的1915年熟番人口數爲47676人。這跟你所給的資料，1915年熟番人口爲321萬人相差浪遠，看你如何解釋！」

　　埔農回答：

　　中國國民黨逃難、入侵到台灣後，爲了僞裝其統治的正當性，差遣其御用學者（黃典權等），全面竄改、假造台灣歷史。台灣省文獻委員會的資料，多數是他們召集陷入「斯德哥爾摩症候群」的台灣聞達假漢人、假華人共同編纂的僞造文書。1915年的台灣人口普查統計和1915年6月28日台灣日日新報的原件都還在，是假不了的。更何況，1730年僅

清廷登記的，已被漢化成所謂熟番的就有至少60萬人，1915年台灣熟番人口數僅47676人是絕不可能的。這台灣省文獻委員會所偽造的1915年熟番人口數47676人，其實是隘勇線外台灣平地番社中，被日本據台當局註記為『熟』的人口數，意思是「隘勇線外平地番社中已略懂客家話或福佬話而略可溝通之人」。同時間，隘勇線外台灣平地番社中註記為『生』的也僅有46152人。而1915年隘勇線外台灣平地番社人口數有132279人，這38451人的缺口，正是已被改記為「福」、「廣」的隘勇線外台灣平地番社人口（因為當時這38451人都已熟悉聽與說的「福佬話」或「客家話」）。但不論註記為「生」、「熟」或「福」、「廣」，隘勇線外台灣平地番社人口，在1915年人口統計時，全部都還是被歸類作「生番」。這「熟」是指「已略懂客家話或福佬話（意思是已略可用客家話或福佬溝通）」的所謂「生番」，這「生」是指「僅懂得自己部落語言（意思是溝通有困難）」的所謂「生番」。這些事實，埔農在《台灣人被洗腦後的迷惑與解惑》一書中有詳細的舉證說明。

　　張先生質疑說：「若日本人真有留下這些完整史料，為何只有你一個人知道？依我看，這些日據時期的台灣人口普查資料是偽造的，或者是你被誤導了！」

　　埔農回答：

　　唉！埔農是遠離名利之人，怎麼會去僞造這些資料呢？僞造歷史資料是中國壓霸集團以及被洗腦所迷惑的台灣聞達人士才擅長！這些資料，是埔農親自從日據時期的台灣人口、戶籍普查之原始資料中逐一找出來的，都是原件的照相本，又怎麼會是被誤導呢？

　　白色恐怖時期罪行的很多原始直接文件和資料，台灣人要找、要看幾乎不可能。即使民進黨執政時期，不少重要的相關文件和資料還是被以「機密」密封，有理性的台灣人還是不得看，有些甚至被銷毀。日據早期的台灣人口、戶籍普查原始資料（日本當局初始是轉錄自清國據台末期的台灣官方戶籍文書），原來也是被列爲機密封鎖。這些日據時期台灣人口眞相的史料，不可能只有埔農一個人知道！因爲，日本戰後留下之台灣人口、戶籍普查原始資料，存在台灣的有兩套，一套存放在中央研究院，僅院內特殊身份研究員被准許看，外人被禁止；另一套原存放在台灣國家科學委員會，列爲機密。國家科學委員會放久了覺得與他們無關，就交由台灣大學保管，但卻不交給歷史系，反而交給法律系（說是有智慧財產權！既是日本據台時期的官方文書，應屬台灣全民所有，蔣幫中國壓霸集團或台灣大學法律系何來智慧財產權？壓霸集團一向慣於使用「似是而非」的說法，企圖掩飾他們的壓霸和陰狠）。台灣大學法律系以照相本做成資料庫保存（台灣法實證日治時期資料庫-台灣大學）。

　　張先生再質疑說：「我也是學歷史的，我等同儕，
就從來沒聽說過，也沒有那一位教授或台灣史研究員曾
提過這些日據時期的台灣人口普查資料。」

　　埔農回答：

　　蔣幫中國壓霸集團當然不願意台灣人瞭解這些史實眞
相。而台灣聞達人士（尤其高位的台灣歷史學者）在歷經70
年來中國式的壓霸洗腦教化後，身陷「台灣受虐症候群」
（重症「斯德哥爾摩症候群」）的心理禁錮中，也自然不會
或不明白要去追查這些眞正的台灣史實資料。所以，張先生
等歷史學者同儕，才會從來沒聽說過有這些台灣人口普查資
料；也沒有那一位台灣人教授或台灣史學者，會想到要去整
理、分析這些日據時期的台灣人口普查資料。當然也就少有
人知道「這些日據時期的台灣人口普查資料裡，隱含有原台
灣人身份的實情眞相」。

　　不知是中央研究院的主事者不曉得有台灣大學的「台灣
法實證日治時期資料庫」可供查閱（但不准複印），或是因
爲資料龐雜，且有數十萬份，他們可能認爲，應該沒有人會
仔細翻閱或加以整理，所以中央研究院才另用「以虛妄之中
國壓霸思維改寫過的文件」展示，企圖讓想看的人繼續迷
糊。

　　張先生若眞有心，可自行上網去「台灣法實證日治時期
資料庫-台灣大學」網頁耐心查看、仔細分析，現在還查得

到。不過還真是須有耐心，因為這資料庫僅按年份排列，且資料龐雜，必須自己整理、分析。而且要快一點，這資料庫曾被封鎖過，難保不會有那一天又不見了！

第五章

蔣幫中國壓霸集團蹂躪台灣

　　二次大戰末，日本戰敗投降。蔣幫壓霸集團在中國的貪腐暴政，已顯露不可收拾的頹敗跡象。爲作困獸之鬥，遂藉美軍戰後急需休養之機，誘使美國將台灣暫時讓其接管，以便掠奪台灣財物，救援其在中國的危急。爲了迅速榨乾台灣、吸乾台灣，燒殺、擄掠無所不用其極，把台灣造成人間煉獄。

　　1945年9月1日，美軍佔領（接收）台灣的先遣部隊已抵達台灣。

　　1945年10月5日，蔣介石派遣因漢化深而轉性貪婪、賣祖求榮的台灣假漢人黃朝琴、李萬居與林忠等人，隨美國軍官組成的顧問團（監督性質），以領路狗的姿態，由美國飛機運送來到台北松山機場。同行的還有蔣幫壓霸集團的葛敬恩中將隨時監視。根據《海牙第四公約》附則第四十二條「佔領不移轉主權」原則，佔領軍只能維持現狀。

　　1945年10月24日，陳儀、嚴家淦、連震東及宋子文的業務代理，坐美國飛機抵達台北。黃朝琴招徠一些舊識的所謂「士紳」台灣假漢人（他們期待再勾結壓霸入侵者以率先搶得名利），發動一些群眾去展示盛大的歡迎場面，包括強迫成千兒童在大太陽下站了好幾個鐘頭。

　　（這和1895年日本奪取台灣時，台灣有6456人自以爲是『高級假漢人』而決定去唐山時一樣，是台灣假漢人士紳的歷史重演而已。日本據台時赴唐山的假漢人士紳，在中國已無被利用價值，大多數還得以黯然逃回台灣。而去歡迎蔣幫中國壓霸集團侵台的假漢人士紳，在發覺被利用後即被丟棄時，已無路可逃。除了一樣自取其辱外，不少更身受其害。爲中國壓霸集團領路的連震東、黃朝琴等人，則因爲持續甘做走狗、馬前卒而不悔，還能拾取碎肉殘羹，自鳴得意。這些賣祖求榮的半山仔，後來確也引誘不少意志不堅之台灣人加入其行列。他們配合中國壓霸集團，利用清據時期假漢人所虛構的小說，全面竄改史實。這是原台灣人輕易被全面洗腦、奴化的原由。）

　　1945年10月25日是蔣幫壓霸集團根據麥克阿瑟元帥一號令來台暫時做軍事佔領（由美軍軍官組成的顧問團監督）。原令爲「中國（滿州除外）、台灣及北緯十六度以北之法屬印度支那境內的日軍高階司令官及所有陸、海、空軍及輔助部隊應向蔣介石的軍隊投降」（包括Itu Aba Island，即後來的所謂太平島。當時蔣幫黨軍是以太平艦[美軍交給]代表同

盟國前往接管Itu Aba Island，就順手改稱爲太平島，這是太平島一辭的由來），如此而已。按照該命令，日軍遣送完畢，次年二月就該撤軍回中國。（蔣幫黨軍依令如期退出北越，卻由於戰後美國一心一意爲了對抗共產主義，蔣幫黨軍又是高舉「反共抗俄」的招牌，美國就暫時忽略滯延在台灣和Itu Aba Island[所謂太平島]的蔣幫黨軍，以及後來流亡台灣的所謂中華民國中央政府，給台灣留下了禍根。）

　　但是，蔣介石授意陳儀，竄改麥克阿瑟元帥的命令，僞稱一號令爲「接收台灣、澎湖列島之領土、人民、治權、軍政設施及資產」。由於日本國已宣佈向盟軍「投降」，日本據台當局接到麥克阿瑟元帥和日本國的命令是「應服從蔣幫中國國民黨黨軍的軍事接管（在美軍軍官組成的顧問團監督下，就如同蔣幫黨軍的暫時接管北方越南）」，日本末代總督安藤利吉認爲他沒有何權力違背麥克阿瑟元帥以及日本政府的命令而另作主張，所以安藤利吉當時不願簽署被改成「接收台灣、澎湖列島之領土、人民」的所謂降書。根據檔案記載，何應欽指示：「在台受降無須簽降書，只要簽收了陳儀手中的一號令即可」，顯見蔣幫壓霸集團早就有預謀竊佔台灣。

　　1945年10月25日的所謂受降典禮在「台北公會堂」（蔣幫壓霸集團入侵台灣後，改名爲中山堂）舉行，日本代表（台灣總督安藤利吉）向代表盟軍的陳儀呈交降書（由美軍軍官組成的顧問團監督，就如同蔣幫中國國民黨黨軍的暫時

佔領北緯十六度以北之法屬印度支那和Itu Aba Island[即後來的所謂太平島])。降書明言是根據麥克阿瑟元帥的命令而向其派遣來的佔領軍投降,並不是向中國投降,更沒有移交台澎主權。所以蔣幫中國壓霸集團至今都不敢展示當年日本據台總督安藤利吉的降書。並在受降典禮後不久,蔣幫中國壓霸集團立即將安藤利吉以戰犯之名押送上海,最後安藤利吉在上海獄中自殺。「自殺」?安藤利吉若是因日本戰敗投降而羞愧自殺,爲何不在戰敗後的受辱期間自殺(這段時候要自殺很方便)?卻在被囚禁、被嚴密監視的情況下,才另尋辦法自殺。很顯然,安藤利吉是因爲不配合蔣幫中國壓霸集團的「接收台灣、澎湖列島之領土與人民」,拒絕威脅、不受利誘,所以「被自殺」了。

因蔣幫中國壓霸集團以黨軍實質佔領台灣,其初始目的是掠奪台灣財物,救援其在中國欠缺的物資,爲了迅速榨乾台灣、吸乾台灣,燒殺、擄掠無所不用其極,把台灣造成人間煉獄。

1949年12月,蔣幫壓霸集團在中國已無立足之地,成爲人人喊打的流寇。於是整體逃亡到台灣,開始讓台灣人奮力復建,以供養其在此「夜郎自大」。這時候,絕大多數的樸實原台灣人,都明白自己是台灣原住民,蔣幫中國壓霸集團就如同荷、鄭、清、日,是異族侵略台灣。所以,樸實的原台灣人都一直稱隨蔣幫中國壓霸集團逃難來台灣的中國人爲「唐山人」,對蔣幫中國壓霸集團則稱「阿山仔」(台灣人

本來就是稱早期侵台的唐山人及清廷派台人員爲「唐山仔」
或「阿山仔[有討厭之意涵]」），是1970年以後，才逐漸隨
著率先被奴化洗腦的社會聞達人士出現「外省人」這個錯誤
說法。

　　另外，想必是陳水扁任總統期間，蔣幫中國壓霸集團以
及奴化深的台灣聞達人士，爲了避免台灣意識抬頭後，台灣
人有可能恢復對所謂華人的「唐山仔」或「阿山仔」稱呼，
會使得原平地台灣人有機會再憶起「本爲台灣原住民、非唐
山人後裔」的疑慮，才依「大陸仔」、「阿陸仔」的虛妄稱
呼，再創造了「阿六仔」一詞來改稱所謂的中國人。

　　二次大戰後的和平會議於1951年9月4日至8日在美國的
舊金山市召開，1951年9月8日各參戰國簽署舊金山和平條
約，規定《舊金山和約》於1952年4月28日生效。當時由於
國際上普遍認爲，中國共產黨於二次大戰時在中國僅是參與
內戰的非法軍團，所謂的「中華民國中央政府」又已是逃亡
國外的非法「流亡政府」，所以各國不同意由任一方派代表
參加二次大戰後的舊金山和平會議。

　　日本已宣佈無條件投降，台灣本身不是參戰國，是因日
本而被捲入戰爭；當時檯面上的台灣聞達人士全是假漢人士
紳，不但沒有一個能代表眞正的多數台灣人意志，而且這些
台灣假漢人士紳，又若不是已被殺害或入罪，就是已倒向侵
台的蔣幫中國壓霸集團；少數逃到海外流亡的台灣人，不但
仍僞裝成一副所謂「假華人」的樣子，還多數以「自負高

級」的心態各立山頭，讓各國政府對台灣人的注意力分散又紛擾；加上以美國為首的盟國，為了圍堵共產主義，執意暫時犧牲台灣人的自主權，遂決定在和平會議上，暫時忽略台灣這塊土地在戰後應返還的權利，所以，二次大戰後的舊金山和平會議，台灣人也沒有被列入應該出席的名單中。「舊金山和約」因而完全沒有提到台灣問題的合理解決辦法。

依《舊金山和約》第六條a規定：「自本條約生效之後，所有聯盟國佔領軍應儘速自日本撤出。此項撤軍不得晚於本條約生效後九十日」，當時台灣是在日本所謂的領土範圍內，所以這「自日本撤出」自然包括台灣；第二條b規定：「日本放棄對台灣、澎湖等島嶼的一切權利、名義與要求」；另依《海牙第四公約》附則第四十二條「佔領不得移轉主權」的規定、「佔領軍只能維持現狀」的原則，蔣幫壓霸集團應於1952年7月27日以前退出台灣。而日本又已正式放棄對台灣、澎湖等島嶼的一切權利和名義的主張，根據主權在民原則，台澎主權當然落回到台灣人民自己手中。因而，在法理上，台灣到現在都還是歷經二次大戰後被侵略的國度。

其實，蔣介石早就自知台灣只是戰時的臨時託管地，而且中華民國已經滅亡。1949年1月12日，蔣介石從重慶致電被他派遣到台灣執行流亡任務的陳誠，譴責陳誠在記者會中大言「台灣為剿共堡壘」的失當，要陳誠發言應以中央政策為主，免被誤解中國國民黨人不懂國際法又沒常識。蔣介石

在電文中強調：「台灣法律地位與主權，在對日和會未成以前，不過爲我國一託管地之性質。」原電文是：

台灣陳主席（誠）。昨電諒達。刻閱報并承重要同志來談，對弟在記者席上談話皆多責難，實令中無言以對，且聞弟對何浩若許多主張屬其轉達在京同志，此種作風仍是過去一套，毫未有自反改過之意，殊爲弟危也。若經過已注重大教訓而竟對如此之大失敗猶不反省，對於本身之處境亦不顧及，此不僅不能成爲政治家，而且令人徒增悲歎與絕望也。湏知此時何時，台灣何地，尚能任吾人如注日放肆無忌，大言不慚乎。台灣法津地位與主權，在對日和會未成以前，不過爲我國一托管地之性質，何能明言作勦共最後之堡壘與民族復興之根據也，豈不令中外稍有常識者之輕笑其爲狂罄乎。今後切勿自作主張，多出風頭，最要當以中央之主張爲主張，如對記者所言則與中元旦文告完全背反，使中外人士對弟有莫名其妙之感，務望埋頭苦幹，思過自責，再不受人嫉忌，力避爲人指摘，則公私幸甚。中○手啓子儉府机。

蔣介石致電陳誠之電報原稿：

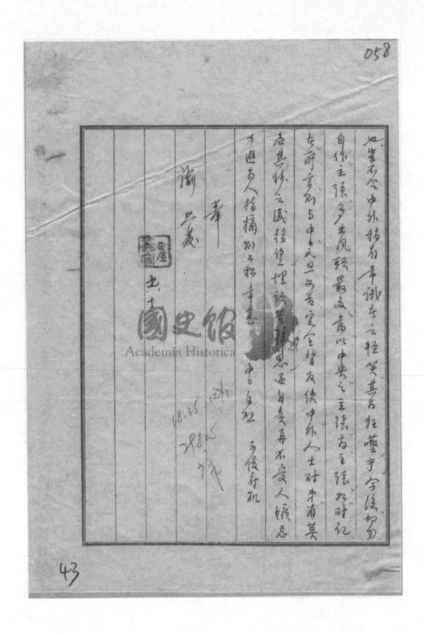

058

如蒙不合中外稍有幸諱亦不程笑甚而狂暴于守後始勿
自作主張多失風致最爲當以中肯之主張有主張好對記
專前言到5中外式且各者宣全皆友使中外人士對本甫英
名其於之國務望理終葉辦忠遇自麦再不受人嫌忌
万迎吾人描摘別方於幸忘中。多紀予後存机

謹悉
奉義

十
國史館
Academia Historica

43

手令 36

2133

16

058

譯發於：南京
中華民國卅六年 壹月 拾貳日

台灣陳主席　昨電諒達刻聞報載承認重要同志未

諒對來此記者本上誤消諸受責難實全中央言此特且

聞來對何階否許交委張庸其轉達立言同志此種

作風仍覺過去一套慶本自反政過之善疑光才虎

此善因過去往重大教訓而民對此事之大失敗擔及反

省對稱本身之度境如此僅不能成為治

家宜全人隨灣悲誤此經郊此時何時台灣情

地南既信言人如給口殺辭無怠尖言不懈甲台灣情樣

地信与言權立妙自秋念半歲以崇不逮為稅國一托官地之

性哉何施明言後軍共骨淚立健墨与辰後淺興之相接

42

　　1950年3月，蔣介石發表「復職的目的與使命」又說道：「我們的中華民國到去年年終，就隨大陸淪陷而已經滅亡了！」所以，蔣幫壓霸集團是侵略者、是外來入侵的強盜，他們自己都心知肚明！

　　只因蔣幫集團高舉「反共抗俄」的招牌，戰後各民主國家又一心一意爲了對抗共產主義，希望把台灣當作圍堵共產主義的前哨，各盟國在美國的慫恿下，執意暫時犧牲台灣這塊土地和人民。

　　於是，蔣幫中國壓霸集團利用此機會，爲逞其永遠坐享霸王地位之獸慾，運用所謂的中國厚黑學爲手段，經周密的陰狠設計，以恐怖極權爲工具，將逃難來台的華裔移民家奴化；同時將台灣土地上的人民洗腦、竄改台灣歷史、摧毀台灣人民最後尚存的良知與文化傳統，呆奴化台灣人民的心靈，再用清國治理敵境的基礎，將台灣族人分成「客家人」、「閩南人」、「平地山胞」、「山地山胞」的四個族群，加深分化洗腦，並塑造侵台的中國蔣幫集團爲「當然貴族」之印象。這些蔣幫惡徒自稱爲「高級中國人」，使台灣聞達人士多數逐漸自卑喪志。一些人則甚至變得寡廉鮮恥，以附貴求榮自滿。由於大眾的認知，無論是來自學校教育或社會教化，絕大部分都是受聞達人士（尤其所謂的台灣文史學者）所影響，風行草偃，使得一般台灣民眾也受到深化迷惑。台灣聞達人士之爲害，更是習以爲常！

　　歷經二至三代七十年的強塑，台灣人民還有本質記憶

者，已經稀有、罕見了。這時要喚醒台灣人民的良知本性已
難上加難。（事實上，真正對原台灣人靈性智慧和靈魂尊嚴
造成嚴重傷害的，其實主要是來自台灣自己國內的這些聞達
人士。台灣聞達人士[尤其文史學者]，已成為台灣人想要覺
醒、台灣想要回復完整自主國度的最大障礙。）

　　台灣的災難，始自17世紀初的好心收容橫渡黑水溝僥倖
沒死之唐山逃犯。1623年，逃亡來Paccan（台灣）的唐山人
Hung Yu-yu，誘使荷蘭人入侵Paccan；1661年，逃亡來台灣
（這時唐山人稱Paccan為台灣）投靠荷蘭人的唐山人何斌，
引領鄭成功海盜集團肆虐台灣；於是台灣持續再受清國、蔣
幫壓霸集團的踐躪。台灣智慧樂土的失落，可說是全然肇因
於殘暴又陰狠的唐山人（日本的據台，是來自於接受清國手
中贓物，日本是犯了「收受贓物罪」）。尤其近70年來，蔣
幫中國壓霸集團將台灣土地上的人民徹底洗腦，摧毀台灣人
餘存的良知，將台灣人的本質智慧連根拔起，最是惡毒。

　　有陳先生（可能是所謂的中國人）質疑說：「中國
　一直認為台灣屬於中國，中國是取回台灣，你怎麼可以
　說成是竊佔台灣呢？」

　　埔農回答：
　　中國人在1600年代以前，從來就不知有Paccan這地
方，遠古時候所謂的華人是稱到中國地區傳播文明的台灣

（Paccan）人爲「島夷」（因爲Paccan人一向都僅自稱來自海中之島），並不知此島在那裡或做何稱呼。是直到明末的1610年以後，才有中國福建龍溪的張燮，從西班牙人、葡萄牙人、荷蘭人口中得知東方海上有Paccan一地，就在他於1617年所寫《東西洋考》一書中的附錄中順便提到Paccan（《東西洋考》本文並未提及台灣），張燮將Paccan寫爲北港。台灣（Paccan）只是後來才遭鄭成功集團以及清國侵略而已。

只要翻一下沒被偽造過的所謂中國歷史，就可看出，今天有關台灣的種種迷思，都是蔣幫壓霸集團所偽造出來的。1663年鄭經說：「東寧與中國版圖渺不相涉。」（明朝末年，中國人才發覺有Paccan這個國度，竟然能硬說Paccan是古稱琉球，又說是古稱東寧，眞是亂七八糟。即使如此，他們還是承認「與中國版圖渺不相涉」）。1722年清國雍正皇帝說：「台灣地方，自古未屬中國。」而所謂的中華民國憲法，也從來沒有將台灣納入過其壓霸、貪婪、意圖併吞鄰國的所謂中國版圖，所以即使依據所謂的中華民國憲法霸權，什麼時候台灣曾被認爲屬於中國了？

事實上，1945年以前的所謂中國人都知道，台灣並沒有所謂的漢人或華人存在，台灣人是一個獨特的民族。所以，孫文於1914年就說過「我主張日本應該讓台灣與高麗（韓國）兩『民族』實施自治」；1925年孫文再說：「我們必須鼓吹台灣獨立，和高麗的獨立運動互相聯合。」（見於戴季

陶的《孫中山先生與台灣》）蔣介石在還未想到要侵略台灣前，於1925年就引用孫文的話說：「必須使高麗、台灣恢復『獨立』自由，才能鞏固中華民國國防。」蔣中正更於1926年的中國國民黨第二次全國代表大會宣言中說：「國民黨支持台灣、越南、朝鮮（韓國）、菲律賓等『民族』的民族獨立革命運動。」1936年7月1日毛澤東面對美國記者史諾採訪時說：「我們同時支持朝鮮和台灣爭取獨立的戰鬥。」1938年4月1日的中國國民黨臨時全國代表大會，蔣中正發表演說時還再強調一次：「希望台灣恢復獨立」。1941年1月5日周恩來在談「民族至上與國家至上」時也強調：「我們同情民族國家的獨立解放運動，我們不只要協助朝鮮與台灣的獨立運動，也同情印度與東南亞諸國的民族解放運動。」1941年12月31日中國駐美大使胡適在美國演講說：「中國對日宣戰的目標，在恢復滿州、熱河、察哈爾、綏遠，以及中國本部的被佔領區。」指出所謂中國的被佔領區並不包括台灣。可見所謂的中國人本來就知道，台灣人民不是漢人，與越南、韓國民族一樣，是被迫漢化的另一獨立民族。

以上處處顯示，在蔣介石、宋美齡兩人垂涎台灣的進步和富饒之前，所謂的中國人都知道「台灣不屬於所謂的中國」、「並無漢人或所謂的華人後裔在台灣」，即使素來貪婪、壓霸、自大、以鄰為壑的所謂中國政府，也並無染指台灣之意，也並沒有一個所謂的中國人想要侵略台灣。即使在蔣介石逃亡到台灣，做出乞丐趕廟公之壓霸惡行後，所謂的

中國政府也一直僅表示要追剿叛逃之蔣幫集團,還是沒有染指台灣之企圖。在二次大戰以前,所謂的中國一直認為,台灣是和中國毫不相干的另一個國度。蔣幫壓霸集團當然是竊佔台灣,而且蔣幫壓霸集團也自知是在竊佔台灣,只有已呆奴化的台灣聞達人士不肯承認。現在的中華人民共和國則是垂涎台灣。陳先生怎麼可以聽信一些中國壓霸集團,為了滿足其貪婪,現在才說出口的惡意謊言呢?

是直到1971年,所謂的中國(中華人民共和國)見蔣幫集團已把台灣人民澈底洗腦、奴化,台灣聞達人士又自以為是漢人或華人,有些甚至於自以為是中國人,所謂的中國見獵心喜,才起了貪圖台灣的念頭。所謂的中國人心想:「既然你們台灣人自己要裝做是漢人、華人或是中國人,是你台灣這塊肥肉自己要送到我中國的嘴裡來,讓我中國流了滿嘴口水,我中國不想要順勢把你台灣這塊肥肉吞了才怪!」

蔣幫中國壓霸集團偽造歷史,欺壓、洗腦、奴化台灣人民七十年,最後還想把台灣送給他們的中國宿敵繼續蹂躪,真是狠毒至極。只要翻一下沒被偽造過的中國歷史就可看出,今天台灣的困境,全都是蔣幫壓霸集團所製造出來的。習於「厚黑學」的所謂貪婪中國人,有什麼不要臉的話說不出口?

看事情必須從源頭追查真相。中國人在1600年代以前根本就不知道有Paccan這地方,鄭成功海盜集團和蔣幫中國壓霸集團一樣,都是逃亡海外的所謂中國罪犯;清國則是跨境

到台灣引渡投案的逃犯，自己卻賴著不走；現在的所謂中國，則是痟想學清國的樣，也要藉口緝捕逃犯而一併侵略台灣。基於以上事實，請問，台灣何時曾屬於所謂的中國了？所謂的中國又有何資格奪取台灣？所以，陳先生，您怎麼可以也道聽塗說呢？怎麼可以說出中國是取回台灣這樣的言語呢？

　　陳先生再強辯說：「不管怎麼樣，中國接收台灣是根據『開羅宣言』而來的合法行為，無論如何你都不能說是『竊佔』！」

　　埔農回答：

　　您也知道「開羅宣言」，就表示您已知道那只是「宣言」（意即只是「發表談話」，是說：你的意圖我們聽到了，但我們有何權力答應你割據別人的領土？若是如此，那與三個強盜在分贓何異？更何況，你能在戰後合情、合理、合法地說服各方嗎？），是指三國領袖曾有這段談話，如此而已，並非條約。即使是條約，依國際法，都還必須各自攜回經國會通過才有法律效力，何況才只是說說而已的宣言！

　　事實上，不論是日內瓦公約、海牙公約和其他已制定的國際慣例法等國際法，都明確規定，任何戰時之約定或條約，以及任何領土主權的移轉，都必須經由戰後的「正式和平條約」才能加以確認並執行（若戰爭前和戰爭中的商討可

以直接做為戰後執行的依據，是強盜行為的做法，那戰後也就不需要和平會議了）。當時美軍統帥麥克阿瑟將軍指派蔣介石的中國國民黨黨軍來代替他執行軍事佔領任務，在1952年4月28日「舊金山和約」生效之前，台灣都還是在美國的軍事佔領狀態中。由於國際上普遍認為，中國共產黨於二次大戰時在中國僅是參與內戰的非法軍團，所謂的「中華民國中央政府」又已是逃亡國外的非法「流亡政府」，所以各國不同意由任一方派代表參加二次大戰後的舊金山和平會議。由於中國並未被准許參加二次大戰後的「舊金山和約」會議，「舊金山和約」的內容也沒有提到台灣問題的合理解決辦法，因而在法理上，台灣到現在都還是歷經二次大戰後的被侵略國度。

綜合上述的事實，我們可以做出三個重要的結論。第一，自從1945年10月25日起，所謂的中華民國（中國國民黨黨軍），僅是被美軍派遣來台灣暫時執行軍事佔領任務的軍隊而已，就如同蔣幫黨軍當時之暫時佔領越南北方。第二，在1949年12月，所謂的中華民國中央政府（當時已是叛逃的流亡政團）逃亡來被佔領的台灣，它是遷到中國國土以外區域的流亡政府。第三，由於1952年4月28日舊金山和約生效的同時，軍事同盟國已經解散，依舊金山和約，各佔領軍必需於1952年7月27日以前退出佔領地。但是，做為擁有佔領職權的當事者，美國一心一意為了對抗共產主義，卻讓早期暫時安排的軍事佔領，演變成任由蔣幫中國壓霸集團持續佔

領台灣。換句話說，所謂的中華民國（中國國民黨黨軍）是
代理美軍執行軍事佔領台灣而已，後來卻額外提供了維持其
流亡政府的地方。所以，蔣幫中國壓霸集團百分之百是「竊
佔台灣」！您若還是不服，請就以上事實，逐一提出反駁。

友人Kuo留言：「不過統派會拿美國的態度來說
嘴。」

埔農說：

是的！不過，請不要再用「統派」一詞稱那群「貪婪、
奸狡的壓霸集團」！台灣是被侵略的國度，何來被統之事？
那群人是霸凌台灣、踐躪台灣，更是存心要出賣台灣，是強
盜集團，稱「盜派」才恰當。另一方面，台灣近400年來既
然一直是被侵略、被踐躪的國度，荷、鄭、清、日以及蔣幫
壓霸集團都是侵略者，決心「復國」的台灣人怎麼會稱是
「獨派」呢？顯然仍未脫離「假漢人、假華人」的魔咒。

蔣幫中國壓霸集團和虛妄、無恥的假漢人一向慣於「為
賦神話強說謊」（友人Chen言），最擅長於扭曲事實、偽
造假象以笑衰台灣。事實上，美國現在還算是有點良心，美
國仍在維護台灣，雖然最主要還是因為台灣位居戰略上的重
要地理位置（美國態度的真相，埔農會在以後繼續揭露事實
的詳情）。就如美國新任總統當選人川普接受台灣總統的
賀電，與蔡英文總統交談10分鐘一事，事後中國國務院立

即跳腳，也有幾個美國政客說：「美國新任總統當選人接了『台灣總統』的電話，還談了10分鐘，可能引來中國的不高興。」川普隨即在Twitter上發文：「Interesting, how the U.S. sells Taiwan billions of dollars of military equipment but I should not accept a congratulatory call.」這段英文的原意是：「真好笑，美國賣台灣數十億軍事設備，我接一通他們的賀電，竟然會有人在旁邊說三道四。」蔣幫中國壓霸集團和虛妄、無恥的台灣假漢人，竟然能利用賣台媒體，在報紙以及電視上謊稱「川普是在說他不應該接聽台灣總統的賀電，川普後悔了」。隨後川普又發表的數篇談話，馬上把這批蔣幫中國壓霸集團和虛妄、無恥的假漢人打得滿臉腫疱。川普更在福克斯（Fox）新聞網的專訪中說：「中國有什麼資格對我發號施令。」「那是一次很愉快的電話交談。」「為什麼另外一個國家可以說我『不能接一個電話』？」「老實說，我覺得如果不接這個電話，那才真是失禮呢。」

「為賦神話強說謊」正是中國壓霸集團和虛妄、無恥假漢人的一慣伎倆，台灣人自己要看清中國壓霸集團和虛妄、無恥假漢人的真面目啊！千萬不要繼續受騙、上當了。

　　陳先生說：「你是什麼東西，竟然敢說『在台灣的中華民國中央政府是叛逃的流亡政府』！只有極少數背祖離宗之人說過這樣的言論，令人不恥！」

埔農回答：

「背祖離宗之人」？70年前的原台灣人，都是台灣原住民，只是不幸於清國據台時被強迫漢化而已，並非漢人後裔，何來背祖離宗？認盜作祖，偽裝假漢人、假華人，羨慕壓霸虛榮、鄙視自己的身份和出身而不悔之原台灣人，才是背祖離宗，不是嗎？「70年前的原台灣人，都是台灣原住民」，前面埔農已有很詳盡的舉證說明，請您自己去仔細瞭解吧，埔農不再重述。

至於「在台灣的所謂中華民國中央政府是叛逃的流亡政團」，這是不能辯駁的事實。蔣幫集團於1949年12月逃亡到被佔領的台灣時，合法的中華民國中央政府還留在中國，總統是李宗仁。這是誰都不可以否認的事實。當時蔣幫集團是所謂中國的非法組織，叛逃到台灣又自組號稱屬中國的政團，若不是「流亡政府」，請問，陳先生要稱它什麼？而且，在2000年以前，每一位外國參政者和現代史學者都知道「在台灣的所謂中華民國中央政府是從中國叛逃的流亡政府」，就只有台灣聞達人士（尤其所謂的台灣歷史學者）裝作不知道或不願承認而已！埔農就臨時舉個例子給陳先生看，1949年5月25日美國駐英國大使道格拉斯從倫敦發給美國國務卿的備忘錄記載：英國外交部辦公室的Dening先生說：「一個叛逃的中國人政府，或是一個中國人流亡政府，可以在法理上並非中國領土的台灣成立政權政府嗎？（當然不可以）」原文是：「Should a refugee Chinese government or a Chinese government in exile be set up in Taiwan, which is not yet legally Chinese territory?」

事實上，二次大戰後，各國都瞭解，1949年的所謂中華民國政府在台灣是「流亡政府」，中華民國流亡政府在台灣的一切作爲都是非法的。充其量，所謂的中華民國流亡政府僅能被視爲可暫時代表所謂的中國（因爲當時各國不承認中華人民共和國爲合法政府），所謂的中華民國流亡政府並不能代表台灣。早期僅極少數台灣聞達人士因受漢化洗腦影響，轉性追求名利，禁不住虛榮誘惑，勾結清國的漢人滿官圖利，而寧願認盜作祖，僞裝假漢人、假華人。是在歷經蔣幫中國壓霸集團的二次奴化洗腦後（蔣幫中國壓霸集團自奉爲「高級中國人」），賣祖求榮、自以爲也「高級」了的聞達假漢人、假華人、甚至假中國人才漸漸多了起來。風行草偃，1970年後，受連累而輕易誤以爲自己是唐山人或漢人後裔的原台灣人，也才逐漸多了起來。所以，國際上原本認知爲「絕對非法」的所謂中華民國流亡政府，於1980年後就變成「有爭議的非法流亡政府」。2000年以後，自以爲是華人的原台灣（Paccan）人更多了，竟然連民選的台灣政客，甚至台灣人總統當選人都以僞裝成假漢人、假華人自爽。這現象困惑了各國政府和人民，國際上的看法才逐漸傾向：「既然你們原台灣人（Formosans；Paccanians）自己（不論自願或非自願）大都表示是華人或中國人，那外人還能說什麼呢？」由於台灣聞達人士竟已普遍的認盜作祖，「有爭議的

非法流亡政府」就開始逐漸偷渡成「有爭議的華人政府」，或甚至是「有爭議的中國人政府」。這就是造成今日台灣普遍自虐又荒謬之慘況的過程。今日台灣的悲慘局面，在外國人看來，事實上就是我們台灣人自己要把國家讓給中國。如果台灣人已明白台灣歷史的實情，多數台灣人必定覺醒，台灣就可以讓全世界都認清，原台灣人絕不是所謂的漢人後裔或華人，更絕非中國人，台灣是一個被侵略的獨立國度。那麼，世界各民主國家當然會很快重新認同台灣、Formosa或Paccan了！所以，請陳先生仔細檢視埔農所列出的各項史實證據，有任何疑問，敬請逐一提出質疑或反駁，不要只發表情緒性的反彈或謾罵，好嗎？

對了，稱「在台灣的所謂中華民國中央政府」是「流亡政府」確實不恰當，應該是「強盜」才正確。因為在台灣的所謂「中華民國中央政府」原是中國罪犯，逃亡到台灣之後，不但乞食趕廟公，還無惡不作，根本連被稱為「流亡政府」的資格都沒有！是外來的真「強盜」。

陳先生繼續強辯說：「即使如此，執行軍事佔領權利和義務的戰勝國（美國）已同意中華民國擁有台灣，台灣的中華民國政府後來也加入了聯合國，並得到過國際認可。這總是你不得不承認的事實吧！」

埔農回答：

　　不！這絕非事實！美國以及世界各國，從未同意所謂的
中華民國政府可以在蔣幫黨軍代理盟國執行軍事佔領台灣之
後，繼續接管台灣。聯合國也從來沒有同意所謂的中華民國
流亡政府可以代表台灣。聯合國只是曾同意「由所謂的中華
民國流亡政府暫時代表所謂的中國人民出席聯合國」而已。

　　請看以下事證：

　　1946年11月21日，美國國務院遞交華盛頓特區所謂中國
大使館的外交備忘錄，主題是「台灣人仍屬日本國的身份地
位」。（1946年美國國務院外交關係部門，遠東報告第三
冊，第359頁）內容載明：「必須指出的是：以法律觀點來
看，台灣的主權轉移仍尚待正式的處置。一個主權轉換的條
約（指的是戰後的正式和平條約），將必須經過各方合宜的
談判過程，而此條約將影響台灣主權的移交，更須包括關於
台灣住民之國家地位應合情合理更改的條款。」

　　原文是：

Aide-Memoire: The US Department of State to the Chinese
Embassy, Washington DC. Date November 21, 1946.　Subject:
Status of the Taiwanese persons in Japan. (The US Department
of State, Foreign Relations of the United States, 1946, The Far
East Volume III page 359.)

　　「It should, however, be pointed out that from the legal
standpoint that the transfer of Taiwan's sovereignty remains to

be formalized; assumably a treaty of cession will in due course be negotiated which will effect such transfer and which may contain provisions in regard to appropriate change in the national status of Taiwan's residents.」

　　當時，蔣介石的中國國民黨軍事政權受派軍事佔領台灣已超過一年。所以，蔣介石的中國國民黨軍事政權早就受到警告，在台灣的所謂中華民國政府也早就知道自己是非法政府！

　　1949年5月5日英國工黨的代理（副）主席Bowles做出下面的陳述：「我瞭解，現在所謂的中國國民黨政府是霸佔著福爾摩沙，但那裡（福爾摩沙）不是中國，我認為那裡是日本的一部分，福爾摩沙現在還是日本的一部分而不是中國，雖然可以說，有所謂的中國人政府是流亡在那裡。」

　　原文是：

On May 5, Deputy Chairman Bowels (Labor), made the following statement: "Formosa, I realized, is the seat of the present Nationalist Government of China. But it is not China. I think it was part of Japan……Formosa is a part of Japan and is not really China, though the Chinese Government may be there."

　　以下是1949年5月25日美國駐英國大使道格拉斯從倫敦

發給美國國務卿的備忘錄，主題為台灣問題：

英國外交部辦公室的Dening先生說：「一個叛逃的中國人政府，或是一個中國人流亡政府，可以在法理上並非中國領土的台灣成立政權政府嗎？（當然不可以）所以，英國政府可能只會在淡水維持一個領事館做為英國在中國之大使館的境外辦公室。」（即不承認所謂的中華民國流亡政府在台灣自稱是一個國家）

他自己的看法則是，任何所謂的中華民國政府若設在台灣，將會是一個很曖昧又令人疑慮的處境，而且會給世界各國的政府帶來難以解決的難題。特別是對聯合國而言。

原文是：

Memorandum: US Ambassador in the United Kingdom (Douglas) to US Secretary of State. Date: May 25, 1949 London. Subject: Problems of Taiwan.

Mr. Dening, of the Foreign Office, stated that "Should a refugee Chinese government or a Chinese government in exile be set up in Taiwan, which is not yet legally Chinese territory? It is probable that the British Government would simply appoint a British Consulate in Tamsui as an office of the British Embassy in China."

His own opinions were that any Chinese government established in Taiwan would be in a very ambiguous position and would present difficult problems to the governments of the world and especially in the United Nations.

1949年一份有關軍事佔領台灣的美國中央情報局報告，以下是其中的記錄：

「從法律的角度來看，台灣不是中華民國的一部分。」

「由於在等待一個日本和平條約來合理解決（指的是戰後的正式和平條約，即後來的舊金山和約），這些島嶼（台灣及附屬島嶼）仍然是被佔領的領土。美國對這些島嶼，有類似主權人所應關注的利害責任。」

「若讓共產黨之意圖控制這島嶼（台灣及附屬島嶼）得逞，將意謂著對美國會有戰略上的嚴重不利。」

「原台灣人當然企盼從被中國人的控制中得到解放出來，但他們沒有強大武力足以成功地推翻它。」

「在台灣，要求成爲『有自主權之國家』的意願很強烈，但是情況因爲本土台灣人與中國國民黨人各自及相互之間的利益衝突（指的是台灣假漢人聞達人士的賣祖求榮，甚且勾結中國國民黨人欺壓自己族人，連帶加速對台灣族人的洗腦）而複雜化。」

「自從美國戰勝日本以來，台灣人極其痛恨中國國民黨人在台灣的統治。」

「中國人統治者剝削本土台灣人到了極點，從不考慮他們的福利或保留島上的資源。」

原文是：

A CIA report of Taiwan written in March 1949

"From the legal standpoint, Taiwan is not part of the Republic of China."

"Pending a Japanese Peace Treaty, the island remains occupied territory in which the US has proprietary interests."

"The communists' control of the island would have "seriously unfavorable strategic implications" for the US."

"The native population of Taiwan would welcome release from Chinese control, but was not strong enough to stage a successful revolt."

"There is a strong sentiment in Taiwan favoring autonomy, but the situation is complicated by the conflicting interests of the native Taiwanese and Chinese Nationalist element."

"The Taiwanese bitterly resent the performance of the Nationalist administration on Taiwan since VJ-Day (victory over Japan)."

"The Chinese rulers had exploited the native population "to the limit" without regard for their welfare or the preservation of the island's resources."

在1950年9月和10月，美國對聯合國遠東委員會的委員

們，陳述與日本締結和平條約的一般原則。稍後，在1950年12月27日的一份外交備忘錄裡，美國對1943年的開羅宣言表示看法。備忘錄裡說：

「有些中國人宣稱，1943年的開羅宣言意圖把滿州、福爾摩沙及澎湖歸給中華民國。其實這個宣言就如同其他戰時的宣言，諸如雅爾達、波茨坦宣言一樣，它僅是情況討論時的各自表述。美國政府的意思是，（法理上）任何戰時的言論或說法，都必須由戰後的最終和平協議才得以認定。而在最終的正式和平協議上，所有的各種相關因素都會被仔細考慮。」

1945年2月11日在雅爾達，邱吉爾、羅斯福和史達林同意蘇聯所提的對日本宣戰條件之一，就是把庫頁島南部及所有附屬島嶼歸還給蘇聯，並且連千島群島也一併交給蘇聯。這個雅爾達協議就像開羅宣言一樣，美國已經表明是一種參戰國個別意向的表示（意即：你的意圖我聽到了，但我們有何權力答應你割據別人的領土？這些事必須在戰後合情、合理、合法地說服各方後才得以做出決定），而不是一個具有約束力的國際承諾（指的是，必須由戰後的和平條約《舊金山和約》才得以經過正式的國際討論來裁決，否則和一群強盜集體分贓有何不同）。

原义是：

Aide-memoire, dated December 27, 1950, the United States

expressed the views:

Some Chinese claimed that the Cairo Declaration of 1943 stated the purpose to restore Manchuria, Formosa and the Pescadores to the Republic of China. That declaration, like other wartime declarations such as those of the Yalta and Potsdam, was in opinion of the United States government subject to any final peace settlement where all relevant factors should be considered.

On February 11, 1945, at Yalta, Churchill Roosevelt and Stalin agreed that the USSR agreed that the USSR would enter the war against Japan on condition, among others, that the southern part of the Sakhalin and all the islands adjacent to it "shall be returned to the Soviet Union" and that the Kurile Islands "shall be handed over the Soviet Union". The Yalta agreement, like the Cairo Declaration, has been considered by the United States to be a statement of intention rather than as creating binding international commitments.

艾奇遜國務卿給國防部長馬歇爾的備忘錄;日期,1950年11月11日;主題,福爾摩沙的問題:

在準備戰後和平條約的最終草案期間,美國計劃鼓勵聯合國裡所有的會員國,要澈底地研究台灣的法裡地位,以確認解決台灣前途的最明智途徑。

福爾摩沙問題即將送達聯合國的政治委員會。我們所設
定的程序是，一個聯合國委員會將用第一年的時間來研究這
個問題，以便能完整提出所有相關的事由，並讓關心福爾摩
沙問題的各國政府間，有機會做完全的意見交換。這委員會
將會謹慎地審視中國所提出之對福爾摩沙的各項主張，也會
謹慎地顧慮到福爾摩沙人自己的福祉和願望，並要合乎國際
社會對合法利益的合理關注，藉以提昇西太平洋區域的和平
與安全。

　　對福爾摩沙問題草案的決議記載：必須注意，並沒有正
式法案可以把這些領土主權移交給中國。

　　（令人遺憾的是，由於戰後美國一心一意為了對抗共產
主義，蔣幫黨軍又是高舉「反共抗俄」的招牌，美國為了維
繫西太平洋圍堵共產主義之所謂第一島鍊的完整，就故意暫
時犧牲台灣，袒護當時高喊反共抗俄的所謂中華民國政府，
繼而忽視滯延在台灣的蔣幫黨軍，以及容忍後來流亡台灣的
非法中華民國政府。）

　　原文是：

Memorandum: Secretary of State Acheson to Secretary
of Defense Marshall, Date: November 11, 1950, Subject: The
question of Formosa.

In preparation for the final drafting on the post-war peace
treaty, the United States plans to encourage the members of the

United Nations to thoroughly investigate Taiwan's legal status and decide the best course for Taiwan's future.

The question of Formosa will shortly come before the Political Committee of the General Assembly. Under the procedure we envisage, a United Nations Commission would spend the first year in studying the problem, in bringing out all relevant factors and in providing an opportunity for a full exchange of views among the governments concerned. The commission would give careful consideration to the respective Chinese claims to Formosa, to the well-being and wishes of the Formosans themselves and to the valid interest of international community in promoting peace and security in the western Pacific area.

Draft resolution on the problem of Formosa: Noting that no formal Act restoring sovereignty over these territories to China has yet occurred.

　　道格拉斯麥克阿瑟將軍（太平洋盟軍統帥）於1951年5月在美國國會聽證會上作證時指出：「就法理上來說，福爾摩沙仍舊是日本帝國的一部分。」
　　原文是：

General Douglas MacArthur stated it at a US congressional

hearing in May 1951, legalistically "Formosa is still a part of that Empire Japan".

劉教授說：「這是舊金山和約生效前的證詞，所以法理上，當時台灣仍舊是日本帝國的一部分。」

埔農說：

是的，《舊金山和約》生效前，各國基於法理上的認知，都知道「台灣是戰後被軍事佔領的日本所屬土地之一」。依《舊金山和約》第六條a規定：「自本條約生效之後，所有聯盟國佔領軍應儘速自日本撤出。此項撤軍不得晚於本條約生效後九十日」，蔣幫壓霸集團依法是應於1952年7月27日以前退出台灣。另依《海牙第四公約》附則第四十二條「佔領不得移轉主權」的規定、「佔領軍只能維持現狀」的原則，再怎麼講，蔣幫中國壓霸集團非法流亡政府的霸佔台灣，都是強盜行為。再因為1952年4月28日《舊金山和約》正式生效後，日本政府已喪失對台灣及附屬島嶼的一切權利，而《舊金山和約》的內容也沒有提到該如何合理解決台灣問題，根據主權在民的原則，台灣及附屬島嶼的主權當然落回到台灣人民自己手中。所以，事實上，台灣到現在都還是「歷經二次大戰後被侵略的國度」。

美國國務卿杜勒斯在1954年的12月告訴美國參議院：「福爾摩沙和澎湖的主權一直尚未解決。這是因為在日本和

約上，僅僅講到日本拋棄這些島嶼的權利和所有權而已，日本和約並沒決定這些島嶼未來所有權的歸屬。而且所謂的『中華民國』和日本之間締結的和平條約也從來沒有談到福爾摩沙和澎湖的主權歸屬的問題。」（所以，事實上，台灣到現在都還是「被強盜[非法的所謂中華民國流亡政府]佔領之國度」。）

原文是：

United States Secretary of State, John Foster Dulles, told the Senate in December 1954, "The technical sovereignty over Formosa and the Pescadores has never been settled. That is because the Japanese Peace Treaty merely involves a renunciation by Japan of its right and title to these islands. But, the future title is not determined by the Japanese Peace Treaty, nor is it determined by the Peace Treaty which was concluded between the [ROC] and Japan."

1955年2月4日美國官方報告第536冊C.159：

「事實是，福爾摩沙並不隸屬於中國主權之下，雖然這並不意謂當初中國國民黨人不應該在那裡，因為他們的出現在那裡，是由於1945年盟軍所安排的軍事佔領。但那是要等待未來的進一步合理安排。」

原文是：

Official Report, 4 February, 1955: Vol. 536, c.159. :

The fact is that Formosa is not under Chinese sovereignty that does not mean that the Chinese Nationalists have no right to be there. Their presence springs from their military occupancy in which they were placed by the Allied powers in 1945, pending future arrangements.

　　許多國家都聲明，對所謂的中華民國流亡政府在台灣之現有地位不予苟同。 英國外交大臣，安東尼・艾登爵士，在1955年2月4日表示如下：「1945年秋季，在盟軍最高統帥的指派之下，由中國人的軍隊從日本手上接下對福爾摩沙的掌控。但這並不是一個割讓，此事也沒有涉及其主權的任何變動。是在軍事佔領的基礎上把蔣介石（的軍隊）安排到台灣的，那是在等待進一步的安排，並不能任由他們自己認定為中國的領土。在1952年4月生效的和平條約中，日本政府正式放棄對台灣及澎湖列島的一切權利、所有權和主張。但是，無論是中華人民共和國或中國國民黨當局，都不能將之無限上綱地操作成主權移轉給中國。因此，女王陛下政府的看法是，台灣及澎湖列島領土的法理主權，是尚未執行的或尚未決定的。」
　　原文是：

Sir Anthony Eden, the British Foreign Minister, stated on February 4th 1955 as follows: "In the fall of 1945, the administration of Formosa was taken over from the Japanese by the Chinese forces at the direction of Supreme Commander of the Allied Powers; but this was not a cession, nor did it in itself involve any change of sovereignty. The arrangement made with Chiang Kai-Shek put him there on the basis of military occupation pending further arrangements and did not of themselves constitute the territory Chinese. Under the Peace Treaty of April, 1952, Japan formally renounced all right, title and claim to Formosa and the Pescadores; but again this did not operate as transfer to Chinese sovereignty, whether to the People's Republic of China or to the Chinese Nationalist authorities. Formosa and the Pescadores are therefore, in the view of Her Majesty's Government, territory the de jure sovereignty over which is uncertain or undetermined."

英國議會於1955年曾辯論關於主權事宜的某些問題，其重要部分主要是討論福爾摩沙和澎湖。5月4日；主題，遠東（福爾摩沙及澎湖列島）。主管外交事務的聯合副國務卿勃頓先生口述回答：

「福爾摩沙的案子和二戰後的所有案子都不一樣。直到1952年日本條約生效時，它的法理主權一直是屬日本的。當

時台灣正被在1945年受指派軍事佔領的中國國民黨人所掌控。在1952年，我們不承認這個中國國民黨人集團代表中國政府。因此，這種軍事佔領不但不能讓中國國民黨人集團對台灣擁有合法主權，基於同樣道理，從沒有佔領過福爾摩沙的中華人民共和國更沒任何理由要從這被軍事佔領的領土（福爾摩沙，台灣）中榨取任何權利。」

　　原文是：

Oral answer:　Joint Under-Secretary of State for Foreign Affairs (Mr. R.H. Burton)　Date: May 4, 1955. Subject: Far East (Formosa and the Pescadores).

　　「The case of Formosa is different.　The sovereignty was Japanese until 1952 when the Japanese Treaty came into force.　And at that time, Formosa was being administered by the Chinese Nationalists, to whom it was entrusted in 1945, as a military occupation. In 1952, we did not recognize the Chinese Nationalist as representing the Chinese State. Therefore, these military occupancy could not give them legal sovereignty nor, equally, could the Chinese People's Republic which was not in occupation of Formosa, derive any rights from the occupation of that territory.」

　　美國國務院官方於1959年10月6日交由哥倫比亞特區巡

迴法庭宣示：「中華民國（叛逃的流亡政權）自稱從1949起
將臨時首都遷到台灣台北，並且掌控了台灣全島。但是福爾
摩沙的主權並沒有移交給中國。福爾摩沙絕不是中國的一部
分，至少在有合情合理的條約生效之前並不是。福爾摩沙可
說是被所謂的中華民國流亡政權佔領並管理的地區，但事實
上不是所謂之中華民國的一部分。」

原文是：

That the provisional capital of the Republic of China
has been at Taipei Taiwan since December 1949, that the
government of the Republic of China exercises authority over the
island, that the sovereignty of Formosa has not been transferred
to China and that Formosa is not a part of China as a country,
at least not as yet, and not until, and unless appropriate treaties
are hereafter entered into. Formosa may be said to be a territory
or an area occupied and administered by the government of the
Republic of China, but it is not officially recognized as being a
part of the Republic of China.

綜合以上檔案記載，請問，美國或國際上，那裡有曾認
為所謂的中華民國政府可以佔有台灣了？

至於所謂的中華民流亡國政府曾加入了聯合國一事：

事實上，所謂的「中華民國流亡政府」也只是曾被允許

暫時代表所謂的中國人民列席聯合國而已，當時聯合國之所以會接受中華民國「流亡政府」參與，也只是因為這個「流亡政府」被認為可暫時代表中國人民，並不能代表台灣，也不是代表台灣。一個流亡政府的意義，原本是依它的國家而言才存在的。即使是原來的合法「中華民國政府」流亡出國，也只有回到它自己國內才得以合法行使主權，更何況蔣幫集團在台灣所偽稱的「中華民國政府」是非法組織（當時合法的中華民國政府還留在中國，總統是李宗仁）。

　　先前「中華民國流亡政府」之所以能出席聯合國，是因為當時國際上多數國家不承認中華人民共和國是合法政權，為填補代表中國境內人民的空缺，才讓非法的所謂「中華民國流亡政府」暫時在聯合國占一席之地（留在中國境內的合法中華民國政府，後來已被所謂的中華人民共和國消滅）。所以，當中國境內自己有被承認的合法政權存在時，流亡他國的非法「流亡政府」也就同時失去了其代表中國人民的地位。於是，就在1971年10月25日，當國際上決定承認中國境內的中華人民共和國為合法政府之同時，就由中華人民共和國取代了非法的「中華民國流亡政府」在聯合國之席位。而由於所謂的「中華民國政府」是流亡到台灣寄居的「非法流亡政府」，當然更沒資格代表台灣了。是只有深陷「台灣受虐症候群（重症斯德哥爾摩症候群）」的台灣聞達人士才會認同「乞丐趕廟公」的寄居「非法流亡政府」，這是造成今日台灣困境和危機的主要原由！

請再看以下事證：

當蔣幫集團於1949年12月逃亡到被佔領的台灣時，合法的中華民國政府還留在中國，蔣幫集團是叛逃的中國非法組織。1949年1月21日至1950年3月1日這段時間，世界各國對所謂的中華民國政府全然感到迷惑。他們不能理解，爲什麼一個被革職的罪犯蔣介石，卻仍實際操控官僚和軍隊的運作與指揮權？而這個待罪平民，後來還可宣稱將總統李宗仁革職。於1950年3月1日在台灣還自行宣佈他又是中華民國總統了，並叫一些他自己養的黨人來背書，就宣稱是完成法定程序了。不過，所謂中國的聞達人士，一向習於厚黑學的狂妄自大、不避羞恥，那是他們自家的事，與台灣無涉。

就如大多數人所知，日本對台灣的主權是在1952年4月28日的舊金山和平條約生效時結束，而台灣並沒有割讓予中國。談到舊金山和約，1954年10月14日的美國國務院文件指出：日本已放棄對這些島嶼（台灣）的所有權，但是，在深思熟慮之後，故意對這些島嶼的前途留下「有待解決」的伏筆（意思是：美國暗藏狡猾的私心。照理應讓被侵略多年的台灣恢復爲獨立的主權國家，但由於當時的圍堵共產黨政策，就故意暫時犧牲台灣，而袒護高喊反共抗俄的所謂中華民國流亡政府）。而美國做爲打敗日本的主要戰勝國，在台灣未來的根本解決途徑裡，還是有其虧欠的應有責任在。

原文是：

US Department of State documents, October 14th 1954, stated that "In speaking of the SFPT (San Francisco Peace Treaty), Japan has renounced its own right and entitle to the islands, but their future status was deliberately left undetermined, and the US, as a principal victor over Japan, has an interest in their ultimate future."

1971年美國最高法院，對吉列特控訴美國政府之案件所做的判決裡，建立了一個全面而清楚的標準，將吉列特界定為「盡良心責任的反對者」。內容如下：

「在台灣的所謂中華民國是一個流亡政府，而且不是一個主權國家。此外，因在1952年二戰後的舊金山和約裡，並沒有將台灣授予所謂的中華民國。而且，所謂的中華民國憲法（見其第4條）也從來沒有將台灣納入過其版圖。所以，即使依據其所謂的中華民國憲法，所謂之中華民國在台灣的徵兵令也是違法的。」

原文是：

(1971) United States Supreme Court decision, Gillette versus United States, established comprehensive criteria for being classified as a conscientious objector:

"The ROC in Taiwan is a government in exile and not a sovereign nation. Moreover, as Taiwan was not awarded to the

ROC in the post-world war II SFPT of 1952, and as Taiwan has never been incorporated into the ROC national territory in the procedures in the ROC Constitution (see Article 4), it would be very difficult to say that military conscription laws in Taiwan based on the authority of the ROC Constitution are legal."

　　所謂的中華民國於1949年12月將其中央政府遷出中國國土，即已是一個流亡政府，很明顯的，是一個沒主權的個體。此外，國際法絕不允許一個流亡政府可藉由任何動作、方法或程序，來促使其變爲統治目前流亡寄居地的政府。

　　只因蔣幫集團高舉「反共抗俄」的招牌，美國戰後又一心一意爲了對抗共產主義，希望把在台灣的蔣幫集團當作圍堵共產主義的前哨，就要求各國同意由蔣幫集團以所謂的「中華民國流亡政府」名義暫時在聯合國代表中國人民，以突顯中國共產黨統治中國的非法性。

　　依國際法的認知，流亡的政府可以對他們自己之流亡人民的日常事務做一些種類的規範。這些規範行爲包括：1.流亡的政府可以讓自己成爲雙邊條約（指與流亡所在地的主權國家）或國際條約中的一員。2.流亡的政府可以修改或修訂僅限於其流亡團體本身的法律或憲法。3.流亡的政府可以由各主權國家繼續維持（或重新獲得）對它代表原本自己國家部分政權的外交承認。4.流亡的政府可以發行僅限於其自己流亡人士的身份證。5.流亡的政府可以允許其自己的流亡

人民組成新政黨。6.流亡的政府可以實行其自己流亡團體內的民主改革。7.流亡的政府可以舉行其自己流亡團體內的選舉，藉以產生其流亡政府內自己的官員等。

　　但是，這些作為不可違法殃及收容它的流亡所在地國度，流亡的政府必須遵守的公認規範是：1.流亡的政府，不可以要求國際承認其為代表目前流亡所在地的合法政府（例如：現今流亡印度達蘭薩拉的圖博〔西藏〕流亡政府，絕不能自稱或被稱為是代表印度或是代表達蘭薩拉的政府）。2.流亡的政府，不可以讓它自己的憲法變成目前流亡所在地的實質法律（流亡政府的憲法只能適用於其自己的流亡人民）。

　　根據定義，一個流亡政府的意義，是依它原本國家而言才存在的。因此，流亡政府將必須返回其自己的國家，在它自己的國家內才能恢復其國家主權。只有當它回到自己國家的地理領域內，才得以爭取合法的主權政府地位。換句話說，所謂的中華民國政府若要恢復合法的國際地位，並重新獲得國際社會承認其為一個國家的身份，則它必須返回中國，並在那裡重新取得實際的執政權才能達成。這是現在沒有任何一個正常國家會承認所謂的「中華民國政府」的根本原由。

　　先前「中華民國流亡政府」之所以能加入聯合國，是因為國際上多數國家不承認所謂的中華人民共和國是合法政權，為填補代表中國境內人民的空缺，才讓「中華民國流亡

政府」暫時在聯合國占一席之地。所以，1971年10月25日第
26屆聯合國大會會議，當國際上決定承認中華人民共和國在
其中國境內的合法主權時，「中華民國流亡政府」也同時失
去了其代表中國人民的地位。而所謂的「中華民國政府」，
是逃亡後寄居台灣的「流亡政府」，當然更沒資格代表台灣
了，所以所謂的「中華民國政府」就同時被逐出聯合國。

從以上事證瞭解，只要還有思考和認知能力的人，大家
應該都可以明白：美國以及世界各國，從未同意所謂的中華
民國流亡政府，可以在蔣幫黨軍代理美國執行軍事佔領台灣
之後，繼續接管台灣。而所謂的「中華民國流亡政府」曾加
入了聯合國一事，事實上，也只是曾被認為可暫時代表中國
人民而已，並不是代表台灣，也從來就沒有代表過台灣。

陳先生繼續強辯說：「那是以前的事，至少後來美
國有「一個中國政策」，同意只有一個中國。那就是：
中華人民共和國和所謂的中華民國同屬一個中國。」

埔農回答：

是的，正如陳先生所言，「中國當然只有一個，那就是
『中華人民共和國和所謂的中華民國同屬一個中國』。」但
是，請看清楚，既然美國表明中國只有一個，而美國也承認
中華人民共和國是唯一合法的中國政府，所以美國立場並未
改變。也就是，「所謂的中華民國政府（在台灣）是非法政

府」，這和國際公認之「所謂的中華民國政府是逃亡到台灣的流亡政府」並不衝突。既然「所謂的中華民國政府是逃亡到台灣的非法流亡政府」，一個中國政策所指的中國當然不包括台灣。而既然美國公開承認中華人民共和國是唯一合法的中國政府，那所謂的中華民國流亡政府，就成了中華人民共和國要追緝的逃犯。

　　美國政府可精明得很，以前認定「所謂的中華人民共和國政府是非法政府」，現在認定「所謂的中華民國政府是非法政府」，都是爲了美國不同時期之眼前利益所做的發言。美國政府當初「一個中國政策」的盤算是，「所謂的中華人民共和國政府」和「所謂的中華民國政府」當然同屬一個中國，要互鬥是你家的事。最好是，「所謂的中華民國政府」回到自己的中國境內去繼續鬥，只要不動到美國對台灣這塊土地的影響力就好。所以，美國政府當初在發表「一個中國政策」的同時，就制訂了「台灣關係法」。請大家注意，是「台灣關係法」，不是「中華民國關係法」，美國要維護的是「台灣」而不是非法的所謂「中華民國政府」。只是，萬萬想不到，在台灣民主化之後，卻演變成是取得既得利益後的台灣聞達人士和政客在維護所謂的「中華民國流亡政府」。這是台灣人最大的悲哀！更是對台灣人最大的羞辱！

　　以卜是美國的正式立場和國際上的共同認知：

　　在2007年7月9日美國國會於「中國與台灣」的研究報告，關於「一個中國政策」的發展，指出下列幾點：

　　1. 在美中三個聯合公報（1972，1979，1982）中，關於台灣的主權地位，美方並未有公然表述。

　　2. 美國認知台灣海峽兩邊只有一個中國的立場。（意思是：台灣不是中國、台灣不屬於中國，而中華人民共和國政府是唯一能合法代表中國的政府，所以美國是不承認所謂的「中華民國政府」。）

　　3. 美國並沒有承認中華人民共和國對台灣擁有主權。

　　4. 美國並沒有承認台灣是主權國家。（因爲台灣還沒有自己的政府組織）

　　5. 美國認爲台灣的主權地位是懸而未決的。

　　原文是：

　　Congressional Research Service (CRS) report, China/Taiwan: Evolution of the "One-China" policy, dated July 9, 2007, the following points were made.

　　1. The United States did not explicitly state the sovereign status of Taiwan in the three US-PRC Joint Communiques of 1972, 1979 and 1982.

　　2. The United States acknowledged the one-china position of both sides of the Taiwan Strait.

　　3. US policy has not recognized the PRC sovereignty over Taiwan.

4. US policy has not recognized Taiwan as a sovereign country.

5. US policy has considered Taiwan's status as undetermined.

　　結論爲：「一個中國政策」是指稱：所謂的中華人民共和國與所謂的中華民國政府同屬「一個中國」。美國現在承認1949年10月1日建立於北京的中華人民共和國是唯一的合法中國政府，至於所謂的中華民國流亡政府要如何和北京當局交涉其前途，是中國自家內的事務。而台灣不屬於中國（雖然台灣還不是實體國家。台灣有土地和人民，但尚未建立自己的主權政府），台灣仍是維持在美國軍事佔領區的狀態（即：所謂的中華民國，在台灣是非法政權）。

　　所以，請不要故意居心不良，惡意的將「一個中國政策」扭曲爲涉及台灣主權地位。雖然美國並無單方面決定台灣主權前途的權利，但在「一個中國政策」的實際內涵下，美國是有在維護台灣的生存權的。反而是既得利益之台灣聞達人士和台灣政客，以假華人的姿態在維護死而不僵的所謂「中華民國政府」，讓美國以及其他國際人士在處理牽涉到台灣的問題時，被置於困難又尷尬的情境！

　　其實，美國要維護台灣，除了還算有點良心外，最主要還是因爲台灣位居戰略上的重要地理位置。現今世界，功利至上、貪婪橫行，各所謂民主列強國家口中的人道、人權、

正義，大多數只是在不損及其自身利益的情形下才有的作為；有時更是以人道、人權和正義爲藉口，行圖利自己、霸凌他國之實。任何國度的民族，都應自立自強，自我維護尊嚴，才能獲得他國的敬重。若自己放棄尊嚴，向壓霸勢力順服，會讓他人看不起。即使有一時的外來仁義支持，這協助也難以長久，終究會是死路一條！早日清醒一點吧，所有以台灣立命、認台灣爲家園的住民們！

更令人哀傷又氣憤的是，由於蔣幫中國壓霸集團和虛妄、無恥的假漢人（甚至包括所謂有台灣意識的台灣政客和聞達人士）一直在配合中華人民共和國，扭曲美國「一個中國政策」的原意真相，並僞造「台灣關係法」是「中華民國關係法」的假象，使得新任美國總統當選人川普也被搞得糊裡糊塗。

川普在接受台灣總統的賀電與蔡英文總統交談10分鐘後，中國國務院立即以美國應該遵循「一個中國政策」，向川普叫囂；也有幾個美國政客說：「美國有『一個中國政策』，不承認『中華民國政府』，當然就不應該接代表『中華民國流亡政府』之蔡英文總統的電話。」而事實上，川普在電話中是稱蔡英文爲「台灣總統」，並不是中華民國總統。

但是，因爲川普原是商人，是政治素人，尚未進入情況，不瞭解美國「一個中國政策」的真正意涵，以及事實上「一個中國政策」並未包含台灣這土地和人民之真相；又受

到中國壓霸集團以及虛妄、無恥之假漢人的影響，川普把美國「一個中國政策」的「非法中華民國流亡政府」和「台灣」給混淆了。川普在2016年12月11日美國福克斯（Fox）新聞網的一個訪談中，竟然說：「我完全理解『一個中國政策』。但如果中國在貿易等其他問題上不願和我們達成一個合理的協議，我不知道我們為什麼一定要受這『一個中國政策』的束縛。」

　以上川普的說法，表面上似乎是在叫中國不要干涉台灣和美國的關係，事實上卻是誤解美國「一個中國政策」的原意。這樣的陳述，實際上隱含有將「台灣」和「中華民國流亡政府」間之區別模糊化的傾向。更暗示，若中國順了川普的意，則川普是有可能接受中國對「一個中國政策」一廂情願的解釋。如果川普在上任後，沒有被清楚提醒「台灣現況的歷史背景」，以及美國「一個中國政策」的真實原意，那川普是有進一步把「台灣關係法」看成了「中華民國關係法」的可能。原本「中華民國流亡政府」才是美國和中華人民共和國玩的一顆棋子，若將來的美國政府真的把「台灣」和「中華民國流亡政府」混淆了，則台灣就有可能成了「中華民國流亡政府」這顆美國棋子的替死鬼！

　想不到，隨後在2016年12月17日的白宮記者會中，有記者向美國總統歐巴馬提問：「川普日前和台灣的總統蔡英文通電話，川普質疑美國為何要遵守『一中政策』。美國是否該重新審視『一個中國政策』？是否憂心川普的非傳統方式

會掀起地緣政治上的最大碰撞？」歐巴馬的回答竟然是：

「有關中國的問題，就讓我們舉台灣為例。基本上，中國和美國之間，在處理與台灣的問題時，在某種程度上，長期以來都有共識，那就是『不改變現狀』。台灣和中國大陸各自有不同的態度與處理方式，中國視台灣為中國的一部分，但中國也承認，必須將台灣視為自有一套發展方式的實體來接觸、交往。台灣人同意，只要能以某種程度的自治繼續運作，他們不會要進行宣布獨立。雖然這樣的現狀，任何一方都無法完全滿意，但這共識一直以來是維繫了和平，並讓台灣成為相當成功的經濟體，而台灣人民也得以享有高度的自決。就我所了解的中國看來，他們將台灣議題視為和檯面上的任何議題一樣重要。一個中國是他們國家概念的核心，如果想顛覆這樣的理解，必須想清楚後果，因為中國人處理這事件的方式不會和處理其他議題相同。他們甚至不會以處理南海這讓美、中間已經高度緊張之議題的方式來處理。這反映出他們自我認知的核心，而他們對這個議題的反應，最終可能非常明顯又重大。這並不是說你必須堅持過去所做的一切，而是意味著你必須想清楚，並對他們可能會採取的反應有所準備。」

很顯然的，歐巴馬也沒有完全瞭解1972、1979、1982這三個美中聯合公報的原文，也不很清楚美國「一個中國政策」和「台灣關係法」的原意真相。在歐巴馬口中，也是把「台灣」和「中華民國流亡政府」給混淆了！

　　歐巴馬言論中提到的「台灣人同意，只要能以某種程度的自治繼續運作，他們不會進行宣布獨立」，更很顯然是受到所謂有台灣意識的台灣政客和聞達人士等假漢人、假華人之影響。台灣政客和聞達人士雖然自稱有台灣意識，但由於假漢人、假華人當上癮了，在台灣和所謂的「中華民國流亡政府」之間徘徊，更讓國際間模糊了原本各國在台灣和所謂的「中華民國流亡政府」之間所劃清的界線。台灣聞達人士之為害，真是罄竹難書！

　　現在的當務之急，是必須趕緊向新任的美國總統川普展示1972、1979、1982三個美中聯合公報的原文，以及美國「一個中國政策」的真實原意，並述明所謂的「中華民國政府」是「非法流亡政府」之歷史事實，絕不可誤把「台灣關係法」混淆成「中華民國關係法」！

　　更令人膽顫心驚的是，北美洲台灣人教授協會、台灣獨立建國聯盟美國本部等數個台灣旅美僑團，於2016年12月17日在華盛頓時報刊登全版廣告，指出「台灣不是中國的一部分。台灣不是交易的籌碼。自決是不容妥協的。一個中國政策是過時的」。埔農實在不懂，既然已指出「台灣不是中國的一部分」，為何又說「一個中國政策是過時的」？很顯然，北美洲台灣人教授協會、台灣獨立建國聯盟等台灣旅美僑團，仍不清楚美國「一個中國政策」原來的實際內涵，沒有明白2007年7月9日年美國國會於「中國與台灣」的研究報告中，關於「一個中國政策」之發展所做的闡釋。美國「一

個中國政策」指明的是，「所謂的中華人民共和國政府和所謂的中華民國流亡政府當然同屬一個中國」，只要台灣人不認同這非法的「中華民國流亡政府」，所謂的中華人民共和國就別痴想侵略台灣。所以美國政府當初在發表「一個中國政策」的同時，就製定了「台灣關係法」，以維護台灣的生存權，並為台灣留下將來復國的活路。是台灣政客和聞達人士假漢人、假華人當上癮了，自己認同這非法的「中華民國流亡政府」，才帶來現在台灣的危機。呼籲美國調整「一個中國政策」？難道是要美國承認有兩個中國嗎？如果承認所謂的中華民國流亡政府是一個國家，國家包括「土地」、「主權」和「人民」，那所謂的中華民國流亡政府就可以帶著台灣這塊土地投靠所謂的中國。這是把台灣置放在所謂中國的虎口裡啊！也完全是在呼應中國壓霸集團那狂妄、貪婪、壓霸的野心！

台灣時間2016年12月21日凌晨，非洲國家聖多美普林西比，主動宣佈和所謂的「中華民國流亡政府」斷交。在台的中國壓霸集團藉機叫囂：「蔡英文總統上任時說要維持現狀，卻又拒絕『九二共識』，就在蔡英文就任滿七個月之後，『第一張骨牌』已經被推倒，聖多美普林西比宣布與我斷交。」並以「中國國家主席習近平所宣示的『地動山搖』，恐將自此展開」、「要將台灣剃光頭（意指要讓台灣沒有任何所謂的邦交國）」等恐嚇台灣人，還以揶揄蔡英文執政團隊的姿態說：「外交斷交潮開始了嗎？」在台之中國

壓霸集團一向不放過任何笑衰台灣的機會，他們自稱「聖多美普林西比宣布與『我』斷交」，這埔農可以理解，但是，想不到假漢人、假華人當上癮的台灣政客，竟隨之起舞，說什麼「很遺憾，要抗議中國在國際社會上打壓台灣的生存空間」。拜託，聖多美普林西比宣佈斷交的是所謂的「中華民國流亡政府」，不是台灣；能被中華人民共和國打壓生存空間的也是非法的所謂「中華民國流亡政府」。實際上，在國際社會上打壓台灣生存空間的，一直是假漢人、假華人當上癮的既得利益台灣聞達人士和政客，是台灣聞達人士和政客一直戴著「中華民國流亡政府」的假面具，用所謂的「中華民國」在壓制台灣，才讓國際社會看不清楚台灣啊！

　　另外，因為台灣一直沒建立自己的主權政府，尚未成為主權國家，本來就頂上無法（髮），剃什麼光頭！

　　這所謂「中華民國流亡政府」是僵屍，原是「在台之中國壓霸集團」為了用作護身符所偽造的。這假僵屍，本來他們可以操縱自如，現在成了一具乾屍，暫時耍不動了，這乾屍外皮，竟然還被假漢人、假華人當上癮的台灣聞達人士和政客剝下來披在台灣身上。現在這個世界上，除了極少數幾個台灣用錢收買的小國，看在大量經濟援助上，偶而叫幾聲「中華民國」，讓蔣幫壓霸集團以及台灣假漢人、假華人政客自爽外，本來已經沒有人承認這非法的所謂「中華民國流亡政府」（是有天主教教廷，因為中華人民共和國不承認教廷對主教的指派權和管轄權，還在「暫時」使用「中華民

國」的稱號，但也表明是「暫時」而已）。這所謂「中華民國流亡政府」的僵屍或乾屍與台灣何干，台灣竟然每年要花好幾億美元替這僵屍或乾屍做防腐工作，以避免它腐化，還在這「中華民國乾屍」的臉上貼金，將之化妝成活靈活現的皮偶以供展示！

台灣聞達人士說「聖多美普林西比與台灣斷交了」，其實是與非法的所謂「中華民國流亡政府」斷交才是事實！在台灣，無論是中國國民黨或民進黨執政，兩黨都自稱是遵奉中華民國憲法的所謂中華民國政府，因而產生長久以來「兩個所謂中國」的爭議。一旦「台灣」的議題出現，台灣即慘遭中華人民共和國與在台之中國國民黨等中國壓霸集團的打壓。

世界上只有一個中國，那就是奉行專制的「中華人民共和國」。台灣聞達人士和政客若尚無意改變那「維持現狀」的中國式虛妄思維，而讓所謂「中華民國流亡政府」的僵屍或乾屍繼續在台灣散發屍毒，則台灣將永遠無法建立自己的國際地位，台灣前途也必然岌岌可危。

事實上，世界各主要國家都願意和台灣維持友好的正常關係。只要台灣脫下這所謂「中華民國」的假面具，現在的大部分國家也都和台灣維持著良好的實質關係。是台灣聞達人士和政客自己假漢人、假華人當上癮了，沒有復國的意願，法理上台灣現在並不是一個國家（台灣有土地和人民，但還缺少主權政府），所以各主要國家沒辦法和台灣建立

正常的國與國關係。世界各國現在和台灣交往，都稱「台灣」，台灣卻還堅持自稱「中華民國」（是從中國叛逃的流亡政府，其實早已死亡近70年），在國際上台灣也使用「中華台北」為名，這是「台灣受虐症候群」（重症斯德哥爾摩症候群）在作祟，更是極度的精神錯亂。

　　台灣政客和聞達人士如果現在還不知覺醒，放任這情形繼續混淆下去，台灣前途真是令人加倍憂心！台灣政客和聞達人士自以為「維持現狀」可以保有他們既得的名、利和地位，殊不知「覆巢之下無完卵」，任何頭腦清楚的人都知道，「維持現狀」就是認同所謂的「中華民國」。而既然所謂的「中華民國」本來就是來自所謂的中國，當然是屬於所謂的中國，「維持現狀」就等於是靜待中國的宰割。在台之中國壓霸集團此刻正和中華人民共和國裡應外合，隨時準備要殲滅台灣，屆時所謂的中國人盛氣得意，這些台灣政客和聞達人士還有何剩菜殘羹可撿食呢？228事件的殷鑑不遠啊！

　　事實上，沉迷於中國式之假漢人、假華人虛妄思維的台灣政客、聞達人士（包括所謂有台灣意識的台灣歷史學者），自己盲目走向深淵，還拖累台灣這土地和人民，才是將台灣往中國虎口送的罪魁禍首！

　　一群年輕朋友在臉書上討論「台灣語言既存的複雜、尷尬與難處」。

埔農留言：

事實上，現在的台灣客家語言、福佬語言、漢文字，也是300多年前，由唐山人滿官強迫洗腦，改造出來的。70年前的中國國民黨率軍侵台後，已是中國壓霸集團對台灣人的二次強迫洗腦改造。70年前的中國國民黨和300多年前的唐山人滿官之蹂躪台灣，如出一轍。

有楊先生說：「抱歉，看不懂閣下想表達的是什麼???」

埔農回答：

楊兄看不懂？埔農深感抱歉，因為這些台灣的史實真相若要再詳述一遍，實在十天半月寫不完，只能懇請楊先生詳看埔農前面的逐一舉證。

楊先生說：「先釐清你的目的是什麼？如果目的是廢漢字，那為何不連漢（台）語一起廢了，全部只用英語，不是更容易與世界接軌～～～」

埔農回答：

台灣（Paccan）被蹂躪這麼長久，自有文明、文化被破壞的程度這麼嚴重、這麼澈底，呈現的局面這麼複雜，台灣

不但固有文明、文化被澈底毀滅，族人還遭受分化洗腦。經過二百餘年漢人滿官的強迫漢化，台灣原平地住民都已習慣使用福佬和客家兩種轉化語言。原山地住民，也因封山令如被關在孤島監獄，各族群語言分別各自變遷，也已發展出較大的差異和分歧。台灣更再歷經蔣幫中國壓霸集團，以不同的所謂中國語文二次洗腦。在一個小小的台灣國度內，族人被重複糟蹋、踩躪、分裂到這種程度，世上前所未見。這是事實，已糾纏成難解的難題。

　　另外，Mr. Kho說：「要復興並傳播客語/文，那就必須要開始提倡寫Hakka白話字。跟合語的白話字一樣，那些字母非常簡單，一天就能夠熟悉要領，接著再花幾個月練習拼寫，一年之內就會寫又會讀。」

　　顏小姐說：「在某一定的歷史條件下，並非不是不可行，韓文不就是一種拼音系統構成的文字嗎？」

　埔農說：

從殘存的固有語言中整理出一套能適合現代使用的語文，這種浩大工程，近代的韓國和越南都曾做過。然而，韓國和越南雖然也是都曾被壓霸中國踩躪過、改造過，但其文化被破壞的程度不如Paccan（台灣）澈底，呈現的局面也不像台灣（Paccan）這麼複雜，是較容易重新整理出一套能自用的語文。當然，如果將來全體台灣人已完全明白台灣的史

實真相，台灣人也有共同的決心，要從殘存的固有語言中整
理出一套適合現代使用的語文，那也不是壞事，也許更是長
遠的好事。不過，就如埔農說過，傷疤既已存在，想清除已
難，要勉強洗脫會更加傷痛，那須靜待屆時已恢復靈性智慧
的全體台灣人去作共同的抉擇。

其實，世上本無永遠不變的語文，一種語文使用的人多
了，自然較易演化成適應時代的需要。當一種語文先一步適
應時代需要時，使用的人就會更多。更多人使用，此語文就
更會符合時代需要。這是一種相乘性的循環。任何語言與文
字沒有一成不變的，都會隨著時間而不斷消長。我們本來就
不必過度計較語言文字的變遷，能使用符合自己文化精髓的
原語文，當然最理想。而使用轉化語文，只要有持續本土
化，也可以轉化成符合自己文化精髓的新語文。在國際村已
深化下，國際往來頻繁，我們還是須要學習外國語文，尤其
英文。學習英文、使用英文、瞭解異國文化，還是可以保有
自主文化，要不要或會不會受影響，全在於自我意志的堅
持。所以我說：最重要的還是，一定要先讓全體台灣人能
夠徹底明白台灣史實的真相！台灣人不可以忘了「自己是
誰」，不可以不瞭解自己的原本模樣。

　　有阮小姐說：「看你所言，好像羅馬平埔西洋教會
又咧繼承中國紅衛兵宣傳廢漢字運動。真怪奇，西洋教
會還不是使用漢字台灣話的羅馬拼音在傳教，敢是漢字

礙著傳教？」

　　埔農回答：

　　不是漢字礙著傳教，是早期（1628年至1661年）荷蘭人
教會在台灣傳教時，台灣人都還保有自己的文化和文明，
西洋傳教士當然須使用原台灣（Paccan）語和台灣人溝通，
製作、使用的是原台灣（Paccan）語之羅馬拼音聖經（現
在還找得到一部分）。荷蘭人被逼退後，再入台灣傳教的
是另批不同教派，且已是1850年以後的事了。當時原有台
灣（Paccan）語的羅馬拼音聖經，已因強制漢化而被禁絕。
1850年時是漢化深的所謂台灣士紳才懂漢文，且都已迷信唐
山宗教的怪力亂神，又自以為假漢人高人一等，抗拒傳教力
強。就如同未受過蔣幫壓霸集團之學校教化的現在台灣年長
者，在形式所逼下，已學會北京話但不認得漢文一樣，當時
一般平地台灣大眾，已使用唐山客家話或福佬話，但不認得
漢文。1850年以後進入台灣傳教的傳教士，都是以居留在被
迫使用福佬語系的地區為主，而原有台灣（Paccan）語文已
被消滅，當然必須使用福佬話的羅馬拼音以利傳教。一個不
懂文字的族群，在接受外來指導時，學習讀與寫最簡易又快
速的方法，便是由外來指導者使用當時在地語言的字母拼音
法來教學。這是現在台灣還有福佬話羅馬拼音聖經的原由。

　　阮小姐說：「所言全是西洋教觀點來看歷史，看

起來汝是教友，竟然認爲：信仰東方本土宗教者，叫做『怪力亂神』？『自以爲高人一等』？『抗拒傳教』？，在一個無義務教育制度、無媒體之古早時代，以學習當『强制漢化』？『被迫使用福佬話』？套句中國彎轆語俗語：眞正是外族異教身份：『站著說話不腰疼』，由汝今觀點角度，就可理解伊斯蘭世界爲何會痛恨西方天主教勢力激一個『高高在上』之面腔。」

埔農回答：

埔農不是基督教或天主教教友，埔農是細心查證出原台灣（Paccan）史實眞相的諸多證據。埔農心直，說唐山宗教「怪力亂神」，對信仰者是不禮貌，但實際上，唐山宗教除了深化神鬼迷信的迷惑，就只剩嘉年華式的狂熱廟會。若以平心靜氣看，現行所見的各種宗教，都擺脫不了神鬼迷信。然而，其他宗教至少還有精神層面的正向修養和教誨，唐山宗教則全然是利用人們對無知境界之恐懼與乞求的情緒，以神怪傳說恐嚇，再宣稱可回應無所不包的乞求，給予不切實際的盼望，用以圈套群眾成爲信徒，更成爲地方惡勢力以及政客愚弄信眾的工具，已有近似邪教的本質。這在所謂中國的歷史上屢見不鮮，如今卻在台灣上演。

事實上，唐山宗教並非台灣本土宗教。埔農所述並非埔農觀點，是史實證據。而阮小姐說「一個無義務教育制度之古早時代」；否認「强制漢化」及「被迫使用唐山話」，顯

示阮小姐和多數台灣人一樣，對台灣史實並不瞭解。

　　請看清國據台第一任知府蔣毓英在《台灣府志》的記述：「人亦頗知讀書，兒童五、六歲便教讀書。」蔣毓英是清國據台第一任知府，他到任後才開始籌備社學、廟學，鄭成功集團據台時期並無設置番人漢化學堂，所以蔣毓英此言必是指台灣族人的固有教育，而且是說「台灣人自己頗知讀書，兒童五、六歲便須教讀書」，讓他深感驚訝。所以，遠古台灣（Paccan）是早就有義務教育的。

　　1690年代（康熙30年代）修撰的《臺灣府志》不小心還是寫到：「人無貴賤，必華美其衣冠，色取極豔者，靴襪恥以布，履用錦，稍敝即棄之。下而肩輿隸卒，褲皆紗帛。」古早原台灣（Paccan）人真的不文明嗎？

　　各年代台灣府志（誌）記載：清國施琅侵台後，為強制台灣人漢化，於原鄭成功集團福佬人部將轄區，派駐唐山福佬人教員、訓導、教官管控。原鄭成功集團客家人部將轄區則派駐唐山客家人教員、訓導、教官。建制社學（番社），強制冠漢姓、取漢名。「生番」被教訓成為「熟番」後，社學再轉為廟學（建唐山廟），同時以其各式唐山宗教、習俗繼續訓化「熟番」成為「漢化民」。「熟番」被教訓成為「漢化民」後，才另立「漢學堂」。「廟」與「學堂」分立後，原「廟學」的「廟」就成了專事宗教信仰的訓練。請問，原台灣（Paccan）人不是被迫使用『福佬話』、『客家話』嗎？不是被強加訓練成使用唐山習俗和宗教嗎？

　　阮小姐說：「古早何來"義務"教育體制？有錢有勢之家子弟才有法度入塾讀冊，何來強制之有？設學堂教自己子弟學習語言有何錯之？外族學習有何錯之？東方人學習西洋教叫文明教化，東方人學習東方文化稱「強制」？部落改信仰天主怎不稱作被強制？被教訓？西方殖民者於世界殖民過程中敢是如汝等友善西方之崇洋派遐爾和平？請先去問南洋中南美洲非洲中亞各國人民，請先去問郭懷一等等其被屠殺之數千至上萬庶民。」

　　埔農回答：

　　阮小姐一再否認古早台灣（Paccan）有義務教育體制？顯示阮小姐對原台灣（Paccan）的智慧文明並不瞭解。沒關係的，但阮小姐總不能否認清國據台第一任知府蔣毓英在《台灣府志》中對原台灣（Paccan）人的普遍記述：「人亦頗知讀書，兒童五、六歲便教讀書。」這是壓霸侵略者當初見到的事實。

　　「有錢有勢之家子弟才有法度入塾讀冊，何來強制之有？」、「設學堂教自己子弟學習語言有何錯之？」這些話是沒錯，但那是1800年（清國嘉慶年間）以後的事了。自清國於1683年入侵台灣後的一百多年，台灣都只有清國為了摧毀原台灣（Paccan）文化、洗腦改造原台灣人所建制的社

學、廟學（唐山廟）以及上層的學堂、書院，是純粹的強制訓化。是1800年以後，台灣已完全漢化地區漸廣，清國唐山滿官一方面既已達目的，另方面為了減輕開銷，在已完成漢化地區不再設清國的唐山基礎教化學堂，因漢化深而轉性趨炎附勢的所謂台灣士紳才開始自己設立漢文私塾。這是台灣的歷史傷痕，請不要把時空錯置。

　　任何正確的學習都沒錯。但是，原有文明、文化被摧毀；人被洗腦改造，不但錯了，更是人性最大的悲慘！後期世界各地西洋殖民的肆虐，也是壓霸惡毒，但還未曾有如台灣「認盜作祖」的悲哀。

　　至於郭懷一，他原是肆虐台灣的荷蘭人走狗，因為貪婪無饜，惡行不容於荷蘭人才起互鬥。事實上，郭懷一是被忍無可忍的台灣（Paccan）人所殺，請阮小姐看清這些史實真相，不要一直深陷「蔣幫中國壓霸集團為洗腦台灣人之偽造文書」以及「早期因漢化深而轉性，寧願認盜作祖的所謂台灣士紳虛構之小說」的迷思中，這是埔農的懇切期盼。

　　　阮小姐說：「四千至上萬人亡者，攏共名共姓，叫做郭懷一？服勞動工叫做走狗？台灣如今一堆印尼菲律賓泰國越南勞工攏是台灣人走狗？漢人寫漢字過漢人生活，南島部落、壯越部落，學習漢字、漢習俗叫做認盜作祖？若焉爾，漢人及南島人、壯越人信奉西洋天主，學習西方哲學叫做啥？上進文明？日本殖民時，皇民化

叫做啥？現在一群人舉日高喊日殖好棒棒是啥？現在一
群台灣人放棄自己民族語言，舉日中國彎蛼語化叫做
啥？」

埔農回答：

阮小姐似乎意氣用事了。埔農瞭解，這並非阮小姐的個
人問題，是台灣史實真相被澈底掩蓋造成的結果。為了私
慾，充當侵略者的馬前卒，還狐假虎威到處肆虐，不就是走
狗嗎？以假漢人、假華人的姿態偽裝成入侵之外族的子孫，
攀炎附勢，鄙視自己的祖先和土地，不是「認盜作祖」是什
麼？其實，移民或學習其他語言和文化都沒有錯，問題出在
「忘了自己是誰」。日本殖民台灣是可惡，但日本人並未鄙
視台灣這土地。日本人施行殖民教育，意欲同化台灣，是一
般殖民者的惡行，但就如西洋殖民者，日本人並沒有狂妄到
強迫台灣人「忘了自己是誰」。

阮小姐說：「聖*母*瑪麗亞處女懷耶穌，*毋*是怪力亂
神？紅海一分為二，*毋*是怪力亂神？宣稱耶穌是上帝之
子，*毋*是怪力亂神？耶穌死而復活，*毋*是怪力亂神？嘛
加拜託咧，*毋*通規頭殼攏是想欲宣教傳教招會腳，就中
傷其他宗教。我*毋*捌看伊斯蘭、佛教、道教等等其他亞
洲宗教，有為著宣傳宗教，就去攪天主基督教今否話。
顛倒，一寡西洋教徒，披著政治外衣，行宗教宣傳之

實，四界誆矇東方本地宗教文化哲學庶民習俗。實在以當體會著中東人民、中南美洲人民之苦。」

埔農回答：

現行所見的所謂宗教，事實上是五十步和百步之差別，都擺脫不了怪力亂神的迷信。誠如埔農說過，其他宗教至少還有精神層面的正向修養和教誨。

阮小姐說：「南島壯越諸部落，信仰西洋教者衆，若欲講受著影響者，認殖民者為上帝主公者，應該是受西洋教影響較大才著。及日本殖民時代為止，南島部落語言習俗，除了改信西洋教以外，消滅自己民族祖靈信仰外，語言亦無受太大影響。是及蠻韃語族華人難民流亡至台灣後，語言才予華人難民政權所滅。宗教是予西洋人所滅，語言是予蠻韃華人所滅。包括現在大部分華語文誠輾轉之少年家，才是認賊作祖。」

埔農回答：

還是這句話，「被殖民者不能忘了自己是誰」。但是，阮小姐以「南島部落」稱台灣山地居民，實在是令埔農傷心。至少現在多數人已知道，「南島居民」是原台灣（Paccan）人遷移過去的，阮小姐怎麼會反過來稱Paccan人為南島部落？很顯然，阮小姐仍誤以為自己是唐山人後裔，

還身陷所謂中國人的壓霸思維。埔農懇請阮小姐仔細查看《原台灣人身份認知辨悟》以及《台灣人被洗腦後的迷惑與解惑》，趕快認清「自己是誰」的真相。若有任何懷疑，可逐條來向埔農責問。

　　阮小姐說：「羅馬人當然希望建立政教合一羅馬天主國，寫羅馬文。尊羅馬神。」

　　埔農回答：
　　所以埔農說，意欲同化他人是一般殖民者的惡行，但被殖民者不可以「忘了自己是誰」。

　　有吳先生在臉書上說：「接到僅數面之緣者遞來的紅、白帖，真是困擾。」

　　埔農說：
　　現在台灣婚、喪習俗，不少人也學著所謂的中國人，四處廣遞紅、白帖，收取所謂的紅、白禮金，再大肆舖張，完全忘了台灣人原有的謙恭和自重。
　　台灣人原來的婚、喪傳統誠敬禮俗，已少有人知道。但即使在遭受中國壓霸集團洗腦改造300年後，埔農家鄉於40年前，都還知道，婚、喪須保持誠敬而非虛榮舖張。當時的婚、喪，近親好友得知，都是主動前來幫忙。

　　喪事不四處發放訃文，親友是來幫忙，但沒有所謂遞白帖、收白包這種事。

　　結婚喜慶，近親、好友早得知，都以同慶之心前來幫忙準備禮儀。周邊親友較晚知道，也來表達歡喜和祝福。是有人會送來禮物慶賀或贊助，但絕無婚事前廣發帖子這種事。只有於婚禮前一天，才會向來幫忙或道賀的親友，呈上敬邀分享喜悅和敬請向新人賜福的請帖。

　　想不到近40年來，連純樸的鄉里，也受到偽裝假漢人、假華人之台灣聞達人士的影響，遭受中國惡習的汙染，也學著「不落人後」，利用婚、喪做為展示虛榮或炫耀豪奢的時刻，不少人甚至帶給他人困擾。真是令心靈清明的台灣人羞愧、哀傷！

　　在歷經70年蔣幫中國壓霸集團的洗腦教化後，台灣人腦中充斥的盡是壓霸中國的虛妄記憶，多數人對台灣史實真相並不瞭解。僅有的點滴台灣印象，又全是「中國壓霸集團以狂妄的妒恨心態所偽造的文書」以及「早期因漢化深而轉性貪婪、認盜作祖之所謂台灣士紳虛構的小說」，這是無奈的事實。但是，在多數台灣史實證據已被攤開的今日，不少原台灣人台灣聞達人士（尤其所謂的台灣文史學者）卻仍寧願選擇羨慕虛妄高級的中國式壓霸思維，對眼前的史實證據視若無睹，還鄙夷原台灣（Paccan）的智慧文明和文化，持續認盜作祖，偽裝假漢人、假華人，仍在配合中國壓霸集團繼續洗腦台灣住民，真令埔農痛心又無奈。由於台灣聞達人士

在學校教育和社會教化都掌握了十足影響力，連累多數原台灣人至今仍然不瞭解真正的台灣史實、文明和文化，也還在跟著台灣聞達人士（尤其台灣文史學者）誤以為自己是漢人移民的後裔、誤以為自己是華人。這景況，在外國人看來，事實上就是我們台灣人自己要把國家送給中國，實在令埔農傷心又深感蒙羞，更覺得愧對祖先。

　　為了公平、正義，也為了台灣國家財政免於被拖垮，更為了保障後續軍公教人員的退休生活，必須改革當年中國壓霸集團為了自肥以及為了收買軍公教人員所自訂的退休年金辦法，已討論了好幾年。直到今（2017）年初，才由新上任的蔡英文政府開始認真進行。

　　2017年02月16日，陳庚金（中國壓霸集團在台灣養的走狗，曾任中國國民黨社會工作會總幹事、中國國民黨臺灣省黨部主委、中國國民黨中央考核紀律委員會主任委員、中國國民黨中評會主席團主席行政院研考會專員及科長；中華民國流亡政府考選部副司長、兩任台中縣長、考選部次長、人事行政局局長、國策顧問）於「全國公教軍警暨退休人員聯合總會」上大聲咆哮：「叫現在的軍公教人員能撈就撈，能混就混，大家來拖垮這個政府。」會議的總會長、中國國民黨副主席胡志強高聲稱讚：「講得真是有模有樣，充滿情感和意義呀！」

　　俗言：「不要錢的最難搞」、「不要命的人人怕」、

「要錢、要命卻不要臉的，則是人間最大的禍害」。胡志強是中國集團肆虐台灣的狡猾、壓霸代表性人物；陳庚金是漢化深轉性貪婪之台灣無恥聞達假漢人、假華人的代表人物。這兩種人都要錢要命卻不要臉，是今日台灣危殆和無盡羞辱的禍源。但是，這兩種人也是因為多數昏沉台灣人的放任才得以在台灣囂張。不願清醒的原台灣人，真是自作孽啊！

　　2017年4月，少數反「退休年金改革」的貪婪、壓霸既得利益者，發動一連串的抗議示威。細看這些日子的抗爭場景，裡面多數是不認同台灣的蔣幫壓霸集團繼承人以及依附其中的假華人、假中國人，還藏著一些非軍公教退休的狂妄中國人在裡面。顯然這後面是一股中國壓霸勢力在推動，刻意將年金改革扭曲成是污辱公務人員，以製造台灣國內的分化和對立，欲藉機製造動亂，想加速搞垮台灣。

　　在台灣，以前是抗議者被打爆；現在是抗議「退休年金改革」者暴打他人。前刑事警官，中國國民黨新北市議員林國春，帶領參加反「退休年金改革」的少數退休高階軍警，參雜一些非軍公教退休的所謂中國人，向要前往「所謂忠烈祠」春祭的總統蔡英文叫囂：「蔡小姐（他們不承認民選的台灣人總統）養尊處優，花了這麼多國家的薪水，拿我們薪水來養，有沒有道理？該不該殺？該殺吧！這在過去早就砍頭了（他們還是一直在懷念往日可隨意殺人的日子）。」而當場的中國人群眾則大喊：「該殺！」、「殺！」這是教唆

殺人的仇視語言，現代正常國家都把「使用仇視語言挑撥族群互鬥，或鼓勵別人去殺某人，視爲嚴重的刑事犯罪」，這種人卻得以在台灣囂張、橫行！「白狼」甚至動員中華統一促進黨，加上砍八田與一雕像頭的李承龍，帶隊在舞台車上大喊：「一國兩制和平統一年金不會倒；一國兩制和平統一健保不用繳…」的造反口號，澎防部前副參謀長蔡丁喜甚至於社群中威脅蔡英文總統，叫囂：「要令漢光演習的時候進不了澎湖」（蔡丁喜自認對澎湖駐軍有十足掌控的造反力量），這都是內亂加外患罪，不僅沒有人加以制止，治安機關也沒有要調查送辦的意思。

實際上，年金改革是爲了保障軍公教人員的退休生活而非做不可的當務之急，進行公聽會加上國是會議已經超過一年，並不是蔡英文總統上任後才提起的事。因爲軍公教年金帳戶即將破產，再也無法支付軍公教人員的退休金。現在不改革當年賄賂和自肥式的退休年金辦法，則50歲以下的年輕軍公教人員必將無退休金可領，這會是悲慘的災難。所以，大多數頭腦清楚的現職軍公教人員，不但十分贊成退休年金的改革，而且期盼改革非成功不可。

公務革新力量聯盟發起人林于凱強調，過去的人繳得少、卻領得多，導致退撫年金面臨破產危機。現在的在職人員卻要多繳少領，改革方案當然必須溯及既往，才符合世代公平正義。曾任「退休年金改革會」委員的吳忠泰指出，現

行的退休年金制度，只是將青壯在職軍公教人員綁在舊的基金裡，迫使他們繳費供已退休的人員再多領十幾年，這才眞是不公不義的事。所以，他們以及大多數頭腦清楚的現職軍公教人員，都支持並呼籲，應該此次就大刀闊斧止血，重新規劃退撫制度，並另立新基金，與現行制度脫鉤。若是已退休軍公教人員堅決反改革，那就應該把現職軍公教人員過去所繳納的提存退休年金移到新基金內，新、舊退撫制度劃清界線，舊制度的退休人員就在舊退撫基金內隨便他們要怎麼領，看有多少退休軍公教人員會同意？

事實上，這些叫得最大聲、打人又喊殺的所謂退休高級官員，當年可都是中國國民黨之所謂政府，拿台灣普羅百姓血汗稅金，養來掌制台灣的鐵衛工具，現在竟然有臉大言他們的薪水養了誰！再說，世界上有那一個國家退休人員領這種超高額退休金的？連被退休年金拖垮的希臘，都沒有當今台灣這種超高額公職人員年金和18%優存利息，希臘殷鑑就在眼前啊。如果退休年金改革失敗，軍公教年金帳戶即將破產，再也無法支付軍公教的退休金。

特權必養成貪婪，而貪婪者必不公、不義，且霸凌他人，甚至賣祖求榮。這些所謂的退休高級官員，尤其所謂的高級中國人，爲了貪圖其自以爲高級的特權利益，存心不惜拖垮台灣，並且執意出賣台灣！

　　更可惡的是，這些退休的所謂中國人高級官員，大多數是靠「所謂中國人的壓霸保障名額」（自1950年至1992年，臺灣人以87％的人口比例，只分配2-4％的高普考公務員錄取比例）以及私相授受的所謂「甲等特考」，才藉以進入所謂高級官員的行列。他們壓霸又狡猾，誘使無恥的假漢人、假中國人以馬前卒的姿態，領銜當拖垮台灣的前鋒砲灰。於是，就有中國國民黨養的走狗假中國人陳庚金出來咆哮：「叫現在的（高階）軍公教人員能撈就撈，能混就混，大家來拖垮這個政府」，以及「『高級？』中國人」胡志強高聲讚揚說：「陳庚金講得真是有模有樣，充滿情感和意義呀！」還有假漢人、假華人的李來希帶頭來衝撞，「高級中國人」就藏在後面藉機施暴。

　　這些人是今日台灣危殆和無盡羞辱的禍源。但是，這些人也是因為多數昏沉台灣人的放任才得以在台灣囂張、橫行。不願清醒的台灣人，仍沉迷於假漢人、假華人的毒癮中，還真是自作孽！

　　幾乎和蔡正元、陳庚金一樣不要臉的全國公務人員協會理事長，既得利益的假漢人、假華人李來希，更是搖旗吶喊，說基層警察家屬哭訴，扣掉18％的不法優存，每個月就只剩下幾千塊了。但是他沒講的是，他每月還有超高額的退休金。而且「退休年金改革」已經設了公務人員最低起跳的31,280元，這是勞工上不去的天頂啊！

　　李來希說：「『勞工看不懂我寫的公文，知識水準無法
負擔公務員工作，因此勞工退休金無法與軍公教退休金比
較』、『退休公務人員月領3萬2千元無法有尊嚴的活下去，
平均領5.6萬並不多』。」這就是台灣少數已退或將退的公
務人員，為了自己的利益，堅持犧牲未來退休公務人員的權
益、犧牲年輕一代的利益的醜陋嘴臉。相信現職的公務人員
腦筋是清楚的。年金的改革包括揪出違法亂紀的黨職併公
職，還款於民是轉型正義的一部分。在此「退休年金改革」
事情裡，也看見人性的貪婪與自私、不顧別人死活，甚至不
惜拖垮自己的國家。

　　4月28日，反「退休年金改革」一群人揚言，就是特別
要在5月20日的國中會考當天集結示威，以凸顯他們的囂
張。因為他們的示威必然又會有騷動和高分貝叫囂，學生家
長懇請他們改期來活動，不要影響周邊考場這部分學生的考
試。反「退休年金改革」的帶頭者怒目拒絕。當教育部為了
維護會考的公平性，避免因騷動和叫囂而影響一部分學生的
成績表現，準備為這部分學生換考場時，狂妄無恥的李來希
竟然公然叫囂說：「不過就是個考試嘛！有這麼重要嗎？」
顯然，在李來希這群人的心目中，別人的基本需求和公平原
則，根本不值得他們一顧。6天後，這群狂妄無恥的「所謂
高級人」在輿論壓力下，推由李來希到教育部，在媒體面前
簽署「原則上不會在考場周圍舉行示威或抗議活動」的聲明
書。但李來希事後立即大聲放話威脅說：「要我們520不辦

任何活動，做不到！」「並非當天不做任何抗議行動，是『原則上不會去干擾考生』。」「是要看立法院是否對軍公教『橫柴入灶』。」這種全國性重要會考的日子，在正常國家，絕不可能會准許任何示威或抗議活動在考場附近舉行。在台灣，只要是和中國壓霸集團有關，就無可奈何！不知清醒的台灣人，仍沉迷於假漢人、假華人的毒癮中，只要中國壓霸集團高喊「我是高級中國人」就懦弱退縮。又是另一樁台灣人的悲哀。

埔農本身就是李來希所看不起的勞保退休人，雖然早年因意外而傷殘，仍辛勤地勞心、勞力工作和進修，累積30多年的投保年資（埔農有好幾年的公保年資不被採計），月薪由2千5百元爬升至每月16萬元。埔農在職時的薪水給付比李來希多，繳納給國家的稅金更是比李來希多得太多，每月從薪資中提存到勞保退休基金的錢也比李來希提存到公保退休基金的數目多太多。埔農從來不敢輕視低薪的工、農普羅大眾，並對樸實的工、農大眾心存感激，也對自己的較高收入帶著歉意，定要盡心盡力服務（埔農只是眾多有同樣理性和情懷的勞心勞力者之一）。事實上，這個社會如果沒有樸實的農民，大家就要餓死；若沒有樸實的勞工，生活所需品項的供應立即中斷，樸實的工、農大眾才是這個社會最重要的支柱。另一方面，若這些權貴、巨賈、顯達同時從世上消失，人類並無何損失。而且，人類少了權貴、巨賈、顯達的

狂妄、權謀和爭鬥，那世人才眞可得安樂。到底是那類型的
人才是眞實的貢獻者和重要人物？不值得深思嗎？

　　因爲退休金是爲了保障退休人員的基本生活於無慮，不
是要供給奢侈或養成傲慢，埔農退休後每月領1萬8千多元的
退休金已生活無虞（埔農有好幾年的公務人員投保年資，因
爲是以勞保身份退休而不被採計）。埔農心存感激，覺得現
在日子過得非常有尊嚴（除了爲「台灣人的誤入華人迷思」
而悲嘆）。因爲對年輕世代的低薪懷有一點歉意，所以埔農
不敢奢侈浪費，還有結存，並將結存用於台灣公益。李來希
竟然大言「3萬2千元無法有尊嚴的活下去，平均領5.6萬並
不多」，眞是貪婪、無恥又壓霸！想一想現在月領2萬2千元
薪水的年輕在職工作人員，退休人員應該心存感恩。既已辦
退，自當淡出，安享平靜之福。若行有餘力，可輕鬆付出，
繼續造福國家和社會。自肥的退休人員若自以爲高級而壓
霸、奢侈、傲慢，並鄙視在職工作人員，則禽獸不如。

　　李來希自以爲高級，看不起低薪的勞工。其實，一半以
上的勞工去做李來希做過的公務，都可以做得比李來希好。
李來希曾是行政院勞工委員會勞動條件處處長、勞工委員會
綜合規劃處處長、勞動部參事，有那一件對勞工照顧的事務
他做好過？都是勾結權貴、巨賈來欺壓勞工而已。

　　李來希說「勞工看不懂他寫的公文」，眞是不要臉至
極。若李來希寫的公文多數勞工會看不懂，那表示李來希完

全是蔣幫壓霸集團教化出來的書呆子，文筆呆滯又不合邏輯，還敢大言不慚！

埔農自知人微身輕，又常感嘆努力不夠。然而，雖然埔農是李來希那幫人所看不起的月領1萬8千勞保退休人，但埔農保證，埔農認真讀過的書比李來希多；學識比李來希豐富；誠心服務過的台灣大眾更是比李來希付出過的多得太多（埔農不敢和其他人比。其他學能具備，爲台灣這土地和大眾默默付出的人太多了）。李來希和其同黨若是不服，可來對質，或趕快去法院告埔農毀謗或侮辱。

講到「由於多數昏沉台灣人不願從假漢人、假華人的毒癮中清醒，才放任這些中國壓霸集團和無恥的假中國人在台灣囂張橫行」，埔農由不得又想到「補教教師陳星（本名陳國星）誘姦台灣女學生並害死其中一人」的事件。

劉毅竟然出來說「陳星是正人君子」。更可惡的是，郭冠英於5月9日上三立電視節目《新台灣加油》連線狂言：「當時沒有提告，這件事就是合法的」、「我碰到未成年女生，我可能也會被她誘惑，這是常有的事」、「我對『女學生因被誘姦而自殺』不認爲值得悲痛，我難過的是我找不到誘姦16歲女學生的機會」、「性侵是非法的，但是他在沒有被抓到以前，那他就是合法的」。郭冠英在節目中更坦言：「我根本不認識陳星，只是看過陳星與白狼（張安樂）的合照，我就肯定陳星是『正人君子』」、「當然他是正人君

子，是反台獨，必然跟我一樣是正人君子，因此我力挺陳星」。最後更撂下狠話：「只有台獨才會殺人、放火、強姦」、「我現在還有色心，所以，如果我能找到未成年、很美麗的少女，我照樣去搞。」

若在正常國家，囂張的劉毅、郭冠英等人，即使沒有溺斃在眾人所吐的口水裡，也必定引來一連串的對抗性示威。而林國春、陳庚金、胡志強、白狼（張安樂）、李承龍、蔡丁喜的言行，是「內亂加外患罪」，不僅還是沒有人加以制止，治安機關也沒有要調查送辦的意思。這根本原因是：台灣人仍沉迷於假漢人、假華人的毒癮中，只要中國壓霸集團高喊「我是高級中國人」，就懦弱退縮。台灣人真是自作孽啊！

林國春、白狼張安樂、李承龍、胡志強、蔡丁喜、陳星（本名陳國星）、劉毅、郭冠英等只是中國壓霸集團繼承人中，比較不隱藏其囂張的一小撮。無恥、貪婪、蠻橫的中國壓霸集團，逃難來台灣肆虐，強迫台灣人供給他們養尊處優，還口口聲聲叫囂是「高級中國人」，鄙視台灣為鬼島；吃人不吐骨頭，吃人夠夠還嫌人肉鹹鹹。若不是呆奴化的台灣聞達人士（尤其所謂的台灣文史學者）沉迷於假漢人、假華人的毒癮中，自己認盜作祖，還拖累了多數台灣人誤以為自己是漢人或是華人後裔，剝奪了原台灣人靈魂復甦的機會，世界上有那一個國家會容忍他們如此囂張、跋扈。

陳庚金、李來希等人，則是典型的因漢化過深而變得無

恥、貪婪、賣祖求榮之台灣人。又是另一樁台灣人的悲哀。
若多數台灣人還不知清醒，真不知道台灣還有任何希望可
言！這使得埔農憂傷難眠。

　　世界各文明國家和世界醫師會都「支持台灣參與世界
衛生組織（WHO）」，台灣卻每年為了以觀察員「Chinese
Taipei」（意思是「中國人的台北」或「中國的台北」）身
份進入世界衛生大會（WHA）而受盡差辱。

　　世界各主要國家更多力挺台灣參加世衛大會，但為什麼
台灣僅為了以觀察員身份進入世界衛生大會，每年還是爭取
得這麼辛苦、這麼委屈？今年（2017）在中國的加深杯葛
下，連想當觀察員也申請不到。中國不是只是100多個會員
國其中的一個而已嗎？這根本問題是：世界各國都稱我們是
「台灣」，台灣聞達人士和政客卻自稱「中華民國」（是從
中國叛逃的流亡政府，其實早已死亡70年。這所謂「中華民
國流亡政府」是假僵屍，原是「在台之中國壓霸集團」為了
用作護身符所加工製作出來的。這假僵屍，本來他們可以
操縱自如，現在成了一具乾屍，暫時耍不動了，這乾屍外
皮，竟然還被假漢人、假華人當上癮的台灣聞達人士和政客
剝下來披在台灣身上），台灣在國際上更是使用「Chinese
Taipei」（意思是「中國人的台北」或「中國的台北」），
是台灣聞達人士和政客自己把靈魂出賣給了魔鬼啊！既然台
灣聞達人士和政客自稱是中國的或中國人的，台灣還有何立

場參加任何國際組織？

　　事實上，經過台灣醫界的努力，國際三大醫學團體之一的「世界醫師會」早於2001、2003、2005年在理事會中通過「支持『台灣』參與WHO」的決議。2006年，「世界醫師會」也以新聞稿方式發布聲明，強烈呼籲「台灣」必須出席世界衛生大會（WHA）。這個組織成員達800萬會員、遍佈世界110國家。台灣原是應該澄清：「台灣是一個被長期侵略、踩躪的國家，台灣人並非漢人後裔，不是所謂的華人，更不是所謂的中國人。」然後卸除這令人噁心作嘔之所謂「中華民國流亡政府」的腐臭屍皮，再以「台灣」的正確名稱，在國際友人的支持下，加入世界衛生組織（WHO）以及其他各種國際組織。可惜，更令人傷心的是，台灣聞達人士和政客仍是沉迷於假漢人、假華人的毒癮中，自稱台灣是中國人的或中國的，這就是台灣因名不正言不順造成委屈和羞辱的根本原由。

　　台灣在2003年的「嚴重急性呼吸道綜合症」（SARS）疫情，做出令世界各國刮目相看的處置成果，各國關注台灣，並推崇台灣的貢獻。就因為台灣前去世界衛生大會（WHA）的官員自稱「Chinese Taipei」（中國的台北或是是「中國人的台北」），SARS罪魁禍首的中國，其出席官員沙祖康才敢不知羞恥地怒目向台灣代表團叫囂：「誰理你們！」

　　2009年台灣成爲觀察員，自稱「Chinese Taipei」（意思是「中國人的台北」或「中國的台北」）。如此荒謬離譜、認盜作祖，年年重演。即使別國介紹我們是台灣、稱我們爲台灣，台灣政客還是自稱「Chinese Taipei」，使得世界各國的支持台灣顯得名不正而言不順，當然有氣無力。

　　2017年赴世界衛生大會（WHA）宣達的衛生福利部長陳時中自稱「中華民國台灣（Taiwan, Republic of China）」，「中華民國流亡政府來自中國、屬於中國」，世界皆知，把台灣置於中華民國之下，分明是自稱屬於中國。在今天，即使誤以爲自己是漢人後裔的台灣人，都還知道自稱是來自台灣，世界上的文明國家也沒有人承認「中華民國流亡政府」，台灣官員卻口口聲聲堅持「中華民國」。

　　國際友人支持台灣獨立自主、以「台灣」自己的名義參加國際組織，台灣政客卻到處自稱是「中國人的」或「中國的」，台灣政客把國際友人當白癡啊？不知覺醒的台灣聞達人士（尤其台灣文史學者），自己認盜作祖，還拖累了多數台灣人誤以爲自己是漢人或是華人後裔，剝奪了原台灣人靈魂復甦的機會；壓制了原台灣人復國的希望。說他們可悲，卻還眞是可惡。

　　葉兄問：「台灣人要怎樣自救？」

　　埔農回答：

　　台灣人要自救，必須明白「台灣史實真相」，廣為傳播台灣史實真相的證據，澈底從「蔣幫中國集團的偽造文書，以及所謂台灣士紳假漢人所虛構的小說」之華人迷思中清醒過來。繼而向世界各國澄清：「台灣是一個被長期侵略、踩躪的國家，台灣人並非漢人後裔，不是所謂的華人，更不是所謂的中國人。」再卸除這令人噁心作嘔之所謂『中華民國流亡政府』的腐臭屍皮，再以「台灣」或「Paccan」的正確名稱，在國際友人的支持下，加入聯合國以及其他各種國際組織。

第六章

僵直式假華人迷思所產生的
嚴重副作用

第一節　原台灣人政客沉迷於假漢人、假華人的毒癮

　　朋友陳先生說：「一個原台灣人代表所謂的中國人
（或華人）向其他原台灣人道歉，真是吊詭的奇聞！難
道蔡英文到現在還自以為是漢人或是華人，因同情她口
中所謂的台灣原住民所受到之欺侮和迫害，她就以加害
者之親友或子孫的姿態，向被害人賠罪？」

　　埔農說：

　　不，即使蔡英文她自認是漢人或是華人，依她自己的奴
化邏輯好了，當年台灣士紳假漢人欺侮的是台灣平地住民，
不是在封山令下被隘勇線圍堵的山區住民。蔡英文如果是以
所謂台灣士紳的假漢人、假華人自居，那她道歉的對象應該

是台灣平地住民，才符合她自己的奴化邏輯，而不是被封山令困住的山區住民，因爲當年台灣士紳假漢人欺侮不到被隘勇線圍困的台灣住民。而頒封山令以隘勇線圍堵山區住民的是當時肆虐台灣的清國，假漢人士紳的子孫應該是幫遭受隘勇線圍困的住民，譴責當年清國當局的壓霸暴行才對。

　　陳先生說：「如果蔡英文眞的自認是『高級』漢人、華人或是中國人，那她向曾被封山令圍困的住民賠罪說道歉是沒有不合邏輯的，因爲她任總統的這個『中華民國流亡政府』在70年前入侵台灣時，也是用早年清國奴化台灣平地住民的同樣手段，對以前被封山令圍困的住民加以鄙視，再強冠漢姓、強改名字。蔣幫中國壓霸集團是比較狡猾，但其陰狠不下清國漢人滿官之蹂躪平地台灣住民。既然蔡英文自以爲是漢人或是華人，又貴爲總統，是更自以爲『高級』了，爲了表示高級人有同情受壓迫者的清高，會故意展示同情的善心，也是想當然爾！」

　　埔農說：

　　也對！民進黨的執政團隊，在面對台灣人時，仍是以「中華民國流亡政府」官員的高級心態自居。他們既然認爲這個他們認同的「流亡政府」過去曾霸凌台灣，又是以「假華人」的姿態自居，所以才會向有「原台灣人自覺」的族群

道歉。

　　陳先生說：「那民進黨執政團隊是真的認同這個
『中華民國流亡政府』了？而且認爲這個『中華民國流
亡政府』現在已是善待台灣了？」

　　埔農說：

　　是的！難道你不知道，蔡英文現在到處高聲自稱中華民
國總統（外人是稱蔡英文爲台灣總統，稱民進黨執政團隊爲
台灣官員），民進黨團隊也都是稱中國爲「大陸」、稱台灣
與中國爲「兩岸」！他們既然自以爲是「中華民國流亡政
府」內的高級華人（事實上，所謂中國人的華人是叫民進黨
團隊爲台灣人、敵人），自以爲高級的人爲過去曾蹂躪他人
道歉，已是最大的善意。自以爲高級的人絕不會把「眼前的
霸凌他人」放在心上。因爲，如果對「眼前的霸凌他人」感
覺虧欠，那就不會自以爲高級了。

　　台灣人選蔡英文的民進黨團隊主政，是因爲他們看起來
應該比較不會傷害台灣或甚至於出賣台灣，更希望民進黨的
執政團隊能捍衛台灣的復國希望。然而民進黨團隊執政後仍
毫不避諱的認同中華民國，在國內外記者會上也稱中國爲
「大陸」、稱台灣與中國爲「兩岸」，又以所謂華人的姿態
向他們所稱的台灣原住民（被扭曲成極小化）道歉，等於是
在向國內外進一步宣示「台灣是華人或是中國人的台灣」，

並暗示「比例上占極少數的原住民也已接受她的道歉而甘心
接受中華民國流亡政府的非法統治了」。在受到所謂有台灣
意識之台灣政客和聞達人士等假漢人、假華人的影響下，才
會有美國總歐巴馬會說出「台灣人同意，只要能以某種程度
的自治繼續運作，他們不會進行宣布獨立」這樣離譜的話
了！也難怪哥倫比亞大學東亞研究所主任黎安友（Andrew
Nathan）接受專訪時會坦言「蔡英文民進黨執政團隊的『維
持現狀』，其實和馬英九的政策完全一樣，只不過是用不同
的角度來呈現」這樣的實話；並說出「對中國來說，台灣具
最重要的戰略價值，是所謂『不會沉沒的航空母艦』，中國
從軍事安全角度出發，必定『無所不用其極』的要霸佔台
灣。所以，雖然我很同情台灣，但台灣被中國『統一』是遲
早的事」這樣悲觀的話來。若多數台灣人再不趕快覺醒，照
這情形看來，在蔡英文民進黨團隊的主政下，台灣的前途更
岌岌可危了。

　　陳先生接著說：「蔡英文提名的司法院大法官兼任
院長許宗力，竟然在立法院行使同意權的審查時說：
『台灣、中國與東、西德相似』。難道蔡英文的整個執
政團隊都不知道『東、西德』、『南、北韓』與『南、
北越』原是三個完整的國家，是二次大戰後才被撕裂
的！
　　更何況，第一：『東、西德』、『南、北韓』與

『南、北越』在二次大戰後各自是由一個國家分裂成兩個國家，且都是有和平條約經由各方簽署的，而台灣在二次大戰後並未有簽署任何條約來解決爭端。日本和所謂的『中華民國』之間締結的和平條約，也從來沒有談到台灣和澎湖的主權歸屬問題。

　　第二：中華人民共和國是於1949年10月1日成立的，從來與台灣無涉，現在這個所謂的中華民國政府是於1949年12月從中國叛逃到台灣後才成立的流亡政府，台灣與中國一直是各自有不同的土地和人民。

　　第三：現代的所謂中國是推翻清國統治後才建立，而台灣是日本於二次大戰後放棄的被侵略國度，台灣與現在的所謂中國毫不相干。既非分裂國家，何來『統一』？兩德、兩韓、兩越係一個國家的分裂狀態，所以才有要不要統一的問題。

　　第四：除了南、北越當年因持續處於實質戰爭狀態而未加入聯合國外，兩德在1973年，兩韓在1991年均同時加入聯合國。是只因蔣幫壓霸集團高舉『反共抗俄』的招牌，美國戰後又一心一意為了對抗共產主義，美國希望把台灣當作美國圍堵共產主義的前哨，就要求各國同意由非法滯留在台灣的蔣幫集團，以所謂的『中華民國流亡政府』名義暫時在聯合國代表中國人民，以彰顯『不承認中華人民共和國』而已。所以，1971年的2758號聯合國大會決議文才明言：『所謂的中華民國流亡政

府，自1950年開始以假中國政府之名義竊據中國在聯合國安理會的席位，現在將其驅逐出去，以恢復中華人民共和國在聯合國的應有席位。』

像『台灣、中國與東、西德相似』這樣的說法，根本就是虛妄的中國式壓霸思維，更是在呼應中國併吞台灣，陷台灣於不義！

台灣人把台灣前途的希望託付給蔡英文、許宗力等這些身陷『台灣受虐症候群』（重症『斯德哥爾摩症候群』）心理障礙的執政團隊，真是『放雞屎的有，生雞卵的沒』！」

埔農說：

是的，台灣本是一個曾被荷、鄭、清、日侵略過的國度，後來是因為戰後各民主國家一心一意為了對抗共產主義，希望把台灣當作圍堵共產主義的前哨，蔣幫集團又高舉「反共抗俄」的招牌，各國才在美國的慫恿下，執意暫時犧牲台灣這塊土地和人民，用來維繫西太平洋圍堵共產主義之所謂第一島鍊的完整性，以致讓蔣幫中國壓霸集團有機可乘，長期霸佔台灣。二者怎麼可以相提並論呢？說這些台灣聞達人士的呆奴化可悲，還更真是可惡！

陳先生繼續說：「總統資政人選的任用，是一種榮譽的表彰，亦是表現總統的施政心態，甚至傳達政府的

核心價值。蔡英文總統上任後，即高舉轉型正義大旗，資政名單裡固然不乏台灣民主化運動過程中的重要人士，然而宋楚瑜這位前半生做為蔣幫中國壓霸集團的前線打手，於兩蔣死後，因為在中國壓霸集團內部權勢與利益的爭奪戰中落敗，成為失意政客。竟在解嚴三十年後，台灣政壇聞達人士二次執政的當下，還能得到蔡英文等台灣政客的青睞，真是難以想像，更令人難以理解。」

埔農說：

宋楚瑜的父親宋達，曾任蔣家集權政府的國防部人事局局長及聯勤副總司令，是蔣家親信。宋楚瑜在喬治城大學的指導教授是克萊恩，克萊恩曾是美國中央情報局駐台灣站之站長，長期與蔣經國關係密切。這個沾滿情治氣息、得蔣經國真傳的宋楚瑜，有人說他是「大內高手」、「霸權的化妝師」，其實他多數時間是嗜血邀功的「前線殺手」，蔣幫中國壓霸集團後半期的恐怖手段都與他有關。「禁歌」、「禁出版」、「禁台灣語文節目」、「1976年禁用台灣之名參加國際奧林匹克運動會」、「1979年1月余登發橋頭事件」、「1979年12月美麗島雜誌社事件」、「1980年2月28日林義雄家祖孫命案」、「1981年3月以『中華台北』為名參加國際奧林匹克運動會」、「1981年7月誘殺陳文成事件」、「1989年4月不管死活逮捕鄭南榕」、「1989年9月余登發命

案」等等，大多數是宋楚瑜直接下手，其餘也有宋楚瑜出手操縱的痕跡。1988年宋楚瑜還侵吞了四億四千萬元至他的私人帳戶內，並匯了一億四千萬元暗藏在美國。

　　宋楚瑜既是蔣幫中國壓霸集團鎮壓台灣的殺手，又是掠奪者。資政要為台灣總統建言國政，也是榮譽的表彰。宋楚瑜名列其中，不啻是一種對台灣前輩為民主犧牲的嘲諷，更是對其他幾位同樣列名資政者的羞辱。蔡英文更指派宋楚瑜代表台灣參加2016亞太經濟合作會議（APEC）的領袖會議，2016年11月15日晚抵達紐約過境美國停留一晚，美國在台協會（AIT）主席莫健還特別前往接機。蔡英文此舉，不但表明接受蔣幫中國壓霸集團的在台所作所為，更是在誘導國際上認同蔣幫中國壓霸集團在台的所作所為，埔農除了吐血，已驚懼難語。

　　宋楚瑜不但行前刻意發表「兩岸一中，反對台獨（台灣復國）」的言論，羞辱民進黨「台灣是主權獨立的國家」之說詞，更明明是代表台灣出席2016 亞太經濟合作會議（APEC），卻故意攜家帶小，還自組中國隊代表台灣，由一群親民黨幹部當代表團，把台灣國家大事家庭化，把台灣政府中國化（親民黨一向自稱是蔣幫中國壓霸集團的正宗繼承人），蔡英文等台灣聞達政客可以縱容宋楚瑜這樣囂張，台灣人民可以就這樣忍受嗎？

　　在秘魯時間20日晚間舉行的國際記者會上，對於記者問「和日本首相安倍晉三會面，有無交換條件」時，宋楚瑜竟

然以「老子沒有答應過任何事」回答。「老子」是所謂的華人黑幫老大,對其手下(視爲龜兒子、龜孫子)訓斥時的慣用語。宋楚瑜那在台灣已熄滅的壓霸、囂張氣焰,竟然是由台灣人所託付的台灣呆奴政客加以重新點燃,心靈清明的台灣人眞是情何以堪!

看來,即使這群台灣聞達人士已在民主選舉中取得持續的執政權,以現在多數台灣聞達人士已假漢人、假華人當上癮的情況看來,政黨輪替的政權接管,只是表面形式上的民主,不可能發展成穩定的實質民主形式,更不可能建構一個正常的台灣國家,也缺少全體台灣人深層的整體意志和國家感情。台灣人若仍持續糾葛於「中華民國在台灣」的殘餘中國形式裡(死而不僵的中華民國),台灣人永遠須面對另一個實質之中國(中華人民共和國)的在旁虎視眈眈,要展開新的國家建構必然極爲困難,而且充滿危險。要靠這些取得執政權的台灣聞達人士,來維護台灣的完整自主國度,看來還是困難重重。這景況實在令人憂心忡忡,更是憂苦不安!

第二節 馬英九與洪秀柱大唱「以一個中國併吞台灣」的雙簧

當馬英九公開希望洪秀柱在首次前往中國朝拜的「習洪會」之前,明白說出「九二共識,一中各表」,洪秀柱不但

沒答應，還說「九二共識」的精神是「和平統一」，就是
「一中同表」，讓媒體以「馬英九和洪秀柱對嗆『一中各表
或同表』」為題大肆報導之時，台灣政壇聞達人士竟然以幸
災樂禍的嘻笑心情說：「中國國民黨『現狀派』與『統派』
在分裂、鬧對峙」。

事實上，中國國民黨一直是在和中華人民共和國裡應外
合，以「併吞台灣」為目標，從未改變。「武力併吞」付出
的代價太高，他們當然都希望以「騙術誘拐」的所謂「和平
統一」為目標。所謂的「各表」只是「騙術」中的一件道
具，而「各表」這件道具也只有在台灣國內才會拿出來使用
而已。由於中國國民黨在台灣已得不到支持，又失去執政
權，現在中國國民黨能為中華人民共和國做的，就只剩「炒
熱一中騙術的話題」，以加深洗腦來誘拐台灣人。不管是
洪秀柱「一中同表」的真話，還是馬英九「一中各表」的
假話，中國國民黨人的重點意圖，都是在強調所謂的「一
中」、炒熱所謂的「一中」。如此一來，在「同表」與「各
表」的雙重火力下，有「維持現狀」姑息心態之台灣人，其
內心所潛伏的虛妄「一中」就被提煉出來了。奸詐狡猾的中
國壓霸集團（不論是中國共產黨或是中國國民黨）才不理你
什麼「同表」或「各表」呢，中國壓霸集團要的只有「一
中」！中國國民黨壓霸集團只要能把他們偽造歷史並扭曲事
實後所意指的「虛妄一中」，用來繼續深化台灣人心中的迷
惑，中國壓霸集團之目的就達到了，中國國民黨壓霸集團也

就可以向他們那中華人民共和國主子交待了。所謂的「各表」，只是被用來暫時痲痺「妄想維持現狀」的眾多台灣人而已。

現在洪秀柱是郭冠英、郝柏村一派中國「明霸」的代表人物，他們一向不掩飾其以高級中國人霸凌台灣的心態，他們鄙視台灣、公開叫囂併吞台灣的「所謂統一」，他們經常引起多數台灣人的反感、甚至厭惡。實際上他們現在並沒有能摧毀台灣的大害，他們的叫囂，只是藉以鞏固那批寄生台灣之蔣幫壓霸集團中國人，以及如蔡正元一類，積極賣祖求榮、全無羞恥心之囂張假中國人的凝聚力而已。最為可怕的是馬英九等一群「狡詐」之人，他們一向深謀算計，心狠手辣又鬼計多端，以致不少台灣人被賣了還在幫他們數錢。馬英九等「狡詐」之人積極推動「併吞大業」，卻將「不統、不獨、不武」掛在嘴巴，事實上他積極為「併吞台灣」鋪路，持續加深洗腦台灣人「虛妄一中」的迷思，並陰謀促使台灣的經濟寄生於中國，只要台灣人貪圖眼前近利，經濟依附中國，「併吞台灣」就水到渠成了。明槍易躲，暗箭難防啊！

另外，怎麼會用「統派」一詞稱呼那群「貪婪、奸狡的壓霸集團」呢？台灣是被侵略的國度，何來被統之事？那群人是霸凌台灣、蹂躪台灣，更是存心要出賣台灣，是強盜集團，稱「盜派」才恰當。另一方面，台灣近400年來既然一直是被侵略、被蹂躪的國度，荷、鄭、清、日以及蔣幫壓霸

集團都是侵略者，荷蘭人視台灣爲殖民地；清國視台灣爲敵境；鄭成功及蔣幫壓霸集團都是所謂之中國要追緝的逃犯，日本則是收受贓物，決心「復國」的台灣人怎麼會稱是「獨派」呢？顯然仍未脫離「假漢人、假華人」的魔咒。

台灣聞達人士和政客在被洗腦後的僵直式思維裡，看不出馬英九和洪秀柱大唱「以一個中國併吞台灣」雙簧的陽謀，竟然眞的以爲那是一場中國國民黨內的路線之爭，還樂得沾沾自喜，眞是無可救藥！台灣由這些深陷「台灣受虐症候群（重症斯德哥爾摩症候群）」的台灣聞達人士掌舵，眞是前途堪憂。

不少自認具台灣意識的人士，多年來主張立即以公投決定台灣前途。

埔農說：

「公投」確實是現代文明人的普世價值。但是，在歷經中國壓霸集團的洗腦教化後，又加上染患「斯德哥爾摩症候群」的台灣聞達人士（尤其所謂的台灣文史學者）之推波助瀾，台灣人腦中充斥的盡是壓霸中國的虛妄記憶，多數人對台灣史實眞相以及自己的眞實身份並不瞭解。僅有的點滴台灣印象，又全是「中國壓霸集團以狂妄的妒恨心態所僞造的文書」，以及「因漢化深而轉性貪婪、認盜作祖之所謂台灣士紳虛構的小說」。處於這種遭受蒙蔽和詐欺的心理狀態下，再受到所謂中國的威脅和利誘，多數台灣人如何能有表

達「清明心靈之意願」的表現？

所以，埔農疾呼：公投前，應先讓全體台灣人澈底明白
真正的台灣史實、文明和文化，去除「中國壓霸集團以狂妄
的妒恨心態所偽造的文書」以及「所謂台灣士紳認盜作祖後
所虛構的小說」之迷思，這公投才得以展現台灣人真正的自
由意志。

　　台灣國的王前輩留言：「非常同意，但這是一項艱
　難的說服工程。」

　　林先生留言：「無用！深陷體制的盲目之人何其
　多。」

　埔農回答：

王前輩及林先生所言是事實，所以才更令人憂心。也所
以，心靈清明的台灣人要更努力傳播台灣的古今真相，台灣
才能有未來。這是埔農的最大期盼。

第三節　台灣聞達人士假華人當上癮後，不肯面對事實

在以「誠實、尊嚴─破除漢族迷思」為題的聚會裡，埔
農依年代逐一說明「70年前的原台灣住民『絕對沒有所謂的
漢人或華人後裔』」、「120年以前，僅有極少數所謂士紳

的台灣聞達人士，勾結唐山滿官，橫行鄉里、搜刮財富，認盜作祖、偽裝假漢人」以及「70年來，在蔣幫中國壓霸集團偽造台灣歷史文書的二次奴化洗腦下，多數原台灣住民誤以為自己是漢人或華人後裔的過程」之證據。

　　會末埔農總結：300多年前，在清國漢人滿官的壓霸蹂躪下，首先學會漢語文的台灣（Paccan）族人成為所謂的知識份子。所謂的知識份子受漢人滿官嘉勉，被賦予權利；所謂的非知識份子（尚未漢化或抗拒漢化者）不被尊重，權利不被保障。隨著強制漢化的進展，受管土地登記須使用漢文文書，給了這些少數因漢化深影響而轉性貪婪的漢化民可乘之機，勾結唐山滿官搶先登記，豪奪土地，變化成大地主、阿舍。這就是後來所謂的台灣假漢人士紳。這些早期因漢化深而轉性，寧願認盜作祖當走狗、勾結霸權的所謂台灣士紳，一方面自負虛榮的偽裝高級，鄙視同胞，另一方面開始虛構自己是漢人的小說，將冠其姓的唐山「教官」或被強置的虛構「公祖」偽稱是其「唐山公」，藉以掩飾其假漢人的卑劣惡行。這些少數假漢人的所謂台灣士紳，從清據時期延伸到日據時期，再鑽進蔣幫中國壓霸集團侵略台灣的行列。70年前，蔣幫中國壓霸集團入侵台灣，為了塑造侵台的中國蔣幫集團為「當然貴族」之印象，利用既存的少數台灣假漢人士紳，偽造歷史文書，二次奴化洗腦台灣人。初時順應其惡行者昌、不聽從者亡。寒蟬效應形成後，再改以名利誘導。這些蔣幫惡徒自奉為「高級中國人」，使得部分堅持台

灣原住民身份者遭鄙視而喪志。另一些人則變得寡廉鮮恥，以附貴求榮自滿，從此自甘認盜作祖、僞裝假漢人的台灣士紳聞達人士逐年多了起來。由於大眾的認知，無論是來自學校教育或社會教化，絕大部分又都是受聞達人士（*尤其所謂的台灣文史學者*）所影響。風行草偃，使得一般台灣民眾也受到深化迷惑。歷經二至三代七十年的強塑，台灣人民還有本質記憶者，已經稀有、罕見了。至今，原台灣人跟著誤以爲自己是漢人移民後裔、誤以爲自己是華人的，甚至已成多數。雖然所有史實證據都證明，70年前的原台灣住民並無所謂的漢人或華人後裔，但這時要喚醒台灣人民的良知本性已難上加難。事實上，眞正對原台灣人靈性智慧和靈魂尊嚴造成嚴重傷害的，其實主要是來自台灣自己國內的這些聞達人士。台灣聞達人士（*尤其台灣文史學者*），已成爲台灣人想要覺醒、台灣想要回復完整自主國度的最大障礙。台灣聞達人士之爲害，更是習以爲常！

　　有位擔任台灣政黨主席的先生聽完，突然似乎生氣了。

　　這位黨主席先生大聲說：「你這種說法在台灣行不通的，你說70年前的原台灣人都是台灣原住民，這樣說是會引起公憤的！我勸你不要隨便胡說八道。」

　　埔農回答：
　　埔農剛才已舉出這麼多證據，清國侵台命令漢人回籍，

將唐山人全數趕出台灣，一個不留，連死在台灣的唐山人屍骨也全都遷回中國，接著下「渡台禁令」。1847年北路理番同知史密上書清廷說「全台無地非番，一府數縣皆自生番獻納而來」；1886年劉銘傳任職台灣巡撫上書清廷（劉銘傳清賦的12項建議）：「蓋台地雖歸入清朝版圖，而與內地聲氣隔絕」；1895年日本由清國奪取台灣（清國手中贓物），從據台清國官方接收台灣戶籍文書，滿清官府戶籍文書有完整記錄的是「隘勇線」內台灣「漢化民」，都註明是熟番漢化民。「隘勇線」外平地住民為生番，僅簡略記述。這種種事實證據現在都還看得到，怎麼會是「行不通」？怎麼會是「隨便胡說八道」？又到底是會引起那些人或那種人的公憤呢？

　　日本據台初期，自稱為唐山人（或漢人）後裔的則被稱為清國人（都是如連橫、連震東父子及黃朝琴等，因漢化深而變性，藉勾結漢人滿官欺壓同胞而得利的所謂士紳、阿舍），才幾百人，歸入外國人之列，清國人於1915年後被改稱為支那人。

　　是於1905年，戶政機關為了管理上的需要，就以所使用語言別做『廣、福、熟、生』註記，需要言語溝通的執行機關（軍、警及地理、民情、人文、風俗等調查系統），開始另外依個人「主要常用語言」和「懂第二種語言」做分別的人口統計。資料內「常用語言漢人系」指的是「說、用漢語文之人」。「常用語言福建系」指的是「說福建話之人」

（日本人誤以為福建語言只有福佬話），註記為『福』。
「常用語言廣東系」指的是「說廣東話之人」（日本人誤以
為客家話是廣東話），註記為『廣』。新登記入戶籍的「隘
勇線」外人口，若已完全使用福佬話或客家話之人，也同樣
註記為『福』或『廣』；「略懂客家話或福佬話之人」而略
可溝通者歸類「常用語言熟蕃系」，註記為『熟』；「只能
使用其部落語言之人」而溝通困難者歸類「常用語言生蕃
系」，註記為『生』，以利需要溝通時的辨別。有了這般眾
多確鑿的證據，埔農實在難以理解，為什麼黨主席先生還是
不肯相信「70年前的原台灣人並沒有唐山人、漢人或所謂華
人的後裔」？黨主席先生若是有理性，應該是就埔農所舉出
的事證，逐一提出黨主席先生自己的確實證據來反駁，而不
是一味的嘴硬說氣話。

　　這位黨主席先生再說：「我不管這些，我只相信我
　們都是漢人移民的後裔，但不一定要認同中國，為什
　麼你非要強調『都是台灣原住民』不可？應該放下過
　去，放眼未來才重要，像你這樣非正統的亂放話是不行
　的！」

　埔農回答：
　唉！黨主席先生怎麼可以說出「不管這些事實證據」這
樣的話呢？多數原台灣人會誤以為自己是漢人移民的後裔，

是因為70年來，中國壓霸集團利用清據時期少數假漢人所虛構的小說，全面竄改史實，原台灣人被全面洗腦的結果。黨主席先生何不想想，清國有「渡台禁令」，怎麼可能容許有人移民台灣？若說是偷渡成功，那是逃犯，又如何能公然入清國的官方戶籍？自己既然是真正的台灣原住民當然就應該承認，何況只要認清原台灣（Paccan）文明和文化的史實，是台灣原住民又那裡丟臉了？埔農就以自己是台灣原住民（Paccanian）而覺得很安慰，感受這是天賜福恩，不可辜負！而且，事實證據既已擺在眼前，卻說「不管這些」，還一意堅持否認，這是什麼心態，請黨主席先生自己仔細想想。

放眼未來是很重要，但「過去」是我們的根本。即使自己的祖先再怎麼卑微，仍是不應該否認的，更不可以丟棄。更何況，台灣先人是這麼充滿靈性；台灣又曾是這樣的智慧樂土。一個忘本的人就是拋棄應有的人性，何來尊嚴？又那裡值得他人敬重？說難聽一點，禽獸不如啊，一般禽獸尚且知道要鞏固家園和領域。

黨主席先生說埔農的逐一舉證說明是「非正統的亂放話」，如果黨主席先生真的沒看過這些史實證據，或者是仍不肯相信這些史實證據，難道黨主席先生已忘了中國壓霸集團之譚家化、張安樂、劉容生、謝大寧等的公開叫囂了嗎？這些全是近兩年來的事而已，報紙登了好幾天，電視也播了好幾天，都是中國壓霸集團在所謂高級中國人的囂張氣

焰下橫眉豎眼的口供。如果黨主席先生已經忘了，埔農現在就為您再轉述一遍：2014年2月19日，中山女中的退休老師譚家化（曾參與編纂專門洗腦台灣人用的所謂標準歷史教科書），在評論「台灣人要與中國區隔」時說出：「台灣人若要去中國化，就不能拜關公、媽祖，也不能吃中國菜，連姓氏都必須要改回去。」意思是說：「這些宗教、習俗、姓氏都不是你們台灣人自有的，你們既已被我教訓成習慣使用我的宗教、習俗和姓氏，當然必須拜我為祖公、供養我。若不認我是祖公，就得全部改回去你們自己的宗教、習俗和姓氏。但是你們改得回去嗎？」2014年4月1日，被通緝多年，卻能回到台灣又立即交保的竹聯幫黑幫大老張安樂（號稱白狼），率眾到立法院（學生反服貿）挑釁，囂張地叫罵：「你們（台灣人）都是中國人『幹』出來的」，清華大學副校長劉容生還立即出來幫腔說：「白狼只是說了社會不敢說的話；打了學生一個學校不敢打的耳光。」意思是說：「你們既已認我這盜作祖，我這強盜罵你是我幹出來的龜兒子、龜孫子，也是剛好而已」；2015年6月10日，前教育部高中課綱檢核小組謝大寧說：「台灣歷史課綱有高度政治性，不是要闡述（真實）歷史，而是要把不同來源的人凝聚為共同的『國族（中國）』，建立『我群（中國）』意識。」意思是說：「70年來，我們高級中國人對你們原台灣人的洗腦過程，就是故意用精心偽造之歷史教材達成的，這套教材你們已用了70年，現在你們堅持這些雞毛蒜皮的小事，到底能改

變什麼？」以上在在顯示，所謂的中國人，不論所謂的學者、流氓或是政客，他們都非常清楚，原台灣人是和他們完全不同的民族，和他們不同來源。只有深陷重症「斯德哥爾摩症候群」（台灣受虐症候群）的台灣聞達人士，還在偽裝是假漢人或假華人，也連累眾多原台灣人被所謂的中國人以「送你這呆奴一個祖公」譏笑。

黨主席先生還在迷信蔣幫中國壓霸集團在台灣偽造的所謂歷史標準教科書嗎？還認為這些偽造的「文書」才是「正統」嗎？那些所謂「高級中國人」的吐實還不清楚嗎？黨主席先生聽不明白嗎？為什麼先生到現在還是非要堅持相信「蔣幫中國壓霸集團的偽造文書」不可？難道先生到現在也還是認為，清國據台時期，少數因漢化深而轉性貪婪、認盜作祖、偽裝假漢人（如丘逢甲、林維源、連橫等）所虛構的「小說」才是「正統」？什麼時候史實文獻的證據卻變成非正統了？埔農的逐一舉證說明，怎麼會在黨主席先生眼中變成是亂放話？並不是埔農非要強調「原台灣人都是台灣原住民」不可，只因為這是證據確鑿的事實，埔農也只是把各項史實證據列舉出來給大家看而已。埔農實在不明白，偽裝假漢人、假華人或假中國人到底有什麼吸引人的好處，正常人避之唯恐不及呀！除了「自大的虛榮和狂妄的野心」，台灣聞達人士偽裝成假漢人、假華人或假中國人到底還能獲得什麼？請黨主席先生靜下心仔細思量啊！

事實上，欺騙與傲慢，初時是為「方便欺凌對方」所做

的準備，後來是為了「繼續欺凌對方」而堅持掩飾。若放任
「欺騙與傲慢的繼續存在」，受欺凌者是不可能有未來的，
因為實質的正義與和平必定遙不可及。但願現在台灣的所謂
各族群都能本著誠實、尊嚴的精神，瞭解歷史事實，誠心面
對真相。沒有揭露實情真相，就不可能有實質的正義與和
平。和平或正義若建築在欺騙與傲慢上，實質上只有「欺
凌」而已。所以，埔農才不厭其煩的一再提醒大家。

　　這位黨主席先生又說：「我就在台灣認識很多澎湖
　來的台灣人，澎湖人都確定完全是漢人後代，澎湖沒有
　原住民，難道你也要說他們是台灣原住民？」

　　埔農回答：
　　埔農是說「70年前登記有案的原台灣人，沒有唐山人、
漢人或所謂的華人後裔」，澎湖來台灣的人，多數是70年來
才移居台灣的，只極少數是日據時期就移居台灣，但這些極
少數澎湖人都有日本據台當局的戶籍註記，請黨主席先生查
清楚再發言。至於黨主席先生所說「澎湖沒有原住民」，黨
主席先生可有確實的證據？澎湖是早在1610年代就曾被末代
明帝國的軍隊入侵過，但澎湖肯定是有原住民的。因為，
「澎湖縣志（誌）」就有關於虎井沉城的記載，當然只有澎
湖原住民的祖先才會知道他們的祖居地是沉入海底。而且，
在「澎湖縣志（誌）」之前，唐山地區也從未有人聽說過澎

湖虎井嶼旁有海底古建築遺址。近代的海底探勘，證明「虎井沉城」遺址還在，是十字形的古建築，呈不偏不倚的正南北和正東西走向，漁民又在澎湖海溝打撈到德氏水牛和楊氏水牛兩種化石。澎湖怎麼會沒有原住民呢？雖然埔農手上沒有澎湖人口的原始史料和原始戶籍資料，但要說澎湖人全都是唐山人後代，埔農還真的是不敢相信！黨主席先生說「澎湖人都確定完全是漢人後代」，黨主席先生要拿得出確實證據才好。否則，這樣說是非常不負責任的。

　　這位黨主席先生又說：「我不管，我和很多朋友都有族譜做依據，每個人都自信是漢人，我們可不是會輕易被騙的人。」

　　埔農回答：
　　唉！「我不管」、「我不管這些」是小孩子吵著要糖吃的習慣性耍賴用語，這樣的言語一再從黨主席先生口中說出，埔農實在感到很奇怪。埔農收集到的所謂「族譜」之「來自唐山何地」，都已證明是根據冠其姓的唐山「教官」或被強置的虛構「公祖」而誤認，或是特意拿出來偽造的。根據「台灣公私收藏族譜目錄」，依撰寫族譜時間來分，清國乾隆23年以前有22件；乾隆23年以後有124件；日據時期有206件；蔣幫壓霸集團據台的1951年後有791件。
　　乾隆23年以前，願當假漢人的還很少。乾隆23年以後，

因漢化影響而轉性追求名利、存心攀炎附勢的原台灣人稍多，這些人學著追求虛榮，偽造族譜，訴求抬舉身份，好像還可騙騙子孫。日據時期才寫的假族譜就奇怪了，這時才編造兩百年前的出身，難道子孫也會相信？何況這些舊族譜都屬簡略，蔣幫中國壓霸集團侵台後才又被誘騙重編，硬是加入漏洞百出的所謂中國漢人族譜。至於1951年後才被蔣幫壓霸集團誘惑而編造的假族譜竟高達791件，只要稍具思量能力的人，則應該會當笑話看了！

埔農曾遍訪台灣有族譜、祠堂的地方，其台灣自有族譜原都不長，是再穿鑿附會，跳空一、兩百年，硬連上當年某人由唐山到台灣。由此不難明瞭，那都是誤認強盜當祖先的胡塗帳。遠的不談，近的就以謝長廷和王金平家族所偽造之所謂族譜最是可笑。（謝長廷家族偽造的所謂族譜，請看《台灣人被洗腦後的迷惑與解惑》第七章；王金平家族偽造的所謂族譜請看本書末的附錄）

事實上，尊嚴是個人內心的修持，與祖先無關。凡受祖先庇蔭者，多處優而易墮落。所謂的優勢境地，不是養成靈性智慧的適當環境，智者避之，更非智者所願。祖先的優勢應該是自我戒慎的負擔，而非足以傲人的自恃福祉；藉祖先之名自滿者，必定怠惰、空虛且缺乏自信與尊嚴，更何況是虛妄的「認盜作祖」！原台灣（Paccan）族人遠古即有高度文明，卻一直能保持謙虛、平等、互助、戒貪，過著與環境萬物和諧共存的靈性生活，就是這種智慧在維持。

　　如果黨主席先生對台灣史實證據完全沒興趣，對自己認誰作祖也絕對不在乎，那就算了。若您還有點在乎，有心明白台灣的真正史實證據，想要瞭解台灣是如何演變到今日普遍自虐又荒謬的慘況之過程，懇請詳細看看《台灣受虐症候群上、下冊》、《失落的智慧樂土》、《原台灣人身份認知辨悟》、《台灣人被洗腦後的迷惑與解惑》，裡面有詳細的舉證說明。書中還有懸賞，歡迎讀者舉證指出任何錯誤或虛構之處！

　　而且，報紙曾登好幾天半個版面廣告：「任何人若能舉出實證，證明朱一貴、林爽文和戴潮春是唐山人（所謂的華人）來台灣反清復明以及參加天地會，將頒發獎金新台幣100萬圓。」並沒有人敢吭一聲。

　　這位黨主席先生又說：「謝長廷和王金平是謝長廷和王金平，我可不一樣。我還是那句話，我和很多朋友都有族譜做依據，每個人都自信是漢人，我們可不是會輕易被騙的人。我們都很自信我們的族譜沒有做假。」

　　埔農回答：
　　埔農的家族，也有聞達的假漢人、假華人，他們自稱祖先來自福建泉州。直到埔農舉出實質證據，證明埔農家族是350年前被鄭成功海盜集團強擄為奴，埔農家族的聞達人士才閉了嘴。

　　會遭詐騙的人，多數若不是盲目自信的人，就是過度自信的人。埔農就是由於年輕時即明白，在現今名、利、權、勢肆虐的時代裡，埔農是可能隨時會被有系統地特意構造的謊言所欺騙、所蒙蔽，所以埔農一直保持著「仔細分析、小心求證」的心態和精神，也才得以發掘出這麼多台灣聞達人士（尤其台灣文史學者）不屑一顧之台灣歷史眞相的證據。

　　事實上，以謊言欺凌他人，是一種極度壓霸的歧視；而接受謊言欺侮，是一種極端缺乏自尊的懦弱。既然黨主席先生這麼自信，那請黨主席先生拿出您的完整族譜讓埔農審閱，埔農可代爲考證。

　　這位黨主席先生說：「如果你舉不出任何破綻，也看不出任何有問題的地方呢，是不是也可以頒發新台幣100萬圓的獎金？」

　　埔農回答：

　　可以！如果黨主席先生的家族不是70年前來的移民，也不是日據時期登記的清國人或支那人（其實，即使是1896年自稱是唐山人或漢人後裔而被註記爲清國人的那幾百人，也應該沒有人眞的是唐山人或漢人後裔，因爲他們都是如連橫、連震東父子及黃朝琴等，因漢化深而轉性，藉勾結漢人滿官，欺壓同胞而得利的所謂士紳、阿舍假漢人），而埔農從您的族譜中查不出可讓您無法解釋的誤謬，那埔農保證也

頒發新台幣100萬圓的獎金。

　　這位黨主席先生說：「那好，大家都有聽到，我保
證你會破產，我和很多朋友都有族譜，我就全部拿來向
你要獎金！」

　　埔農回答：
　　可以，埔農還謝謝您的肯認真辨正呢！族譜請拿到前衛
出版社轉交，拜託了。
　　（至今已過了半年，還未見這位黨主席先生答應出示任
一族譜。）

第四節　歷史小說是台灣文化的一潭劇毒污水

　　舊時假漢人所虛構的小說，讓中國壓霸集團利用來做為
洗腦、奴化原台灣人的藉口，現在自認（也被多數人公認）
有台灣意識的台灣文史學者，最近竟然還在媒體大力鼓吹
「漢人迷思的虛構小說」，大放厥詞說：「歷史小說是台灣
文化工程的重要一環！」
　　事實上，所有史實證據都證明，70年前的原台灣住民並
無漢人或華人後裔。「漢人（或華人）思維的虛構小說」是
「為虎作倀」的「罪魁禍首」，是迷惑台灣人的原凶啊！現

在還在自我奴化？還在幫中國壓霸集團用虛妄的中國式思維迷惑台灣人？眞爲之吐血！

　　他們說：「不論日本、韓國、中國，人民都重視並支持該國的歷史小說，不外乎就是因爲歷史小說具有的大眾性與流傳性，並且經由小說藝術形式的轉化，取得文化圈高度共識的歷史意識。」是沒錯！但是，請看清楚，日、韓、中的歷史小說，都是他們自己國內的理性、清明人士所編寫，當然都是有高度共識的正確歷史意識，更都有鞏固自我民族尊嚴以及促進國人團結的劇情（不少甚且是自我膨脹）。而這些台灣文史學者所編纂的所謂台灣歷史小說，竟多數是認盜作祖；在幫助中國壓霸集團掩蓋原台灣文明和文化的史實；扭曲台灣人的歷史文化背景和意識，進一步引導台灣人沉迷於中國式的壓霸思維，更明目張膽地協助中國壓霸集團奴化台灣人，深化原台灣人認盜作祖的中國式虛妄思維，以遂其永久併吞台灣的野心。正因爲「歷史小說具有的大眾性與流傳性」，這些台灣文史學者才更令人心寒！

　　他們說：「日本小說家司馬遼太郎的歷史小說爲該國帶來深遠影響，爲日本人帶來自信跟勇氣，也訴說日本人如何滿懷熱情，將所學、所知貢獻給國家。」「『台灣歷史小說獎』希望台灣寫作者也能透過歷史小說的創作，讓更多台灣人知道台灣土地曾有的歡笑、血淚與奮鬥的足跡。」日、韓的文史學者理性清明，所編寫的歷史小說，當然是要爲自己

國人帶來自信和勇氣，並提昇對自己國家民族的熱情。既知如此，埔農可就難以理解，爲何台灣聞達人士還是甩不開「台灣受虐症候群（重症斯德哥爾摩症候群）」的心理障礙，仍在鼓勵「多數是在灌輸虛妄的假漢人（或是華人）思維，出賣台灣人的靈魂，消費台灣人血淚的所謂台灣歷史小說」？

他們說：「現在台灣需要更多自己歷史小說的創作，從歷史小說中，可了解台灣人爲什麼會是台灣人，從中也能形塑對土地的認同。」「歷史小說能提供國民文化人格的形塑，對台灣歷史的重建有重大效益與意義。」但事實上，這些台灣文史學者所杜撰的台灣歷史小說，竟都是在否認原平地台灣人是台灣原住民；是在摧毀台灣史實；鄙視原台灣文明和文化；剝奪台灣人本來應有的民族尊嚴；模糊台灣人對土地的認同；更是用心於瓦解台灣人的團結意識。

他們更稱讚說：「這些台灣歷史小說作者，都努力對台灣歷史做足功課。」天啊！沉迷於中國式的壓霸思維，對台灣的史實證據視若無睹，一味的以假漢人、假華人的「斯德哥爾摩症候群」心態自我麻醉，竟然連「都努力對台灣歷史做足功課」也說得出口！

日據以前，用虛妄的漢人思維編造認盜作祖小說的，只是少數勾結漢人滿官、欺壓同胞得利的假漢人士紳和大地主。蔣幫中國壓霸集團入侵台灣後，歷經蔣幫集團更陰狠的洗腦、誘引，更多台灣聞達人士以「有台灣意識」自欺欺

人，實際上還是以認盜作祖的心態，編纂更多賣祖求虛榮的
所謂台灣歷史虛妄小說。

　　這些以虛妄的漢人思維編纂的所謂台灣歷史小說，用自
以為高級的僵化、虛妄之中國式思維，貶損自己的祖先，劇
情逆倫駁理，卻因小說的劇情比歷史課本更吸引人、更有廣
泛流傳性、更具深層潛意識的影響力，輕易會發展成難以解
除的魔咒。這些有極端誤導性的所謂台灣歷史小說，正在將
台灣拉入極可能萬劫不復的深淵。不知覺醒的台灣聞達人士
（尤其台灣文史學者），拖累了全體台灣人；剝奪了原台灣
人靈魂復甦的機會；壓制了原台灣人復國的希望。說他們可
悲，卻還真是可惡。

第五節　假華人思維的「太平島反應」

　　南海仲裁案結果出來後，台灣跟著鬧得沸沸揚揚，尤其
常自稱有台灣意識的政客、學者和所謂的賢達，在中國壓霸
集團假借南海仲裁案的操弄下，先前僅是假漢人、假華人當
上癮的心態，現在竟然裝起假中國人了。這些台灣聞達政客
說什麼捍衛太平島的島權、堅持12海里的領海、維護200海
里的經濟海域權利！這不僅是「斯德哥爾摩症候群」的心理
疾病，更是思覺偏執，純粹是充當中國霸凌南海的藉口工具
而已！

　　先回顧一下歷史：太平島是日本人最早實質佔領的，本名是Itu Aba Island，而且日本於1944年更在太平島建設中繼補給站。在二次大戰以前，中國從未與南海沾上邊。二次大戰以前的中國疆域，最南邊就是「海南島」（這是海南島得名的由來）。

　　1945年日本戰敗，依附美國的蔣幫黨軍受盟軍委任，暫時接管北越和台灣。由於二次大戰結束時，南海的Itu Aba Island還設有日本基地，也有日軍駐紮，麥克阿瑟就一併委任蔣幫黨軍前去受降，並暫時代為接管。蔣幫黨軍是以所謂的太平艦（由美軍交付）前往暫時接管Itu Aba Island，就順手用「太平艦」之名，稱Itu Aba Island為「太平島」。1945年以前，所謂的中國人並不知道有Itu Aba Island這島嶼，也沒有所謂「太平島」這小島的名稱。

　　蔣幫當時發現北越凋敝，無利可圖，加上當年胡志明革命軍堅持排拒，1946年1月代管任務結束，即依法撤出越南。另一方面，蔣幫黨軍窺見台灣的進步與富庶，一意貪圖搜括台灣資源以回補中國，後來又遭中共追擊，無路可逃，索性強佔台灣做為其偽中華民國流亡政府的安樂窩。

　　相對於台灣，越南精英人士深知中國人的侵略野心，二次大戰後一直抗拒中國任何佔領越南的延伸藉口。同樣是盟軍委託蔣幫黨軍暫時接管，當時台灣所謂精英、士紳的聞達人士，執意偽裝假漢人、假華人，卻沒認清中國人的野心與狂妄，率先認同壓霸入侵者、搶先認盜作祖，期待能再助其

搶得更多的虛榮和名利。最後不但自取其辱，還連累台灣成了今日的尷尬困境。

二次大戰結束後，各國忙於養生復建，加上忙於圍堵共產主義，無暇顧及，也另存私心，就放任蔣幫中國壓霸集團繼續佔領台灣，並忘了所謂太平島的Itu Aba Island。蔣幫流亡政府遂利用太平島劃出U形線，虛構南海疆域以夜郎自大。1971年10月25日，中華人民共和國在聯合國組織中取代蔣幫流亡政府代表所謂中國的席位，獲得國際上的多數承認。1990年代中國崛起後，才藉口有資格接收蔣幫流亡政府自稱的所有權（就如同台灣與釣魚台島），也開始覬覦南海。2000年後更付之行動，霸凌南海。中國搶奪南海霸權，本是壓霸行為，即使不講公義，中國一直處心積慮要侵略台灣，是台灣的敵人，台灣應該如何看待南海仲裁的結果，不值得深思熟慮嗎？更何況，所謂太平島的 Itu Aba Island原本與台灣無涉！心理清明的台灣人應該要深思啊！

現在我們就平心靜氣來察看南海的地理形勢！太平島Itu Aba Island離台灣1200海里（台灣並無漁船會去作業），離菲律賓的巴拉旺卻僅200海里，離南蜜伊島（Namyit Island）更僅不到11海里（Namyit 其實是越南語，自古為越南漁場，1975年越南即實質佔領，現在中國及菲律賓也要加入爭奪），而且太平島周圍還遍佈50個大小島礁，號稱擁有太平島，就要劃定12海里領海和200海里經濟海域？可以嗎？可能嗎？中國人強佔他人門前的島礁，還要任意劃領海

和經濟海域,別人卻連合法的領海和經濟海域都不能有,天下有這種道理嗎?這是具貪婪、壓霸劣根性的漢人思維在作祟!

　　這全是漢人「臉皮厚如城牆、心黑如木炭」的厚黑心態,不是台灣人應有的思維!而且台灣爲佔領太平島付出龐大的心力,除了以假漢人思維,硬要虛榮的往自己臉上貼金外,那有任何好處?純粹是充當中國霸凌南海的藉口工具而已!

越南南蜜伊島Namyit Island

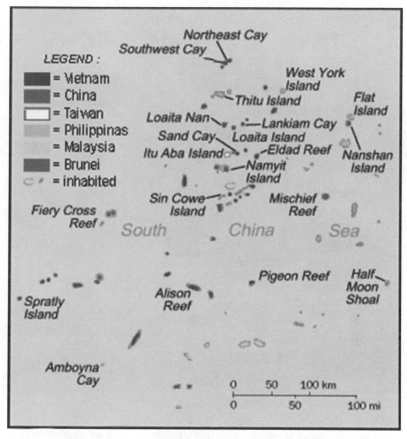

　　Itu Aba Island，所謂的太平島，周圍存在著無數大小島嶼，
離越南的南蜜伊島（Namyit Island）更僅不到11海里。

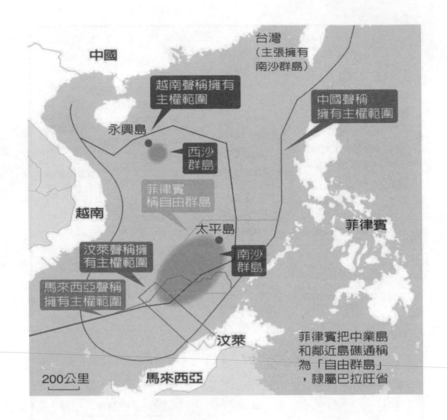

　　這U形線，其實是二次大戰結束後，蔣幫壓霸集團流亡台灣，死鴨子嘴硬，夜郎自大，利用受託管Itu Aba Island（所謂太平島）的機會，首先虛構南海疆域所劃出的。1990年中華人民共和國崛起後才依樣畫符，藉口繼承而意圖染指南海！

　　不必說「二次大戰以前的中國疆域最南邊就是『海南島』」、「太平島是日本人最早實質佔領的」、「太平島是

二次大戰後美軍委辦的蔣幫黨軍託管地」了，就算眞的合法擁有太平島這單一島嶼，說要劃定12海里領海或200海里經濟海域，都是劃到別人家裡去了，可以這樣做嗎？徒留國際笑話而已！

台灣政客、學者、賢達（？）的這種假漢人、假華人迷思，就如同「抗議各國稱台灣爲中國台灣當局（Taiwan authority of China）」一樣。台灣政客、學者、賢達既然稱中國爲大陸，也同意所謂中華民國流亡政府在台灣的現狀（中華民國流亡政府本屬中國，人人皆知），國際上「會稱台灣爲中國台灣當局」，也是「隨台灣政客、學者、賢達」起舞罷了。還有臉抗議？台灣政客、學者、賢達這種假漢人中國式思維的心態，徒然顯示其精神分裂的病症而已！

今日在蔣幫中國壓霸集團假借南海仲裁案的操弄下，台灣的政客、學者和賢達更加迷失，在風行草偃的影響下，台灣人心智可能全面覺醒之日也更加遙遠了。雖然台灣人在表面民主選舉中再次取得執政權，以現在多數台灣聞達人士已假漢人、假華人當上癮的情況看來，政黨輪替的政權接管，只是表面形式上的民主，不可能發展成穩定的實質民主形式，不可能建構一個正常的台灣國家，也缺少全體台灣人深層的整體意志和國家感情，更無法形成廣泛的台灣民族意識。爲了被奴化的虛榮而拒絕清醒的台灣聞達人士，已成爲台灣人想要覺醒、台灣想要回復完整自主國度的最大阻礙。

再想想，現今台灣聞達人士都是歷經70年中國式洗腦教

育長大的所謂「優秀」學生，自小接受洗腦教化，是全心全意認真學習才能脫穎而出，是死背中國壓霸集團的偽造文書；死記少數早期奴化之聞達假漢人以小說形式虛構的人與事，隨之陷入『台灣受虐症候群（重症斯德哥爾摩症候群）』的深淵，已根深柢固，要自我清醒當然較為困難。其實，他們多數也非全然是自願奴化，就精神和靈魂而言，也是屬可憐！

但是，在多數台灣史實證據已被攤開的今日，這些台灣聞達人士仍禁不住虛榮誘惑而寧願繼續認盜作祖，繼續偽裝為假漢人、假華人而自以為高級，風行草偃，誤導了眾多台灣人，使得不少原台灣人受連累而輕易誤以為自己是唐山人、漢人或華人後裔。這是今日台灣人的國家認同模糊且混亂，以及台灣處境險惡的根本原由。所以，這些還在堅持認盜作祖，還在偽裝為假漢人、假華人的台灣聞達人士（*尤其所謂台灣人的台灣歷史學者*），仍是不應該被輕易諒解！

就連「荷蘭人及鄭成功集團侵入台灣的地點和北汕尾、鹿耳門的真正所在處」這一段無關意識形態的史實，也無關「認盜作祖」的精神障礙，台灣歷史學界純粹是被蔣幫中國壓霸集團帶來台灣洗腦台灣人的黃典權所誤導才誤認。在埔農攤開無數史實證據後，台灣歷史學界竟然還是自負假漢人、假華人的思維和心態，不屑理會這些台灣史實證據，甚至於視台灣史實如草芥、如敝屣！這就是漢人思維所養成的常態性「自欺欺人」習性。只顧虛榮，不理會事實和人格尊

嚴！

　　台灣人若仍持續糾葛於「中華民國在台灣」的殘餘中國形式裡（死而不僵的中華民國流亡政府），台灣人永遠必須面對另一個中國（實質之中華人民共和國）的在旁虎視眈眈，要展開新的國家建構必然極為困難，而且充滿危險。要靠這些取得執政權的台灣聞達假漢人、假華人，來維護台灣的完整自主國度，看來還是困難重重，更是令人憂心忡忡。

第六節　火燒遊覽車事件，說明了僵直式思維偏執的副作用

　　新聞報導，有遊覽車起火，63秒內全車26人成焦屍。有路過車輛的行車記錄器拍下過程，顯示最初是見司機打開窗戶，冒出縷縷煙霧，數秒內轉成大濃煙和大火，車子轉往路肩，撞上護欄停住。至此，發生的事情已清清楚楚，是司機的一個錯誤動作所造成之悲劇。但隨之有記者、消防專家和所謂的名嘴、聞達人士，開始在後續新聞裡發表高論，除了強調全車僅司機座位有可打開的窗戶，不斷驚嘆為何司機沒立即往路肩停車？車頭並無油箱或其他助燃劑，為何火勢瞬間加速延燒？為何沒有人使用滅火器或車窗擊破器？僅2個車門卡住，為何沒有人使用另6處緊急逃生口？即使一般乘客不熟悉，為何老練的資深導遊也沒領路逃生？

　　一個思覺清明的人，只要看了上述行車記錄器影像，即知是司機座旁先起小火冒煙，司機受嗆，順手打開身旁窗戶（要命的錯誤）。因車子高速行駛，強風由前窗灌入，火勢瞬間變猛烈，迅速往後延燒。且因為中、後段密閉，車頭灌入的強風使得熱氣和濃煙竄往中、後段，形成快速累積的滯留高壓氣旋。這種高熱的高壓濃煙可瞬間讓人癱瘓，因而喪失應變的心智，也無力逃生。因為司機還可以吸到部分吹入的新鮮空氣，所以還有餘力將車駛往路肩，但抵達路肩時應變能力已變差，因而還是撞上護欄才停住。司機發現起火時若沒有打開身旁窗戶，是先往路肩停車，則全車乘客都能安全下車！

　　12天後鑑識專家竟然再強調「血液酒精濃度1.075mg/L，司機爛醉開車」。只要具有生物化學知識的人都應知道：人死亡後，若屍體未立即冷凍保存，微生物繁殖發酵，可以產生乙醇、丁醇、2-丙醇、丙酮、甲醇、1-丙醇等物質，這些都會在粗糙的檢測中顯示酒精反應。尤其被燒死的遺體，血中葡萄糖濃度會大肆上升。葡萄糖又是微生物繁殖發酵的良好原料，血液酒精檢測值當然攀升。

　　被燒死的遺體，表皮組織又因率先燒烤而凝結，會阻礙散熱，所以若屍體未即時冷凍，內部可能會維持長時間的溫暖環境，正是酵母菌和細菌繁殖、發酵的高效率場所，血液酒精檢驗值當然逐漸上升。尤其是當胃內留存有半消化食物時，胃中更是酵母菌和細菌良好的培養室，酒精更會迅速累積。而且二者都會隨屍體存放時日的延長而上升。屍體酒精濃度的檢測，都必須在死亡後短時間內進行才會準確，尤其因燒烤喪命的屍體。死前有喝酒的人，死後幾小時內，因細胞持續代謝，酒精檢測值會逐漸下降；死前沒有喝酒的人，死亡幾小時後，因微生物的繁殖發酵，酒精檢測值會直線上升，怎麼可以相信已擺放10天以上的火場屍體之酒精檢測值呢？

　　即使沒生化知識的人，「血液酒精濃度高達0.75mg/L」，就已全身酒氣，且步伐不穩」是一般常識。血液酒精濃度高達1.075mg/L，不是已昏迷不醒（不常喝酒的人酒精耐受度低）就是爛醉如泥（經常喝酒的人酒精耐受度高），

記者和所謂的專家怎會不質疑司機如何能持續正常開車直到起火呢？況且，司機被濃煙嗆得受不了時，還可以將大型遊覽車由內側車道安全的駛向外側路肩，雖然是撞到了護欄，但並沒有衝下邊坡。足見遊覽車司機當時已盡力要安全地控制車輛，而且精神和體力的狀況極佳，才能有這樣的表現。這悲劇本可輕易避免，錯在台灣遊覽車司機的教育訓練不確實，導致這位司機因缺乏應有的知識和戒慎，做了「順手打開身旁窗戶」的要命錯誤動作，才造成這樣的慘劇。

　　報導又說「車上發現汽油『瓶』，謂可能是引燃汽油」。汽油是揮發性燃油，一著火必全面爆燃，並未見此現象。若說是引燃汽油卻僅見汽油瓶，而車地板未見汽油殘跡，也是不可能！而塑膠製品經熱裂解是可產生石油成份，火場的塑膠容器本來就可能會有驗出微量汽油的現象。要辨別到底是由汽油引燃，還是塑膠瓶經熱裂解而產生的微量汽油跡證，其實很容易。若是汽油縱火，現場的地板應可測出汽油殘跡；而若是因熱裂解產生汽油，則必有一些微量的其它石油成份存在塑膠容器上，不會是單純的汽油。

　　記者、消防專家和所謂名嘴、聞達人士的思覺閉塞，已令人嘆息。連鑑識專家也加入思覺偏執行列，更是令人傷心。在鑑識專家尚未公佈「血液酒精濃度1.075mg/L，司機爛醉開車」之前的十多天裡，家屬、朋友及遊覽車公司都說「司機蘇明成從不喝酒」；鑑識專家做這樣的公佈之後，就起了思覺的誘導作用。雖然鉅龍旅行社的蘇敏誠經理強調：

「公司車上都有酒測器，駕駛在上車前都會酒測，並將酒測值回報公司，當天都有回報，沒有異狀，不清楚桃檢爲何會驗出酒精反應。」但還是開始有人臆斷：「可能是在客人購物時偷跑去喝酒，或是買酒後藏在車上喝（車內沒酒瓶）」。桃園地檢署也改口說「蘇明成愛喝酒、抽菸」，更有記者做出「有人看到可能是司機蘇明成的人去買酒、買汽油」之報導。台灣人歷經中國壓霸集團70年的僵直式洗腦教育後，所產生的思覺迷失眞是嚴重，令人驚駭！

第七節　迷失於中國式的虛妄思維，也把其他國家當白癡

最近又有台灣聞達人士組團到聯合國總部大樓外，表達台灣人「以台灣名義加入聯合國」的訴求。這不但把笑話搬上國際舞台，還把外國人搞得一頭霧水。

台灣的政客、聞達人士（尤其所謂有台灣意識的台灣歷史學者）仍然沉迷於中國式的假漢人虛妄思維，繼續僞裝是假漢人或假華人。現在你們台灣人自己當了總統，還稱與中國之間爲「兩岸」，稱中國爲「大陸」。既是「兩岸」，則意指兩邊同屬國內；既稱中國爲「大陸」，是指中國爲本土，台灣自己成了中國的附屬邊疆土地（美國夏威夷州人及阿拉斯加州人才會稱美國本土爲「大陸」〔 mainland;

mainland United States〕）。而且，在國際活動上，台灣還自稱「中華台北」，這在外國人看來，實際上是你們台灣人自己要把台灣送給中國。

世界上本來已經沒有人承認所謂的「中華民國流亡政府」（是有極少數幾個台灣用錢收買的小國，看在大量經濟援助上，偶而叫幾聲「中華民國」，讓蔣幫壓霸集團以及台灣假漢人政客自爽），台灣現在還堅持自稱「中華民國」（是從中國叛逃的流亡政府），在國際上也使用「中華台北」為名，卻要別人以「台灣」名稱讓你們在聯合國登記，真是精神錯亂啊！你們以為其他國家的政府代表，會像你們一樣好騙嗎？

或者你們是希望，在明知你們自稱是「中華民國」的情形下，世界各國會在聯合國先以「台灣」名義讓你們登記，你們再順便自稱「台灣」？那你們不僅是自己精神錯亂，更是把別人當白癡！顯然台灣聞達人士仍是不肯清醒。

以上都是歷經僵直式奴化洗腦後，產生「受虐症候群」的嚴重副作用！台灣聞達人士，早日覺醒吧！但願天佑台灣！

朋友來訊息，問埔農：「為什麼這樣在意台灣人稱中國為『大陸』？『大陸』只是專有名詞的地名，指的就是中國，何湏看得這麼嚴重？」

埔農說：

不！「大陸」不是專有名詞的地名，也不是專指中國的地名！一些台灣人會有如此誤解，是中國壓霸集團意圖呆奴化台灣人所造成的結果，是長期受到中國壓霸集團洗腦教化所產生的千萬錯誤認知之一。

「大陸」是普通名詞，是「大本土陸地」的簡稱，英語稱為「mainland」。所以美國夏威夷州人及阿拉斯加州人才稱美國本土為「大陸」（mainland; mainland United States）。原本台灣人稱那個國家為「唐山」、「清國」，日據時期稱它「支那」、現在稱為「中國」，這些才是專有名詞的國名或地名。

中國壓霸集團以洗腦教化硬逼台灣人認知中國為「大陸」的說法，是要深化地植入台灣屬中國一部分的陰謀，清明的台灣人絕不可再落入其圈套！若繼續稱中國為「大陸」，等於持續自我洗腦，也是在繼續洗腦台灣的下一代！而且，台灣人稱中國為「大陸」（mainland），在外國人看來，等於就是我們台灣人自己要把國家讓給中國。這當然是非常嚴重而且危險的事了！

附錄

中國壓霸集團在奸笑：「送你王金平這呆奴一個祖公。」

　　1996年才製作的所謂王金平家族族譜之正面，全部是抄錄自近年來中國福建各王氏族譜的大中國主義虛妄文書，並無台灣自己的文書考證，顯示製作者早已迷失於當假漢人或假華人。

　　所謂的王金平家族族譜之背面，僅在家族人口列表最上方書寫「開基祖王文醫稱橂仔頭公、營仔公。王文醫以下為租家、聘，祖籍福建省泉州府同安縣積善里白昆陽堡白礁鄉上巷祠堂邊人民二十都」，並無其他任何有關記述。

　　反而是地方簡介和地方觀音亭有些記述。說：

　　「路竹鄉一甲是吾先民早期開拓的聚落『榔梆林』」，「現為高雄路竹鄉，甲南、甲北村」；「一甲觀音亭的觀音菩薩是曾護祐信徒到台墾拓的神明」；「鄭成功舟師克服台

灣前夕，其部屬王文伊翁特別到舟山群島古座南海普陀山祈乞菩薩香火護身出航」；「公元一六八三施琅興師征台」，「志節各奔前程營生，分住於楤榔林……」；「王文伊翁供獻隨航來台菩薩香火擇地于楤榔林結茅焚香奉祠」。

事實是：

1. 被迫漢化後，台灣族人對「胡說八道的指稱」常是以「楤仔啦」回應。所謂的「楤仔頭公」、「營仔公」是指被丟棄的邪神、假神明或舊公霸，有「不屑」之意，王家族人怎麼會用如此輕蔑的言語稱呼自己的祖先「王文醫」呢？不可能的。「楤仔頭公」意思是斥責說：「應棄置於芒果（楤仔）樹頭」；「營仔公」是斥責說：「那是營區壓霸唐山人滿官的祖公，非我族類」。早期王家族人稱「王文醫」為「楤仔頭公」、「營仔公」是心中無奈、不甘，還帶有恨意，「王文醫」怎麼可能是王家祖先呢？

2. 王金平的假族譜製於1996年12月。可以請問製作者，為何遲至1996年才想要製作族譜？是如何收集300多年前的家族資料？又是如何辨認的？

1996年，王金平已連任7屆立法委員，並擔任立法院副院長，正試圖爭取立法院院長大位，所以王金平才在此時興起偽造族譜以認盜作祖的念頭，用以討中國壓霸集團歡心，也真的如願以償。2004年，中國已壯大崛起，王金平家族企業又因貪婪而要前進中國，王金平當然趕緊派遣兄妹（王珠慶和王梅），帶著所偽造的族譜，前往中國認盜作祖，以向

中國屈膝交心。中國早就覬覦台灣，也樂得配合，就送你王家這批呆奴一個祖公！

3.鄭氏集團入台，帶來漢人三萬七千，被台灣族人反抗時所殺或病死的有六千。鄭氏的東寧王國被消滅後，清國命令漢人回籍，將鄭氏集團帶來的軍民和所生子孫，計四萬二千名趕回中國。死在台灣者的墳墓，也全都遷回中國。連與鄭氏集團無關的原先住台唐山人，也全數趕出台灣，一個不留。根據記載，總共近十萬人被驅逐出台灣。然而，荷蘭人在鄭氏集團入台前所做人口調查，顯示原在台唐山人僅3200人。多了數萬人被趕走，應該是包括了一些與唐山人有牽扯的原台灣人。既然甚至連墳墓裡的唐山人屍骨都被命令挖出，送回唐山。請問，為何王文醫（或王文伊）能獨留台灣，還可以入清國的台灣戶籍？

4.椰棗，台灣族人稱Kon-Lone（唐山人寫作榔槺），以前台灣到處有很多。榔槺葉的末端有很硬的尖刺，不小心容易傷人。鄭、清入侵台灣時，唐山人原不識榔槺，不注意時無法和椰子或檳榔分辨，常常在行動時受到傷害，有人甚至眼睛被刺瞎。他們非常痛恨榔槺，路上見到榔槺就命令砍除（唐山人自己不敢接近榔槺），以致台灣椰棗（榔槺）差點絕跡。唐山人總是避榔槺而遠之，請問，王文醫（或王文伊）若是唐山人，何以偏偏選擇「榔槺林」定居？

5.福建白礁村並未有百年前的王氏族譜，福建官方說：「2004年，王金平的胞妹王梅到龍海角美燦坤企業參觀時，

途經白礁慈濟祖宮，並沒有立即找到白礁王氏宗親，而是把族譜先放在白礁慈濟祖宮，希望白礁王氏能看到並對上族譜。」福建官方回信說：「我們查證了您的家譜，台灣王氏開基祖王文醫『應是』白礁王氏第十三世傳人。」只說對上了，卻不舉出對上的證據。既無王文醫（或王文伊）的記載，所以就隨便說「應是」。

6. 2004年以前，所謂的中國從來就沒有關於明末清初王文醫或王文伊之記載，福建也並無人知道明末清初有王文醫、王文伊這個人或這兩人。是2004年，王珠慶的胞妹王梅到白礁慈濟宮主動要認盜作祖，留下偽造的所謂「王氏族譜」，希望白礁王姓人士能看到，期待承認這偽造的族譜，中國福建才首次得知有此號人物。中國福建白礁村官方初看「王金平的所謂王氏族譜」家族人口列表的末頁有王文伊這名字，為了配合，就於2005年起順勢偽造「康熙年間，白礁第十二世傳人王文伊遷入高雄路竹鄉，甲南、甲北村」一文，並放入中國福建白礁王氏宗祠展出。後來詳細看了列名最上方的所謂「開基祖王文醫」，就改口說「臺灣王氏開基祖王文醫『應是』白礁王氏第十三世傳人」，後來更再說「王右豐第十三世孫王文醫，亦名文伊」。信口胡說，才會前後不一。

7. 所謂的「王金平王氏族譜」有寫「王文醫」，也有寫「王文伊」，到底是「王文醫」還是「王文伊」？為何不見王文伊有族譜？或為何「王金平的所謂王氏族譜」沒有王文

伊？何況，一甲觀音亭的香火既說是來自王文伊，開基人怎麼會是王文醫？

8. 嚴肅的族譜不可能亂寫。這「王文醫」必是唐山教員或教官強制將台灣族人冠姓時寫下的被迫「唐山冠姓公祖」，早期王家族人才會以「檨仔頭公」、「營仔公」斥責這被迫稱「公」的「王文醫」。

9.「王文醫」和「王文伊」定是不同人。因為，人名是有時會寫出同音同義的不同字體，不會寫出同音而意義完全不同的兩種字。若說是寫錯字，怎麼會是鄰近的前後文而已，卻沒有人發現，且是三百多年沒人發現。若說是小名或別號，則小名、別號是另外的稱呼，不可能會同音。更何況，中國福建白礁村唯一信仰是慈濟宮的保生大帝，如果王文伊是來自中國福建白礁社，則王文伊帶來的家鄉香火必是屬保生大帝，且所建廟宇必是「慈濟　」。所以，這王文醫必是從中國福建白礁社來榔槺林，將王金平祖先強制冠姓的社學教員或教官，他們強迫王金平族人稱拜的「唐山冠姓公祖」。而這王文伊定是後來繼任建廟學的唐山教員或教官。這王文伊來自中國福建的其他地方，因而以其家鄉信仰的觀音亭在榔槺林建廟學。

10. 中國福建龍溪縣東山區金山鄉官方記載：「白礁慈濟宮祀奉保生大帝吳本，為中國福建、東南亞保生大帝廟宇的祖廟。」「早期的福建及廣東的住民，信仰的主神是保生大帝，多以保安宮、慈濟宮、玄天上帝廟、保生大帝廟為

名」。而清國派台執行強制漢化的唐山人教員、教官，由社學轉廟學時，都是以其家鄉信仰強行改造。中國福建同安縣（白礁社1957年才改屬龍溪縣）必是有多名來台的教員、教官，所以台灣到處有慈濟宮、保安宮、玄天上帝廟、保生大帝廟。但是，台灣眾多慈濟宮有的祀奉保生大帝，有的是供奉觀音、媽祖。高雄苓雅區慈濟宮、左營區慈濟宮（蓮池潭慈濟宮、城邑慈濟宮）、湖內區月眉池慈濟宮、台南學甲慈濟宮等供奉的都是保生大帝，而高雄鳳山慈濟宮供奉的卻是媽祖、觀音、瑤池金母、彌勒菩薩、伽藍菩薩及韋馱菩薩；豐原慈濟宮供奉觀音、媽祖。這是由於清國派台執行強制漢化的唐山人教員、教官，在社學轉廟學時，都是依其家鄉信仰建廟，強制改造台灣族人的生活習俗和宗教信仰。而清廷派台執行強制漢化的唐山人教員、教官是短期合約（和派台官兵一樣，都是一年一任［有不少是未滿一年即離職］，最長連任不得超過三年）。若社學轉廟學時，所建廟宇未使用前即離職，換來新教員、教官，則已建的廟內就供奉繼任教員和教官帶來的神祇。甚至有後任教員和教官繼續在廟學內加入其家鄉的各種神祇，所以廟內常有供奉各種不同來源的神像。而路竹糠榔林王姓家族會自始即祭拜觀音，必是從中國福建白礁到糠榔林執行強制漢化、冠姓的社學教員、教官，在糠榔林社學尚未轉廟學前即離職（白礁社居民是信仰保生大帝，即玄天上帝），其後繼任的廟學教員、教官，帶來其家鄉信仰之觀音神祇建觀音亭為廟學所致。何況，所謂

的王文醫以下世代稱「租家」、「聘」，其意思指的應是這依短期合約來台的社學教員、教官，是「暫住」、是「官方所聘」，才寫為「租家」、「聘」。榔梛林一甲觀音亭記載「王文伊翁供獻隨航來台菩薩香火擇地于榔梛林結茅焚香奉祠」，所以，這王文伊必是來自中國福建同安縣白礁社以外的其他地方，是其家鄉信仰觀音的繼任廟學教員或教官。

11. 王金平偽造的所謂「王氏族譜」寫「祖籍福建省泉州府同安縣積善里白昆陽堡白礁鄉上巷祠堂邊人民二十都」，這一看就知是隨便拼湊的。中國福建白礁的明清地址都是「同安縣明盛鄉積善里二十都白昆陽保白礁社」，1957年改屬龍溪縣東山區金山鄉，還是稱白礁社。同安縣明、清時期有3鄉11里37都（明朝曾增置「在坊里」而「都」不變），白礁社在二十都白昆陽保轄區內，白礁社連鄉以下的里、都、甚至保（堡）都算不上，怎麼跑出個「白礁鄉」來？白礁社現住戶籍人口5321人，僅有一白礁小學，中學都還要到外地就讀，明末清初時期人口必定更少得很多。現在附近雖有沿海新興集商地，然而是因王金平堅持認盜作祖後，才有「白礁王氏家廟」受到重視，在2009年12月8日還特意成立了所謂的「第七批省級文物保護單位」，現在還變成了觀光景點。從漳州市區往廈門的方向，在角嵩路燦坤廠區附近，更立了一塊大大的引路牌，寫著「台灣王金平院長（認盜作祖的）祖籍地白礁王氏祖廟」。而且這「二十都」不知是從何處找來的，竟然把它當作是20號地址！所以，這

必是漢人滿官強制冠姓時，到處隨手寫下不全的王姓「唐山冠姓公祖」來源地，再由偽造族譜的人隨便拼湊成的。

12. 1895年，日本從清國手中取得台灣，接收滿清官府的戶籍文書。滿清官府的戶籍文書記載，台灣人都註明是「漢化民」的「熟番」及「未漢化或拒絕漢化」的「生番」。1899年（明治32年），自稱爲或被日本據台當局認爲是唐山人（或漢人）後裔的台灣人（都是如連橫、連震東父子及黃朝琴等，因漢化深而變性，藉勾結漢人滿官欺壓同胞而得利的所謂士紳、阿舍，自以爲是高級人，不願和其他同胞一起被稱爲番）才幾百人。若王金平家族還有人堅持是唐山人（或漢人）後裔，那可以趕快去申請日治時期的戶口謄本（日治時期的戶籍資料都還在），如果戶籍註記是「福」，那就證明是「說用福佬話的熟番本島人」，因爲自稱爲或被日本據台當局認爲是唐山人（或漢人）後裔的台灣人，是以「清國人」註記，歸入外國人之列。再有懷疑，那就去驗DNA，看看身上有無任何漢人基因就清楚了！

更可悲的是，竟然有台灣歷史學者，依此王金平家族製作的假族譜加以引申幻想，令研究生寫出長篇大論的認盜作祖論文，並配合所謂中國的胡言亂語，大言「王文醫指的就是王文伊」，還列入台灣圖書館做爲宣傳展示的資料，繼續協助中國壓霸集團洗腦台灣大眾，台灣聞達人士（尤其台灣歷史學者）之爲害，莫此爲甚！更是習以爲常！事實上，真正對原台灣人靈性智慧和靈魂尊嚴造成嚴重傷害的，其實主

要是來自台灣聞達人士。台灣聞達人士，已成爲台灣人想要覺醒、台灣期待回復完整自主國度的最大阻礙。

植民地の旅

殖民地
之旅

佐藤春夫 —— 著

邱 若 山 —— 譯

Sato Haruo

日治台灣文學經典，佐藤春夫的
殖民地療癒之旅，再次啟程！

1920年，日本名作家佐藤春夫帶著鬱結的旅心來到台灣，
他以文學之筆，為旅途的風景與民情，留下樸實而動人的珍貴紀錄。
他的腳步，也走出一幅殖民地的歷史圖像，透析台灣的種種問題，
作為日治時代殖民地文學代表作，如今仍令讀者讚嘆不已。

前衛出版
AVANGUARD

台灣
經典寶庫
Classic Taiwan

2016.11 前衛出版 定價480元

台灣原住民醫療與宣教之父——
井上伊之助的台灣山地探查紀行

日治時期台灣原住民之歷史、文化、生活實況珍貴一手紀錄
「愛你的仇敵！」用愛報父仇的敦厚人格者與台灣山林之愛

2016.07 前衛出版 定價480元

台湾総督府

台灣總督府

黃昭堂 著

黃英哲 譯

日本帝國在台殖民統治的
最高權力中心與行政支配機關。

本書是台灣總督府的編年史記，黃昭堂教授從日本近代史出發，敘述
日本統治台灣的51年間，它是如何運作「台灣總督府」這部機器以
施展其對日台差別待遇的統治伎倆。以歷任台灣總督及其統治架構為
中心，從正反二面全面檢討日本統治台灣的是非功過，以及在不同階
段台灣人的應對之道。

前衛出版
AVANGUARD

台灣
經典寶庫
Classic Taiwan

2013.08 前衛出版 定價350元

台灣
經典寶庫
Classic Taiwan
7

南台灣踏查手記

原著｜ Charles W. LeGendre（李仙得）

英編｜ Robert Eskildsen 教授

漢譯｜ 黃怡

校註｜ 陳秋坤教授

2012.11 前衛出版 272 頁 定價 300 元

從未有人像李仙得那樣，如此深刻直接地介入 1860、70 年代南台灣原住民、閩客移民、清朝官方與外國勢力間的互動過程。

透過這本精彩的踏查手記，您將了解李氏為何被評價為「西方涉台事務史上，最多采多姿、最具爭議性的人物」！

節譯自 *Foreign Adventurers and the Aborigines of Southern Taiwan, 1867-1874*
Edited and with an introduction by Robert Eskildsen

回憶在滿大人、海賊與「獵頭番」間的激盪歲月

Pioneering in Formosa

歷險 福爾摩沙

台灣經典寶庫5

W. A. Pickering
（必麒麟）原著

陳逸君 譯述 ｜ 劉還月 導讀

19世紀最著名的「台灣通」
野蠻、危險又生氣勃勃的福爾摩沙

*Recollections of Adventures among Mandarins,
Wreckers, & Head-hunting Savages*

前衛出版
AVANGUARD

國家圖書館出版品預行編目資料

```
台灣古今真相 / 埔農著.
  -- 初版. -- 臺北市：前衛, 2017.08
  368面；15×21公分

  ISBN 978-957-801-824-2（平裝）

  1.臺灣史  2.臺灣政治

733.23                        106010659
```

台灣古今真相

作　　　者　埔農
責任編輯　番仔火
美術編輯　宸遠彩藝
封面設計　黃聖文
出　版　者　前衛出版社
　　　　　　10468 台北市中山區農安街153號4F之3
　　　　　　Tel：02-2586-5708　Fax：02-2586-3758
　　　　　　郵撥帳號：05625551
　　　　　　e-mail：a4791@ms15.hinet.net
　　　　　　http://www.avanguard.com.tw
出版總監　林文欽
法律顧問　南國春秋法律事務所
總　經　銷　紅螞蟻圖書有限公司
　　　　　　11494　台北市內湖區舊宗路二段121巷19號
　　　　　　Tel：02-2795-3656　Fax：02-2795-4100
出版日期　2017年8月初版一刷

定價　新台幣400元
©Avanguard Publishing House 2017
Printed in Taiwan　ISBN 978-957-801-824-2

＊前衛臉書：https://www.facebook.com/AVANGUARDTaiwan/
　或於臉書搜尋「前衛」，按讚獲得最新書訊與活動資訊！
＊前衛Line：進入「官方帳號」搜尋「前衛」，或ID輸入「@pxe9953e」